böhlauWien

Gewidmet
meiner Frau Birgitt,
die es nicht immer leicht mit mir hat,
die aber dennoch
jeder Niedertracht
abhold ist.

Roland Girtler

BÖSEWICHTE

Strategien der Niedertracht

böhlauWien Köln Weimar

Die Abbildungen stammen aus dem Privatarchiv
des Autors, die Bildlegenden sind erfunden und sollen keine
Verunglimpfung von bestimmten Personen darstellen, sondern nur zeigen:
Bösewichte im Sinne des Autors sind ganz
alltägliche Durchschnittsmenschen.

Die Deutsche Bibliothek – CIP-Einheitsaufnahme

Girtler, Roland:
Bösewichte : Strategien der Niedertracht / Roland Girtler.
– Wien ; Köln ; Weimar : Böhlau, 1999
ISBN 3-205-99089-7

Das Werk ist urheberrechtlich geschützt. Die dadurch begründeten Rechte,
insbesondere die der Übersetzung, des Nachdruckes, der Entnahme von
Abbildungen, der Funksendung, der Wiedergabe auf photomechanischem oder
ähnlichem Wege und der Speicherung in Datenverarbeitungsanlagen, bleiben,
auch bei nur auszugsweiser Verwertung, vorbehalten.

© 1999 by Böhlau Verlag Ges. m. b. H und Co. KG., Wien · Köln · Weimar

Gedruckt auf umweltfreundlichem, chlor- und säurefreiem Papier.

Druck: Manz, Wien

Inhalt

Vorwort 9

Einleitung:
Die Universalität der Bösewichte und der Niedertracht 11

1. Die Niedertracht der guten und anständigen Menschen – Die einfachen Wahrheiten 17
   Die heiligen Vorurteile 17 Fundamentalisten 21 Die falschen Wörter und die »Political Correctness« 22 Unterstellungen 26 Der »gute« Mensch als »Antifaschist« 28 Niedertracht gegenüber Karl May 32 An den Pranger stellen 34

2. Die Niedertracht unter Kollegen, speziell unter Wissenschaftern 36
   Neid und Heuchelei 36 Der alleinige Anspruch auf Weisheit 39 Weise Vagabunden 44 Das Verheimlichen des Namens des Kollegen – Zitierkartelle 45 Der Wissenschafter als Betrüger 47 Die Fälschung 48

3. Die besondere Niedertracht in der Wissenschaft – Die Macht der Magier 57
   »Gegen die großen Worte« 60 Die Magie der Begriffe 62 Die Tricks der Magier 63 Die Theologen und Prediger 65 Der weise Wissenschafter und der weise Zuhälter 66 Der Wissenschafter als Richter und Spötter 68 Die Niedertracht der Neider 73 Die Niedertracht der Ärzte und Rechtsanwälte 76

4. Die Niedertracht der Rezensenten und Kritiker 79
   Kränkung durch Kritik 79 Die Rezension als Mittel der Mißgunst 80 Spöttisch-heitere Kritiken 83 Niederträchtige Herausgeber 85

5. Die Niedertracht der Journalisten
 und Fernsehleute 88
 Der Spott der Journalisten 88 Journalisten als Jäger 91 Die Selbstgerechtigkeit von Journalisten 93 Journalisten als weise Leute – Nachfahren der Geheimlehrer 98

6. Die Niedertracht der Politiker 103
 Das Unschädlichmachen der Gegner 103 Aufhetzung 107 Verdächtigungen 109 Verschwörungstheorien 110 Protektion 111

7. Die Niedertracht durch sexuelle Belästigung:
 Sexstrolche und Grapscher 113
 Grapscher an der Universität 113 Sexstrolch Clinton 115

8. Die Niedertracht der Mächtigen 119
 Die Niedertracht des alten Adels 119 Eitelkeit 121 Die niederträchtige Gewalt der Machthaber 122 Spitzel 122 Überwachung und Puritanismus 123 Abhören 125

9. Die Niedertracht der Listigen 128
 Listige Politiker 128 Der listenreiche Odysseus und seine Nachfolger 130 Ehebrecher 133 Die Listen der Gauner und Wilderer 133

10. Die Niedertracht der Beamten 136
 Die Selbstherrlichkeit 136 Das Wartenlassen 139 Polizei 140 Behördliche Niedertracht 143 Versteckte Niedertracht 146

11. Die Niedertracht in Bürokratien –
 Die Arschkriecherei 149
 Niederträchtige Kollegen – Schmähungen (»Mobbing«) 149 Niedertracht der Vorgesetzten 151 Niederträchtige Entlassungen 153 Das Aufhetzen gegen angebliche Bösewichte 155 Niedertracht gegenüber dem Chef und dem Neuen 155

12. Die Niedertracht der Verräter und Verleugner 159
    Die drei Formen des Verrates 159
    1. Der Verrat des Judas 160 Der Tratsch 163
    2. Hinterlistige Freunde 166
    3. Der Verrat des Petrus 167 Verleugnung und Schmähung 168

13. Die Niedertracht zwischen Frauen und Männern –
    Böse Männer und unfreundliche Emanzen 171
    Männliche Theorien von der »geborenen Dirne« 171 Die »sündige«
    Frau, das uneheliche Kind und die Abtreibung 174 Niedertracht der
    Frauen 177 Unfreundliche Emanzen 179 Niedertracht in der Ehe –
    Niederträchtige Sprüche 181

14. Die Niedertracht der »kleinen Leute« 183
    Autofahrer 184 Schüler – Zöglinge 186 Häftlinge 188

15. Die Niedertracht der Nachbarn und
    die Bedeutung der Grenze 193
    Die Wichtigkeit der Grenzen 193 Die alten Wiener Bassena-Wohnungen 194 Grundstücksnachbarn und die Grenze: Streit und Niedertracht 197 Lärm über die Grenze 200 Bäume an der Grenze und die Niedertracht 203

16. Die Niedertracht der (angeblichen) Freunde 205
    Die »Gutmeinenden« 205 Die Schmeichler 207 Scherzbolde und Beleidiger 207 Die Niedertracht der Einladung 210 Die Informanten 211 Die Spielverderber 212

17. Die Niedertracht gegenüber Fremden 214
    Die »bösen« Deutschen 215 Der Fremde 216 Landler und Zigeuner
    in einem siebenbürgischen Dorf 218 Roma und Sinti in Deutschland
    220 Die »Ausländer« 221

18. Die Niedertracht in der Schule 224
Der Lehrer als Fallensteller und Sadist 224 Moderner Kampf der Eltern gegen Lehrer 228 Niederträchtige Eltern 229 Niedertracht der Schüler 230 Die Tradition der Disziplin 231 Schüler ohne Disziplin 233

19. Die Niedertracht der Sportler und ihrer Fans 236
Das Vorgaukeln von Fairneß 236 Niedertracht im Fußballkampf als Stammesritual 237 Die Geschichte des Fußballsports als Geschichte der Niedertracht 238 Kriegssymbole und Niedertracht der Fans 239 Krieger am Fußballplatz 240

20. Die Niedertracht bei Erbschaften 243
Der niederträchtige Erblasser 243 Streit um die Erbfolge 244 Der niederträchtige Kampf um die künftige Erbschaft 246 Das gemeinsame Haus 248 Die Unversöhnlichkeit der Erben 250

21. Die Niedertracht der Verwandten 253
Neid und Eifersucht 253 Das Verschwindenlassen von Verwandten 254 Das Abschieben der Alten 255

22. Die Niedertracht gegenüber Toten 256
Die Schändung Toter 256 Schmähung von Gedenkstätten 257 Umbenennung von Straßen und Plätzen 260

23. Die Niedertracht gegenüber Tieren 263

24. Strategien gegen die Niedertracht 269
Humor, Stolz und Höflichkeit 269 Duell und Ehre – Der Soziologe Max Weber 271 Ein Fahrraddu ell 274 Die Ehre des Offiziers 276 Verbergen und Täuschen 277 Frechheit 277 Die Strategie des »kleinen Beamten« 278

Nachwort 280
Literatur 281

Vorwort

Es gibt nicht nur edle und gütige Menschen, sondern auch Bösewichte, die für die ersteren wichtig sind, damit diese sich überhaupt als edel und gut begreifen können. Dies sah ich bei meinen Forschungen in verschiedenen Kulturen, bei Ganoven, feinen Leuten, Dirnen, Bauern, Bettlern und anderem Volk. Überall fand ich Edelmut und Niedertracht grundsätzlich in ein und demselben Menschen vereint. Ich wage die Behauptung, daß ohne Bösewichte und Niedertracht menschliche Kulturen nicht vorstellbar sind. Die Weltgeschichte ist somit auch eine Geschichte der Niedertracht.

Das Thema des Guten und Bösen ist ein altes Thema der Philosophen und Theologen, die verwundert danach fragen, wie das Böse in die Welt gekommen ist. Ich habe nicht die Absicht, hier eine theologische oder philosophische Diskussion dieser Art zu führen, mir geht es lediglich darum, zu zeigen, daß Niedertracht das menschliche Leben durchzieht und es Leute gibt, die als Bösewichte gesehen werden oder es selbst auch sind.

Das Thema der Niedertracht und der Bösewichte beschäftigt mich schon lange, schließlich erfuhr ich in meinem bisherigen Leben viel Niederträchtiges, nicht nur als Kind in der Schule, an der Universität, als Mitglied einer Familie, sondern auch sonstwo, wie beim Sport oder bei sogenannten guten Menschen. Und sicher sah und sieht man auch in mir, der gerne die Schule schwänzte und nicht immer das tut, was Frau und Kollegen wollen, bisweilen einen Bösewicht.

Menschliches Leben ist, so sehe ich es, voll der Niedertracht. Die Niedertracht ist ein Thema, das meist nur nebenbei behandelt wird, aber es ist ein ungemein spannendes Thema; das will ich zeigen.

Das Buch bezieht sich also auf menschliches Leben in seiner Buntheit, es empfiehlt sich daher auch für jene, die ihre Kunst der Niedertracht erweitern wollen.

Bei meiner Beschäftigung mit der Niedertracht waren mir einige liebenswürdige Leute, die sich zumindest mir gegenüber nicht als niederträchtig zeigten, ganz im Gegenteil, sehr behilflich. Danken möchte ich Herrn Bundesminister für Justiz in Ruhe, Egmont Foregger, der meine Überlegungen zur Niedertracht um einige Facetten erweiterte, der klugen Philosophin Frau Dr. Brigitte Sob, die unter der Niedertracht ihrer Kollegen zu leiden hatte und die mit mir über die Philosophie des Bösen sprach, dem hochgebildeten Berliner Urgeschichtler Herrn Professor Dr. Heinz Grünert, mit dem ich mich brieflich über Niedertracht unterhielt und der mir auch sonst ein guter Freund ist, meiner liebenswerten Schwägerin Heidi, die mich während einer Zugfahrt in die Niedertracht von Verwandten einweihte, Herrn Dr. Rudolf Moser, der mir als vagierender Gelehrter und Kaufmann einige Ideen lieferte, der freundlichen Frau Mag. Helga Patscheider, mit der ich über Forschungsmethoden sprach, dem hochachtbaren Herrn Franz Lepka aus dem salzburgischen Ort Kuchl, der mir einiges über Hinterhältigkeiten von mächtigen Leuten mitteilte, meinem Freund Hansjörg Suppin, der mir Niederträchtigkeiten aus der Welt der Forstmeister erzählte, Herrn Professor Willi Firbas, von dem ich etwas über die Niedertracht von Wissenschaftern erfuhr, Herrn Dr. Martin Pabst, der mich beim Bier in einem Münchner Bierkeller besonders auf die Verbindung von Macht und Niedertracht hinwies, Herrn Dr. Walter Kiefl, der mir Heiteres über niederträchtige Wissenschafter berichtete, Herrn Professor Karl Acham, der mit mir über Goethes Gedanken zur Niedertracht diskutierte, und unserem Dackel Dr. Waldi, der mich auf die Niedertracht von bestimmten Beamten aufmerksam machte.

Einleitung:
Die Universalität der Bösewichte und der Niedertracht

Der gute Mensch benötigt gewissermaßen sein Gegenstück, den Bösewicht. Um als guter Mensch zu erscheinen, bedarf es ausgeklügelter, eben niederträchtiger Strategien, um andere zu Bösewichten zu machen. Und man ist erfreut zu wissen, von Bösewichten umgeben zu sein, um selbst im prächtigen Licht der Macht dazustehen.

Und schließlich läßt sich ein derartiger Bösewicht, der eigentlich keiner zu sein braucht, trefflich dafür benützen, um ihn für eigene Probleme, eigene Fehler und eigene Unfähigkeiten verantwortlich zu machen. Man macht ihn einfach zum Sündenbock im klassischen Sinn. Die Idee des Sündenbocks entstammt dem Alten Testament. In biblischer Zeit versöhnte man sich an Jom Kippur, dem sogenannten »Versöhnungstag«, mit dem Herrn, indem der Hohepriester das Heiligtum, das Volk und sich selbst von den Sünden befreite. Dazu brauchte er zwei Böcke. Der eine Bock war als Schlachtopfer für den Herrn bestimmt, um ihn zu versöhnen, dem anderen Bock wurden symbolisch die Sünden des Volkes auferlegt. Dann schickte man ihn in die Wüste. Damit war man frei von Sünden.

Wie es dem armen Sündenbock erging, so ergeht es heute Vagabunden, Fremden, Angehörigen einer politischen Partei oder Bischöfen, die man verantwortlich zu machen versucht für wirtschaftliche Krisen, politische Wirren oder für Kirchenaustritte.

Wahre Spezialisten im Erzeugen von Sündenböcken, und damit Spezialisten der Niedertracht, sind die Parlamentsabgeordneten.

In meinen Ausführungen geht es mir auch darum, zu zeigen, mit welchen Strategien der Niedertracht andere zu Bösewichten, die wohl auch niederträchtig sein mögen, aber es nicht immer sind, gemacht werden. In diesem Sinn ist der gute Mensch, der den armen Bettler als Nichtstuer und damit als Bösewicht verflucht, jemand, der höchst niederträchtig ist. Ich meine, das Wesen der Niedertracht besteht darin, daß einfache Wahrheiten über die Niedertracht des anderen aufgebaut werden.

Von seiner Herkunft her hat das Wort »Niedertracht« die Bedeutung »niedrige Gesinnung«, die sich gegen andere richtet (vgl. Jacob u. Wilhelm Grimm 1889, Bd. 13, S. 805). Das Wort entwickelte sich aus dem mittelhochdeutschen Wort »sich tragen«, was soviel wie »sich benehmen« heißt. Im 15. Jahrhundert taucht der Begriff »niederträchtig« für »herablassend« auf, und in dieser Weise ist er auch heute noch zu verstehen (vgl. Kluge 1960).

Eine interessante Erklärung des Begriffes »Niedertracht« ließ mir freundlicherweise der frühere österreichische Bundesminister für Justiz, Dr. Egmont Foregger, zukommen. Und zwar fand er in einem Büchlein mit dem Titel »Hinlängliche Schulgeographie für junge Leute« aus dem Jahre 1761 Gedanken zur Niedertracht. Es wird hier von einem Geistlichen erzählt, der einem russischen Bauern ausmalt, daß der Mensch dereinst in der Ewigkeit viel Vergnügen und Freude von Gott finden werde, wenn er ein unsträfliches Leben führe. Und als der Geistliche nun den Bauern fragt, ob er auch ein solches ewiges Leben erhoffe, schlug dieser ein Kreuz und meinte: »O nein, dieses gute Leben ist für uns Bauern nicht geschaffen; es gehört nur für die Bojaren (die Fürsten).« Weiter heißt es: »Solche ihre Niederträchtigkeit mache sie auch zum Studieren meist untüchtig.« – »Niederträchtigkeit«, wie sie hier verstanden wird, hat zum einen etwas mit Mangel an Selbstbewußtsein und zum anderen mit Bescheidenheit zu tun.

In diesem Sinne ist »Niederträchtigkeit« in diesem Buch jedoch nicht gemeint, aber immerhin handelt es sich hier um eine bemerkenswerte Interpretation.

Es gab aber auch einmal eine positive Bedeutung von »niederträchtig«, nämlich »herablassend« im Sinne von »leutselig« und »freundlich gegenüber Personen niederen Standes« (vgl. Grimm a.a.O.). Diese Bedeutung ist hier allerdings auch nicht gemeint.

In diesem Buch geht es mir um die Niedertracht als eine »niedrige« Gesinnung und Handlungsweise gegenüber Mitmenschen. Niedertracht hat etwas mit Bosheit zu tun, sie schafft Bösewichte, aber gleichzeitig ist der niederträchtige Mensch selbst ein Bösewicht. Die Grenze zwischen Bösewichten ist also schwer zu ziehen. Jedenfalls meint der niederträchtig handelnde Mensch, daß er zu Recht so handelt, um anderen ihre Hinterhältigkeit vor Augen zu führen oder um sie zu seinem Vorteil hineinzulegen.

Es scheint eine typische menschliche Eigenschaft zu sein, sich darüber zu freuen, daß man anderen überlegen ist.

Vor diesem Hintergrund wird auch klar, warum Menschen es mitunter als höchst erfreulich finden, wenn Mitmenschen einen Schaden erleiden. »Schadenfreude ist die beste Freude«, meint daher der Volksmund.

In meinem Buch »Die feinen Leute« habe ich versucht darzulegen, wie Menschen anderen gegenüber demonstrieren, daß sie von Noblesse oder besonders würdevoll sind. Ich habe den Menschen daher als ein »animal ambitiosum« bezeichnet, nämlich als ein Wesen, das nach Vornehmheit strebt. Dabei kam ich unter anderem zu dem Ergebnis, daß zwischen Aristokraten und großen Ganoven, vor allem was die Symbole betrifft, kein großer Unterschied besteht. Die hier vorliegende Arbeit ist in gewisser Weise eine Fortsetzung der »feinen Leute«, sie zeigt die Kehrseite der Medaille und verweist auf jene Leute, von denen sich der »feine Mensch« distanziert, eben auf die Bösewichte.

Aber die Grenzen zwischen beiden zu ziehen ist unmöglich, denn jemand, der sich als »feiner Mensch« gebärdet, kann für andere der Bösewicht sein, und umgekehrt sucht auch der Bösewicht Leute, denen gegenüber er als der edlere erscheinen mag.

Menschliche soziale Gruppen sind also durchzogen von einem Netz feiner Leute und Bösewichte, die untereinander austauschbar sind. In jedem Menschen ist beides enthalten: das Gute und das Niederträchtige.

Die Strategien, um andere als »Bösewichte« darzutun, sind vielfältig wie die Niedertracht selbst. Hinter ihnen stecken wenig edle Gefühle, sondern der Neid, die Eifersucht, die Eitelkeit, die Schadenfreude und der Haß.

BÖSEWICHTE

Niederträchtige Strategien können darin bestehen, daß man den potentiellen Bösewicht demütigt, sich über ihn belustigt, ihn verrät, ihn gegenüber anderen schlecht macht, ihn nicht teilhaben läßt am eigenen Leben, ihm gewisse für ihn wichtige Informationen vorenthält und in vielem anderen.

Der Mensch, sei es als Beamter oder als Nachbar, setzt mitunter viel Energie und Erfindungsgabe ein, um niederträchtig zu sein, um den anderen als den Bösewicht zu begreifen.

Grundsätzlich läßt sich also sagen, für den stets guten und feinen Menschen ist der Bösewicht – als sein Gegenbild – notwendig, damit die Welt sieht, daß man selbst gut und edel ist. Die »aristoi«, die »besten« Menschen im alten Griechenland, sahen sich als menschlich qualitativ hochwertiger als die anderen. Und die »Bösewichte« unterstrichen diese Vorstellung durch ihre eigene Minderwertigkeit.

Diese griechischen Aristokraten als die herrlichen Produkte der Schöpfung haben ihre Nachfolger in den englischen »nobles« und den deutschen »Adeligen«, die alle von sich die kühne Meinung haben, Menschen einer höheren Qualität zu sein und sich daher zum Beispiel das Recht nehmen, weniger wertvolle Leute als Sklaven zu halten oder sonstwie niederträchtig behandeln zu dürfen (vgl. dazu N. Elias und J. L. Scotson, 1990, S. 7ff.).

Dieses Phänomen, andere durch Niedertracht zu deklassieren, durchzieht die menschliche Geschichte und tritt auch überall dort auf, wo man geglaubt hat, soziale Barrieren beseitigt zu haben: in der katholischen Kirche, im Kommunismus und in anderen mehr oder minder frommen Vereinigungen; überall gibt es edle Leute und Bösewichte.

Es gibt gewisse universelle Regelmäßigkeiten in der Art, sich selbst herauszustreichen und andere als Bösewichte niederträchtig zu behandeln. Solche Regelmäßigkeiten, die sich in den verschiedenen Kulturen gleichen, können sein:

1. Die »besseren« oder »nobleren« Leute haben stets eine Zahl von Theorien parat, die ihnen helfen, die anderen als die »Schlechten« oder als

Einleitung

»Bösewichte« abtun zu können. So zum Beispiel glauben manche in niederträchtiger Weise, gewisse Menschen wären aufgrund ihrer »Rasse« schlecht, böse und dumm.

2. Die »Besseren« versuchen häufig, sich durch eine Reihe von Symbolen und Ritualen von den »Bösen« abzugrenzen. Zu diesen Symbolen kann eine besondere Tracht gehören, ein edleres Benehmen und eine heilige Sprache. So ist sich der Soziologe stets bewußt, daß seine spezielle und vornehme Ausdrucksweise ihn wunderbar von weniger achtungswürdigen Leuten abhebt.

3. Oft wird eine geographische Distanz zu den Unwürdigen und Bösewichten hergestellt. Man zieht in eine noble Wohngegend, weitab von arbeitslosem und trinkfreudigem Volk, man sperrt die Bösen weg, in besondere Anstalten, weist ihnen die miesesten Orte zum Wohnen zu usw.

4. Die »besseren« Menschen sehen sich häufig veranlaßt, die »schlechten« Leute für sich arbeiten zu lassen. Früher verwendete man diese als Sklaven, denen man sogar das Menschsein absprach. Auch heute findet man – in modifizierter Form – das Phänomen des Sklaven. So lassen sich »Personen der Gerichte« ihre Autos, ihre Wohnungen und sogar ihre Kleidung von entsprechend ausgebildeten Strafgefangenen ausbessern und restaurieren.

5. Nicht selten wird der angebliche Bösewicht auch als in vielfältiger Weise unrein gesehen. Die Angst vor Beschmutzung bestimmt das Denken des edlen Menschen. Man scheut den Umgang mit dem Bösewicht, man geht ihm aus dem Weg, um so die eigene edle Gesinnung besonders hervorzuheben.

In Indien sind es die Parias, die Unberührbaren, und bei uns die Sandler oder Stadtstreicher, mit denen man nichts zu tun haben will und denen man in niederträchtiger Weise jede Bosheit unterstellt.

6. Um diese soziale Distanz symbolisch zu unterstreichen, werden die bösen und schlechten Leute auf eine spezielle Weise benannt: als »Nigger«, »warme Brüder«, »Proleten«, »Ganoven«, »Zigeuner«, »Lesben«, »Nazis« oder sonstwie. Man weiß aufgrund der Benennung bereits, mit welch' üblen Menschen man es zu tun hat.

7. Der angebliche »schlechte« oder »böse« Mensch wehrt sich jedoch gegen das ihm zugedachte Los und entwickelt häufig Gegenstrategien, um doch nicht als Bösewicht, zumindest gegenüber sich selbst und seinen Kumpanen, zu gelten. Die Strategien sind vielfältig. Entweder zeigt der Bösewicht den »guten Leuten« an, daß er Würde besitzt, er seinerseits den Kontakt zu ihnen abbricht und sie mißachtet, oder er paßt sich liebedienerisch »den Guten« an.

Im wesentlichen scheinen es diese Elemente zu sein, die die Beziehung zwischen »Guten« und »Bösen« bestimmen.

Meine Ausführungen beziehen sich allerdings weniger auf die großen Bösewichte, wie wilde Tyrannen und andere Leute, die nichts dabei finden, ihres oder eines politischen Vorteils willen Menschen zu degradieren und schließlich zu ermorden. Über diese Leute ist genügend geschrieben worden. Hier will ich jedoch vorrangig die Bösewichte des Alltags, die kleinen Außenseiter und Schwerenöter beschreiben, denen das Leben nicht leicht gemacht wird und die anderen das Leben auch nicht leicht machen. Ich will hier nicht auf die Diskussion um Außenseiter und die Randkultur eingehen, sondern lediglich festhalten, daß Menschen sich gegenseitig zu degradieren versuchen und in niederträchtiger Weise dankbar dafür sind, daß es Bösewichte gibt.

Das Material, auf dem die vorliegende Arbeit aufbaut, habe ich durch Jahre hindurch gesammelt. Es besteht aus Zeitungsartikeln, aus von mir mit niederträchtigen Leuten geführten ero-epischen (freien) Gesprächen, aus eigenen Beobachtungen, aus Hinweisen aus der Literatur und aus vielem mehr. Es ist also die freie Feldforschung, die etwas Anarchistisches an sich hat und die meinem Anliegen, über Bösewichte zu forschen, Flügel verlieh (vgl. Girtler 1992a).

I.

Die Niedertracht der guten und anständigen Menschen – Die einfachen Wahrheiten

DIE HEILIGEN VORURTEILE

Die Welt besteht aus guten Menschen, die davon leben, daß es Bösewichte gibt, angeblich schlechte Menschen, auf die sie mit dem Finger zeigen können.

Es sind gepflegte Vorurteile, die die Beziehung zwischen guten Menschen und Bösewichten bestimmen. Diese Vorurteile, wie ich sie verstehe, können von braven Feministinnen ebenso gepflegt werden wie von Klosterfrauen, sogenannten Antifaschisten und Fußballanhängern. Sie zielen auf die Verdammung anderer und haben etwas Heiligenmäßiges an sich. Durch das Vorurteil sollen mißliebige Leute ausgegrenzt werden – dies ist die vielleicht wichtigste Strategie der Niedertracht guter Menschen.

Charakteristisch für Vorurteile im allgemeinen und speziell für die guten Menschen ist es, daß sie auf einfachen Wahrheiten, die nicht überprüft werden und auch nicht überprüft werden sollen, beruhen. Diese einfachen Wahrheiten erinnern an kirchliche Dogmen.

Vom Vorurteil in seiner negativen Bedeutung ist keiner verschont. Daher schreibt wohl ein gewisser Ingo Hermann, ein weiser Herr: »Auch unter akademisch gebildeten Menschen wird nichts so sorgfältig gepflegt wie das Vorurteil.« (Salzburger Nachrichten, 12.12.1998, S. 59)

Und die Geschichte der Vorurteile ist alt. Ohne Vorurteile gäbe es keine Bösewichte. Im Kapitel »Die Niedertracht gegenüber Fremden« und in dem über den »Nachbarn« gehe ich auf diese Thematik ebenfalls ein. Hier soll lediglich betont werden, daß anscheinend jede Gruppe, sei es ein Fußballverein, ein Nonnenkloster oder eine politische Partei, sich als »bessere« Menschen oder als Vertreter der Wahr-

Der anständige Mensch

heit sieht. Die Mitglieder solcher Gruppen wissen, wie man sich richtig benimmt, wer der Feind ist und zu welchem Gott man alleine beten müsse.

Die Welt ist voll von Leuten dieser Art.

Die Niedertracht dieser guten Menschen beruht im wesentlichen darauf, daß sie von der Herrlichkeit ihrer Existenz überzeugt sind, oder eben meinen, die Wahrheit zu kennen. Und diese Wahrheit ist grundsätzlich simpel. Daß Wahrheiten komplizierter sein können oder daß Wahrheiten nicht so einfach zu erkennen sind, wollen die guten Menschen nicht einsehen. Sie leben in einer zweigeteilten Welt, die eben aus guten und schlechten Leuten besteht, wobei sie das Glück haben, sich zu den guten Menschen rechnen zu dürfen. Die schlechten Menschen fallen der Verdammnis anheim.

Die Niedertracht der guten und anständigen Menschen

Zu diesen schlechten Menschen, die man als guter Mensch verachten darf, zählen entweder die, welche die Wahrheit, wie die von der einzig wahren Kirche, nicht akzeptieren wollen, oder jene, die von ihrem Beruf oder ihrer Herkunft her als suspekt erscheinen. Zu letzteren gehören jene, die als Vagabunden umherziehen, und jene, die sich aufgrund ihrer Hautfarbe, ihrer Sprache, ihrer Religion oder ihrer Abstammung vom Großteil der Bevölkerung unterscheiden. Ihnen allen kann es schlecht ergehen, wenn sie in Krisenzeiten zum Beispiel für Mißstände oder ähnliches verantwortlich gemacht werden.

Ganze Bevölkerungsgruppen können auf diese Weise zu Bösewichten werden. Besonders verbrecherisch gingen dabei die Nationalsozialisten vor, die Menschen jüdischer Abstammung zu Menschen zweiter Klasse machten. Für sie genügte die Bezeichnung Jude, um zu wissen, diese betreffende Person gehöre zu den »schlechten« Menschen. Es war dabei egal, ob diese Person sich als deutsch sah oder nicht.

Daher fielen auch die »deutschfreiheitlichen« jüdischen Studenten der Verdammnis anheim. So heißt es in einer Flugschrift aus der Vorkriegszeit in Wien über diese Studenten: »Diese Gruppe besteht zu 80% aus Juden, Täuflingen und Mischlingen. Die überwiegende Mehrheit sind Rassejuden. Diese Gruppe als ›deutsche‹ Gruppe zu bezeichnen, wäre ein unerhörter Betrug am deutschen Volkstum. (...) Diese ›nationalfreiheitlichen‹ sind weder national, noch freiheitlich, sie sind Juden, und sie wollen Deutsche sein und können es niemals sein, weil sie nicht die wesentlichen Merkmale der Deutschen (arischgermanisches Bluterbe und christlich-deutsches Wesen) haben ...«.

Im Kapitel über den »Fremden« gehe ich auf diese Thematik der niederträchtigen Degradierung von Menschen anderer Kulturen noch näher ein. Hier sei nur festgehalten, wie durch Vorurteile, also durch einfache Wahrheiten Menschen erniedrigt und niederträchtig behandelt werden können.

Die Wissenschaften taten und tun dabei fleißig mit. So zum Beispiel lieferten Volkskundler und Anthropologen bis zum Kriegsausbruch 1939 den Nazis Argumente, um ihre rassistischen Verbrechen zu verwirklichen. Heute jedoch setzen diese Disziplinen alles daran, um den Verdacht zu entkräften, dem Nationalsozialismus in die Hände gespielt zu haben. Dafür schaffen sie nun vollkommen neue Theorien (was ja lobenswert sein mag).

Aus guten Menschen bestand auch die katholische Kirche zur Zeit der Kreuzzüge. Die sogenannten Ungläubigen konnten verfolgt, gepeinigt und vernichtet werden, weil man sie für unfähig hielt, der Wahrheit gemäß zu handeln. Der einzige Kreuzzug, der in Europa durchgeführt wurde, richtete sich im 12. Jahrhundert gegen die Albigenser im Süden Frankreichs, die sich selbst als Katharer, das heißt die Reinen, sahen. Auch sie hatten ihre eigene Wahrheit, doch wollten sie diese niemandem aufzwingen, im Gegensatz zur damaligen katholischen Kirche, die andere an ihrer Wahrheit maß. Die Albigenser wurden zu Verfolgten. Nikolaus Lenau hat das Schicksal dieser Menschen am Fuß der Pyrenäen in seinem Epos »Die Albigenser« in schönen Worten festgehalten. An ihrem Beispiel hat er gezeigt, wie Menschen unter der Wahrheit anderer zu leiden hatten.

Es gibt die Geschichte, nach der Albigenser beim Angriff des Kreuzzugsheeres in eine Kirche flohen. Bevor es zum Gemetzel kam, soll irgendein Gemütsmensch gemeint haben, man könne doch nicht alle in der Kirche Versammelten töten, da unter ihnen auch Katholiken sein könnten. Dem erwiderte ein katholischer Würdenträger zynisch, dies mache nichts aus, denn der Herr erkenne die Seinen.

Jene also, die der »Wahrheit« entsprechend leben, brauchen nicht zu befürchten, der ewigen Verdammnis anheimzufallen. Die guten Menschen wissen, daß sie am rechten Weg sind. Das wußten die Katholiken, aber auch die Nationalsozialisten und Kommunisten. Ihren Gegnern erging es mitunter fürchterlich, aber nicht nur diesen, sondern auch all jenen, die in Verdacht geraten waren, an der Wahrheit zu zweifeln, wie zum Beispiel an der Vorstellung von der Unfehlbarkeit des Papstes oder des »großen Führers«. Hölderlin meinte einmal: Noch immer haben die, die das Paradies versprochen haben, die Hölle gebracht.

Schließlich versuchen sie es, anderen ihre Wahrheit aufzuzwingen und an dieser zu messen.

FUNDAMENTALISTEN

Man bezeichnet die die Wahrheit kennenden Menschen mitunter auch als Fundamentalisten, nämlich als Leute, die die Fundamente ihrer Religion oder ihrer Staatsidee, die auch zur Religion werden kann, konsequent vertreten. Die echten Fundamentalisten lehnen den Dialog mit ihren Gegnern grundsätzlich ab. Sie sind nicht bereit, im Sinne eines demokratischen Lebens auf Argumente Andersgläubiger einzugehen. Diese werden zu ihren Feinden erklärt und mit allen Mitteln niedergerungen.

Fundamentalisten sprechen für gewöhnlich vom Kampf für die Wahrheit und sind zum Kreuzzug für diese bereit. Leute dieser Art sind daher grundsätzlich mißtrauisch gegenüber Zeitgenossen, die vielleicht anderer Meinung als sie sein könnten.

Bis in dieses Jahrhundert gibt es Bewegungen sogenannter guter Menschen. Sie haben viel Unglück angerichtet, sowohl als »Rechte« als auch als »Linke«, sie verbissen sich in ihre ideologischen Wurzeln und fanden nichts dabei, Andersdenkende zu vernichten oder sie zumindest mit Schmähungen zu überziehen. Es ist übrigens bemerkenswert, daß gerade junge Leute dazu neigen, einfache Linien zwischen Menschen zu ziehen. Leicht werden sie Opfer von religiösen Führern, die als »gute Menschen« erscheinen und wissen, wer die »Feinde« sind, deren Bücher zu verbrennen sind und deren Andenken zu vernichten ist. Die Geschichte ist voll mit Beispielen dieser Art. Katholiken verfuhren so mit Protestanten, Kommunisten mit Regimekritikern und Nationalsozialisten in furchtbarer Weise mit »Fremdrassigen«.

Diese Tradition, von der man meinte, sie wäre vergessen, wird wacker weitergeführt. Der gute Mensch lehnt den Dialog mit dem Gegner, dem Klassenfeind, dem Andersartigen und den Bösen ab. Ein

Dialog könnte ihn schließlich verunsichern und ihn an der Alleingültigkeit seiner Wahrheit zweifeln lassen.

Zu den Strategien der Niedertracht guter Menschen, den wahren Fundamentalisten, gehört es aber auch, daß man die bösen Menschen in Büchern zu erfassen sucht, um sie entsprechend kontrollieren zu können. Es gibt den »Index« der katholischen Kirche, in dem ketzerische Bücher festgehalten sind, deren Autoren als Bösewichte betrachtet werden. Und es gibt sogenannte »Archive«, die ebenso auf der Suche nach Bösewichten sind.
Die Kontrolle über die angeblichen Feinde kann höchste Perfektion erreichen. So setzten im 18. Jahrhundert die katholischen Regenten den als Protestanten verdächtigen Leuten in Oberösterreich und der Steiermark »Seligmacher« in die Häuser, also Spezialisten, die mit mehr oder weniger Gewalt die Leute von der allein seligmachenden Katholischen Kirche überzeugen sollten.

Die falschen Wörter und die »Political Correctness«

Solche »Seligmacher« gibt es auch heute, nämlich Leute, die anderen beibringen, was sie zu sagen und zu denken haben. Stets machten sich Leute verdächtig, wenn sie gewisse Wörter verwenden, die nicht zum Vokabular der guten Menschen gehörten. So drohte in der Zeit des Kampfes gegen die Protestanten diesen Gefahr, wenn sie zum Beispiel den Namen Luther zu oft im Mund führten.

In der Zeit des Nationalsozialismus wiederum konnte man mit drastischer Bestrafung rechnen, wenn man Witze über den »Führer« machte. Beispiele für die Niedertracht von Leuten, die an einfachen Wahrheiten Menschen messen, sind wohl unzählig.

Auch heute gibt es diese einfachen Wahrheiten guter Menschen, die diese sofort aktiv werden lassen, wenn sie bemerken, jemand verwendet Wörter oder spricht über gewisse Themen, die nicht einem bestimmten Zeitgeist entsprechen.

Die Niedertracht der guten und anständigen Menschen

Zu den typischen Wörtern, die man heute nur mit Vorsicht zu gebrauchen pflegt und die tabu sind, weil sie in früheren Zeiten in Mißkredit geraten sind, gehören »Heimat« und »Volk«. Mir erzählte dazu ein Tiroler Theaterregisseur, er hätte Schwierigkeiten gehabt, sein neueröffnetes Theater »Tiroler Volkstheater« zu nennen, da der Begriff »Volk« belastet sei.

Heute gibt es den wenig schönen Ausdruck »Political Correctness«. Der Begriff »Political Correctness« oder »politische Korrektheit« bezieht sich auf all das, was man öffentlich nicht tun und sagen darf, um nicht moralisch verurteilt zu werden. Es gibt also gewisse Tabus, über die zu reden oder die zu behaupten geahndet werden kann. So braucht man in gewissen Gesellschaften nur den Politiker X. und den Bischof Y. zu loben, um als übler Bursche dazustehen. Ich habe Experimente in dieser Richtung durchgeführt und wurde mit Verachtung gestraft. Dieser Begriff der »Political Correctness« tauchte Anfang der neunziger Jahre zuerst in amerikanischen Universitäten auf. Der Begriff ist neu, aber das Phänomen, wie ich oben gezeigt habe, uralt. Er ist verwandt mit dem der »öffentlichen Meinung«, die den Menschen einer enormen Kontrolle aussetzt und ihn unter Druck setzt, sich mit bestimmten Dingen zu identifizieren.

Gedanken über die »Political Correctness« hat sich in einer größeren Studie die deutsche Professorin der Sozialwissenschaften und Leiterin des Allensbacher Instituts für Meinungsumfragen, Elisabeth Noelle-Neumann, gemacht. Typisch für »Political Correctness« sind gewisse Tabuwörter. Ein solches Tabuwort ist das Wort »Neger«. Auf dieses ging Frau Noelle-Neumann in ihrer Umfrage ein. So wurde von den Interviewern gefragt:

»Es gibt ja diese Süßigkeit mit Schokoladenüberzug. Wenn davon irgendwo die Rede als ›Negerkuß‹ oder ›Mohrenkopf‹ ist – finden Sie, daß man diesen lange gebräuchlichen Namen auch weiterhin sagen soll, oder soll man das besser nicht mehr sagen, weil das Wort ›Neger‹ beleidigend ist?«

Immerhin elf Prozent der Befragten in Westdeutschland – in Ostdeutschland waren es nur sieben Prozent – meinten, sie hätten Bedenken, von »Mohrenköpfen« oder »Negerküssen« zu sprechen. Bei dieser Umfrage wurde den Interviewten aber auch eine Liste vorgelegt und dazu gefragt: »Auf dieser Liste haben wir einiges aufgeschrieben, worüber man sich unterhalten kann. Welches davon sind Ihrer Ansicht nach heikle Themen, bei denen man sich leicht den Mund verbrennen kann, wenn man darüber spricht?« Aufgeführt auf dieser Liste waren 17 Stichworte. Es ergaben sich dabei für die Befragten sechs heikle Themen: Asylanten, Juden, Hitler und das Dritte Reich, Aussiedler, Neonazis und Türken (vgl. Noelle-Neumann 1996).

Übrigens hatte bereits 1995 der deutsche Schriftsteller Martin Walser in seinem Aufsatz »Öffentliches Gewissen und deutsche Tabus« als kritische Themen angeführt: »Frauen, Ausländer und Nazi-Vergangenheit«. Dazu bemerkte er: »Meinungen zu diesen Dingen würden abgefragt wie bei uns in der Schule der Katechismus.« (a.a.O.)

Frau Noelle-Neumann bemerkt schließlich dazu: »Die Abscheu, mit der heute über die intolerante Political Correctness gesprochen wird, ist verständlich. Sie steht allen Werten entgegen, zu denen sich unsere Zeit offiziell bekennt: der Meinungsfreiheit ... Sie steht allem entgegen, was mit der Aufklärung für den freien, von seinen Verstandeskräften ungehindert Gebrauch machenden Bürger gewonnen wurde.« (a.a.O.)

Auch in der österreichischen Zeitschrift »Wiener« (4/1996) machte man sich Gedanken über die »Political Correctness«. Es heißt da unter anderem: »Die politisch Korrekten in Österreich kennen ihre Feinde – die Menschen, mit denen sie sich nicht mehr auseinandersetzen wollen, mit denen sie nichts mehr verbindet. Es sind die Taxifahrer, die Trafikanten, die Stammtischsitzer, die Schützen- und Sparvereine, die Schrebergärtner, die Kleinbürger und Aufsteiger, denen donnernd verkündet wird, sie seien unmöglich, nicht repräsentativ, ewiggestrig und zum Schweigen verdammt ...«.

Beispielhaft ist schließlich in dieser Zeitschrift aufgeführt, was politisch korrekt ist und was nicht, beziehungsweise wird vorgeschlagen, was man tun muß, um als politisch korrekt zu gelten:
»So gelten Sie als politisch korrekt:
Seien Sie Frau, schwul, Jude oder Neger.
Sie können auch als weißer inländischer Mann politisch korrekt sein, aber nur, wenn Sie sich für die Geschichte der letzten Jahrhunderte zutiefst schuldig fühlen ...«.

Unter der Rubrik »Wie Sie politisch Korrekte zur Weißglut treiben«, heißt es unter anderem: » Erzählen Sie Schwulen-, Neger- und sonstige geschmacklose Witze, (...) Verwenden Sie Reizworte wie ›Heimat‹, ›Tapferkeit‹ und ›Anstand‹. (...) Sprechen Sie darüber, daß auch Gegner des Dritten Reiches Greueltaten angerichtet haben. (...) Behaupten Sie, daß es Intelligenzunterschiede zwischen den Rassen gibt« (Wiener, 4/1996).

»Political Correctness« ist weit verbreitet. Auch in Israel machte sich die Knesset-Abgeordnete Naomi Blumenthal darüber in einem Artikel Gedanken: »Die PLO hat sich gehäutet. Aus Terroristen wurden Friedensengel, deren ganzes Bestreben nur dem Frieden dienen würde. Unsere Leute dagegen, die Siedler, werden als gefährliche Fanatiker dargestellt, die den Streit suchen und sich gegen den israelischen Weg des Friedens stellen. (...) Die in Israel derzeit vorherrschende Meinung ist, gelinde gesagt, absurd. (...) Heute ist es fast unmöglich, von einer nationalen Identität zu sprechen, ohne nicht sofort als Wirrkopf, Araberhasser oder so ähnlich tituliert zu werden. Auf der anderen Seite ist bei einem Teil der Israelis die arabisch/palästinensische Identität eine heilige Kuh ...« (Blumenthal 1993).

Die Probleme der einfachen Wahrheiten und der guten Menschen in ihrer Niedertracht ähneln sich weltweit.

BÖSEWICHTE

UNTERSTELLUNGEN

Ein Opfer der »Political Correctness«, also dieser spezifischen Form der Niedertracht, wurde 1995 der österreichische Bildhauer Professor Alfred Hrdlicka, ein Herr, der zu schnellen Zornesausbrüchen neigt und grundsätzlich ein Gegner – er hat gewisse Sympathien für den Kommunismus im ideellen Sinn – jeder gewaltvollen Politik ist. Er zeigte sich über Wolf Biermann, den er früher sehr geschätzt hat, wegen einer »Heuchelei« verärgert. Biermann, ein Regimekritiker der alten DDR, soll gesagt haben, er wolle mit keinem Gesetz leben, das ein Mann mitbeschlossen habe, der früher in der DDR Politik betrieben hat und der heute gewählter westdeutscher Parlamentarier ist. Hrdlicka schrieb Biermann voll des Zornes dies: »Du bist ein Arschkriecher – ein Trottel. Du tust genau das, was Du anderen andichtest, Du Dichterling. (...) Deine Anbiederei an die Mächtigen, an die Herrschenden ist zum Kotzen. Das Schicksal meiner und Deiner Angehörigen wollen wir einmal weglassen, was man nicht selbst erlitten hat, ist nicht am Platz. Du willst mit keinem Gesetz leben, das Gysi beschließt?! – Ich wünsche Dir die Nürnberger Rassengesetze an den Hals, Du angepaßter Trottel! (...) Was die PDS (der Gysi angehört) Dir antut, Du Volltrottel, möchte ich wissen. Du bist ein derart schamloser Opportunist, daß ich mich heute schäme, als ich eine Schallplatte von Dir mit dem Song ›China hinter der Mauer‹ in die DDR geschmuggelt habe. (...) Damals warst Du ein Widerständler, heute bist Du ein Arschkriecher! Hol' Dich der Teufel.«

Mit dem Hinweis auf die Nürnberger Rassengesetze wollte Hrdlicka offensichtlich, wie er auch andeutete, lediglich anmerken, daß die heutigen Gesetze, auch wenn sie ein EX-DDRler mitbeschließt, liberale Gesetze sind, die man nicht mit denen der alten DDR oder gar denen der Nazis vergleichen könne. Es war keineswegs rassistisch gedacht, was Hrdlicka da von sich gab. Aber dennoch wurde er von vielen Seiten wegen seiner unvorsichtigen Ausdrucksweise auf das heftigste attackiert. Sogar der Vorwurf des Antisemitismus wurde ihm gegenüber, der stets ein Gegner des Nationalsozialis-

Die Niedertracht der guten und anständigen Menschen

mus war, erhoben. Hrdlicka wurde somit zum Bösewicht, über den die guten Menschen zu Felde zogen. An die Affäre Hrdlicka schloß sich jedenfalls eine wilde Diskussion an, bei der unter anderem Hrdlicka vom Rektor der Hochschule für Angewandte Kunst verteidigt wurde, andere ihn wegen seines mißverständlichen ungezügelten Stils jedoch kritisierten (vgl. »Der Standard«, 14.12.1994, S. 35).

Einfache Wahrheiten bestimmen auch die Diskussion in den Naturwissenschaften. So entdeckte ich in einer amerikanischen wissenschaftlichen Zeitschrift mit dem Titel »Discover« einen Aufsatz von einem gewissen Joan C. Gutin. Unter der Überschrift »End of the rainbow« zeigt der Autor auf, wie Naturwissenschafter angegriffen wurden, weil sie ein Tabu dadurch brachen, daß sie von »Rasse«, ein fragwürdig gewordener Begriff, sprachen. Das kam so:

Eine Gruppe von Genetikern und Anthropologen hatte den Auftrag bekommen, wegen der schwindenden genetischen Vielfalt des Homo sapiens bei hundert verschiedenen Populationen Proben von DNA zu sammeln, um diese Proben dann auf einer Gen-Bank aufzubewahren. Hinter ihrem Tun vermutete man sofort Rassismus. Man bezichtigte die Forscher sogar, Neokolonialisten zu sein, Genpiraten und Gauner, die sich verschworen hätten, rassenspezifische und biologische Waffen herzustellen. Das Projekt dieser Herren war also umgeben von Verdächtigungen. Dazu meinte ein gewisser Greely, er hätte über einen medizinischen Forscher ein Gerücht gehört, wonach dessen Projekt in der Karibik abrupt beendet wurde, weil man ihm vorwarf, er würde Blut zur Züchtung einer Sklavenrasse verwenden.

Niederträchtig beharrt man also auf einfachen Wahrheiten, um Forschern das Leben schwer zu machen.

Ähnlich erging es auch Cavalli-Sforza, einem weltbekannten italoamerikanischen Genetiker. Er hatte es sich zur Aufgabe gemacht, in Genen nach Entwicklungsmustern zu suchen. Dem Wissenschafter war wohl klar, daß man Informationen über Gene mißbräuchlich verwenden könne, gerade hinsichtlich des Rassebegriffes. Er vertritt sogar die Auffassung, daß Rassenmerkmale durch Anpassung an die Umwelt entstanden sind. Aber dennoch wurde er zum Ziel der Angriffe anonymer Zuschriften. Man hielt ihm vor, er würde an Rassen glauben, und sein Geisteszustand sei problematisch. Eine harte Kritik kommt von seinen Kollegen, die ihm Verbrechen wie Kolonialismus und Rassismus vorwerfen. Einige Anthropologen meinen sogar, Cavalli-Sforza habe sich im Ton vergriffen, als er 1991 auf einem großen Kongreß von afrikanischen »Stämmen«, aber von europäischen »ethnischen Gruppen« gesprochen habe. Einer der Kollegen hielt sogar fest, Cavalli-Sforza hätte seine Achtung verloren, da seine Wortwahl ihn an Kolonialismus erinnere. (Auf diese beiden Geschichten hat mich freundlicherweise der Universitätsprofessor der Medizin, Dr. W. Firbas, aufmerksam gemacht. Ihm sei dafür hier gedankt.) Forscher werden also mit Hinweis auf tabuisierte Begriffe desavouiert.

Auch hier sind es einfache Wahrheiten guter Menschen, die den Angegriffenen die Chance nehmen, in Diskussionen ihre Ansichten zu verteidigen.

Der »gute« Mensch als »Antifaschist«

Eine einfache Wahrheit machte auch einem Theaterschriftsteller Probleme. Dieser war ehedem von guten Menschen geachtet, aber er wurde, da er seine Sympathien einer bestimmten Partei zugewandt hatte, zum Bösewicht. Darüber berichtet eine Zeitung dies: »›Das Theater der Altmark‹ in Stendal (Sachsen-Anhalt) wird aus politischen Überlegungen auf das geplante Projekt X. (Abkürzungen von mir; R. G.) verzichten. Als Grund dafür nannte Rudolph Götze, Sprecher des Theaters, daß S. (der Autor; R. G.) überraschend für die Partei J.s, die Y-Partei, bei der Wahl für das Europaparlament in Österreich kandidiere. Im November sollte das Doppelprojekt ›Juden/Unheilbar Deutsch‹ nach Gotthold Ephraim Lessing und Peter S. Premiere haben. ›Die Motivation des Projektes war, daß Neofaschismus und Rassismus keinen Fuß fassen dürfen‹, sagte Götze. Daß S. sich jetzt plötzlich für die Y-Partei als Kandidat zur Ver-

Die Niedertracht der guten und anständigen Menschen

fügung stelle, sei mit dieser Motivation nicht vereinbar.« (vgl. ›Der Standard‹, 21.9.1996, S. 14)

S., der aus einer alten jüdischen Wiener Familie stammt, war jedenfalls erzürnt ob der Reaktion des Herrn vom Theater. In einem Aufsatz mit dem Titel »Der Antifa-Komplex« nahm er zu solchen und ähnlichen Affären Stellung und bedauert, daß die sogenannten Antifaschisten den Dialog ablehnen. Statt dessen würden sie die Gewalt zur Bewältigung von Konflikten bevorzugen (vgl. ›Zur Zeit‹, 11. Februar 1999, S. 10).

S. befindet sich hier in Übereinstimmung mit dem Wiener Philosophen Konrad Paul Liessmann, der in seinem Buch »Der gute Mensch von Österreich« ähnliches behauptet. Er findet sogar eine Erklärung für das niederträchtige Verhalten der Antifaschisten, wenn er meint, daß die österreichische Linke nach dem Bankrott des Sozialismus ein »Meisterstück« vollbracht habe, sie habe sich nämlich »lautlos in eine andere Gattung gewandelt: den guten Menschen«.

Und weiter schreibt er: »Der gute Mensch kann charakterisiert werden als das fortschrittliche Bewußtsein nach dem Verlust seiner Utopie. Er hat kein Ziel mehr, das es zu erreichen lohnt – um den Kapitalismus einigermaßen auf einer ökosozialen Linie zu halten, bedarf es weder einer Arbeiterbewegung noch einer linken Intelligenz. Diese leidet dann auch unter einer fundamentalen Legitimationskrise. Da hilft nur eines: das Gespenst des Faschismus. Denn der aufrechte Antifaschismus ist alles, was der Linken geblieben ist (...) Der gute Mensch ist also in erster Linie Antifaschist – und je mehr Neofaschisten es gibt, desto besser geht es dem guten Menschen. Damit erwirbt er seine Daseinsberechtigung. Deshalb hätschelt er die Neofaschisten wie er kann, baut obskure Provinzpolitiker zu solchen auf und widmet ihm Titelblatt um Titelblatt. Nebenbei erspart sich der gute Mensch damit die Beschäftigung mit jenen Problemen, die den wirklichen oder vermeintlichen Neonazismus erst ermöglichen.« Und schließlich meint unser Philosoph: »Der gute Mensch ist gut, weil andere böse sind«, und: »Der gute Mensch ersetzt Denken durch die Moral.« (Liessmann 1996, S. 32ff.)

BÖSEWICHTE

Und Liessmann fügt noch etwas Bemerkenswertes hinzu: »Der gute Mensch leidet an einer unheilbaren Krankheit: der chronologischen Krennophobie. Und während der gute Mensch nach außen lautstark den Abbau von Feindbildern propagiert, ist er stolz darauf, das (Feind)Bild schlechthin – Bischof Krenn – in vollem Ornat am Clo hängen zu haben«. (a.a.O., S. 35).

Liessmann sieht im guten Menschen jemanden, der höchst erfreut ist, auf böse Menschen zu treffen, von denen er sich, wie ich eingangs bereits diskutiert habe, trefflich, abgrenzen kann. Auch ich fiel einmal ähnlich wie S. in die Hände von solch guten Menschen. An der Universität Innsbruck wurde von Politikwissenschaftern eine Michael Gaismair-Gesellschaft gegründet. Dieser Gaismair, der bekannte Bauernführer von 1525, der in Tirol eine Republik nach Schweizer Muster einrichten wollte, war ein kühner Herr mit weitem Geist. Die nach ihm benannte Gesellschaft gibt jährlich ein Buch mit verschiedenen Aufsätzen heraus. Auch ich wurde um einen solchen Aufsatz gebeten, und zwar um einen über Wildschützen. Ich verfaßte ihn und schickte ihn den Herausgebern des Buches. Nach einiger Zeit wurde mir zu meiner Verwunderung dieser Aufsatz mit der Bemerkung eines Herrn G. zurückgesandt, wonach gegen den Aufsatz vom Inhalt her nichts einzuwenden wäre, aber könne und wolle man ihn nicht abdrucken, da man dahintergekommen sei, daß in der verrufenen Zeitschrift A. einmal ein Aufsatz von mir erschienen ist. Daß dieser Aufsatz ein durchaus weitherziger und toleranter war, war den Herausgebern gleichgültig.

Ich war darüber verärgert und schrieb resignierend einen Brief zurück, in dem ich dem Herrn G. mitteilte, daß ich mich in all meinen Aufsätzen um Menschenfreundlichkeit bemühe. (Ich glaube, ich habe meiner Verärgerung noch ein klassisches Zitat beigefügt.)

Ein Spezialist auf der Suche nach bösen Menschen ist auch ein gewisser Herr B., der Herausgeber eines entsprechenden Buches, in dem jene Zeitgenossen festgehalten sind, die den Antifaschisten als suspekt erscheinen. Auch ich war wegen meines Artikels in der Zeitschrift A. in dieses Buch gelangt. Ich schrieb daher dem Herrn B.

Die Niedertracht der guten und anständigen Menschen

einen Brief, in dem ich festhielt, daß es mir in meinem Aufsatz um Humanität gehe, und zu einer solchen möchte ich Menschen anregen, auch die Leser der Zeitschrift A.
Herr B. antwortete mir höflich und teilte mir mit, er würde mich wegen meiner Liberalität sehr schätzen, aber in der Zeitschrift A. solle man doch nicht publizieren. Ich verstand diese Antwort nicht, da ich meine, wenn ich den Lesern von A. etwas mitzuteilen habe, könne ich dies nicht in der Wiener Kirchenzeitung veröffentlichen.

Da ich selbst ein begeisterter Bergsteiger bin und selbst auch einige spannende Klettertouren durchgeführt habe, möchte ich hier auch zu Ehren eines bekannten, schon verstorbenen Primararztes und großen Kletterers, Dr. Bruno Streitmann, gedenken. Auch er geriet durch gute Menschen in Mißkredit, wie mir seine Ehefrau erzählte.

Als ausgezeichneter Bergsteiger und Kletterer hatte er großartige Touren in den Alpen durchgeführt. Zu seinen Seilgefährten zählte auch ein gewisser Eduard Pichl, früher ein berühmter Bergsteiger. Er ist der Erstdurchsteiger der Dachstein-Südwand und gehört zu den Erschließern der Karnischen Alpen, wo eine Hütte, die nach ihm benannt ist, steht. Pichl war wie viele andere auch Nationalsozialist. Deswegen machte man auch Dr. Streitmann als Freund von Pichl in dessen letzten Jahren Schwierigkeiten. Streitmann fühlte sich Pichl freundschaftlich auf das engste verbunden, schließlich hatte ihn Pichl einmal aus Bergnot gerettet. Streitmann schrieb daher nach dem Tod Pichls diesem einen ehrenden und rührenden Nachruf.

Dieser Nachruf wurde Dr. Streitmann, einem durch und durch integren und menschenfreundlichen Herrn, zum Verhängnis. Plötzlich behauptete jemand, dieser Nachruf wäre ein Beweis für die »braune Vergangenheit« Dr. Streitmanns. Die Ehefrau Dr. Streitmanns, mit der ich darüber sprach, konnte dies nicht fassen, da ihr Herr Gemahl ein edler Herr, gütiger Bergsteiger und Humanist war.

BÖSEWICHTE

Niedertracht gegenüber Karl May

In schräges Licht bei guten Menschen kam auch der Schriftsteller Karl May, ein harmloser Herr, in dessen Büchern, die auch ich mit Begeisterung gelesen habe, Menschenliebe triumphiert. Andere Kulturen und Menschen werden von ihm stets mit allem Respekt beschrieben.

Karl May war ein Gegner von Rassismus und Kolonialismus, und die Friedensnobelpreisträgerin Bertha von Suttner schrieb ihm zum Gedenken in dem Wiener Blatt »Die Zeit«: »In dieser Seele lodert das Feuer der Güte.« Sie schickte ihm noch einen »Herzensgruß nach dem Jenseits«.

Das Pech Karl Mays war jedoch, daß auch Hitler seine Bücher gerne gelesen hat. Als Hitler 1933 – Karl May war schon 1912 gestorben – sein Drittes Reich etablierte, da wandten sich jene Schriftsteller, die Gegner des Nationalsozialismus waren, auch gegen Karl May, obwohl sie ihn früher durchaus geschätzt hatten. Dazu schreibt Rudolf Augstein, ein Verehrer Karl Mays, im »Spiegel«:

»Plötzlich galt ausgerechnet dieser friedliebende Phantast als Wegbereiter brauner Massen, ausgerechnet jener Pazifist, der noch in seinem letzten Wiener Vortrag die Kinder Israels gerühmt hatte, wurde nun mit den Wahnsinnstaten der Nationalsozialisten in Verbindung gebracht. Eine Massenneurose schien die emigrierten deutschen Schriftsteller, die samt und sonders sich als gute Menschen sahen, ergriffen zu haben. Sie, die das Heraufkommen Hitlers nicht hatten verhindern können oder wollen, reichten die Schuld an einen Mann zurück, dem etliches Deutsche, aber gar nichts Imperiales und Nationalistisches zu eigen war.« (Augstein, 1995)

Wohl hat Karl May ein bewegtes Leben hinter sich, die Polizei war ihm immer wieder auf den Fersen. Er war Hilfslehrer in der Armenschule in Glauchau. Von dort flog er schon nach zwölf Tagen, weil er mit der jungen Frau seines Vermieters ein Verhältnis begonnen hatte. Schließlich wird May verhaftet, weil er seinem Logierbruder eine Taschenuhr, eine Tabakpfeife und eine Zigarettenspitze geklaut haben soll. Er wird zu sechs Wochen Haft verurteilt. Trotz dieser Erfahrung begeht er, während er 1864 und 1865 als Landstreicher umherzieht und von einem kärglichen Einkommen als Musikant lebt, drei eigenartige Eigentumsdelikte unter den Namen: Dr. med. Heilig, Seminarlehrer Lohse und Hermes Kupferstecher. Er sitzt deswegen wieder im Gefängnis.

Nach seiner Entlassung wird er wieder rückfällig. Als Albin Wadenbach, angeblicher Plantagenbesitzer in Obry-Martinique, wird er in einer Scheune aufgegriffen und wieder verurteilt. Dieser kleine Dieb und Hochstapler May wird schließlich zum Erzähler und zum Schöpfer des edlen Winnetou, der auch die Nazis begeistert. Doch Karl May selbst ist alles andere als ein Menschenverachter. Er wird gehörig mißinterpretiert, so zum Beispiel von Klaus Mann, der nach 1930 dies schreibt: »Das Dritte Reich ist Karl Mays endgültiger Triumph, die schreckliche Verwirklichung seiner Träume, die sich – nach allen ethischen und ästhetischen Kriterien – in nichts von dem unterscheiden, was der mit Old Shatterhand aufgewachsene österreichische Anstreicher jetzt versucht, um die Welt neu zu ordnen.« Augstein schreibt von Leichenfledderei, die da von zwei Dutzend Schriftstellern an Karl May begangen worden sei. Und Arnold Zweig behauptete sogar: SA, SS und Gestapo seien Spielarten der Apachen und Sioux Mayscher Prägung (a.a.O., S. 135).

Jedenfalls wurde Karl May, wie Augstein farbig aufzeigt, zu Unrecht in die Nähe des Nationalsozialismus gerückt. Er war Betrüger und Hochstapler, aber nicht jemand, der Mord an unschuldigen Menschen rechtfertigte. Einen Befürworter fand May übrigens in Egon Erwin Kisch, aber Leute wie Bertolt Brecht und Ernst Bloch sahen in Karl May einen Bösewicht – ganz zu Unrecht, wie Augstein nachzuweisen sucht. Jedenfalls sollte der harmlose Karl May zu einem frühen Sympathisanten einer fürchterlichen Ideologie gemacht werden. Und darin liegt Niedertracht, wie Augstein im »Spiegel« andeutet.

Es sind die einfachen Wahrheiten, an denen sich gerade Intellektuelle orientieren, wie es auch im Falle des Hochstaplers Karl May zu sehen ist. Und gerade diese einfachen Wahrheiten verärgern Martin

Walser, der Treffliches dazu zu sagen hat: »Aber daß man in Deutschland, wenn man teilnehmen will, nur links oder rechts untergebracht werden kann, finde ich erbärmlich. Das empfinde ich inzwischen als eine deutsche Krankheit. Wir sind ja das Religionskriegsvolk. Selbst der Dreißigjährige Krieg war schon eine Folge dieser Disposition, so unversöhnlich über den Leib Christi zu streiten. Ich kenne nichts Intoleranteres als unser intellektuelles Klima. Soweit ich ins Ausland gekommen bin, habe ich nirgendwo etwas Vergleichbares miterlebt.« (Welt am Sonntag, 23.3.1997, S. 34)

Martin Walser hat nicht unrecht, gerade hinsichtlich der oben angesprochenen Political Correctness, die es untersagt, gewisse Wörter, wie Neger oder Zigeuner, zu verwenden, und die gewisse Personen, wie wir gesehen haben, von vornherein als Bösewichte deklariert.

An den Pranger stellen

Wie Martin Walser auch andeutet, sind die »guten Menschen« mit ihrer Korrektheit geradezu Spezialisten darin, andere an den Pranger zu stellen.

An den Pranger wurde auch der Sekretär eines Bischofs gestellt. Der Fehler dieses Herrn Sekretär bestand darin, daß er in einer mißliebigen Zeitschrift Artikel verfaßt hat.

Diesen Herrn verteidigt der Bischof in einem akademischen Journal auf bemerkenswerte Weise.

Auf die Frage des Redakteurs: »Haben Sie nicht gewußt, daß er regelmäßig in der A. schreibt?«, antwortet der Bischof: »Das ist immer so eine Art Sippenhaftung, die man da macht. Wenn ich alle ablehnen würde, die in irgendeinem Pamphlet schreiben, da müßte ich eine Art Zensur einführen. Das lasse ich nicht gelten. Ich schau mir den Mann an, und was er für uns tut, und wenn das gut ist, hat er das Vertrauen. Ob er in der A. schreibt oder nicht, interessiert mich nicht. Ich lehne es sogar ab, das zum Argument zu erheben. Das ist eine Art Gesinnungsdiktatur.« (vgl. Academia 3/1993)

Die Niedertracht der guten und anständigen Menschen

Der Bischof widerspricht den Versuchen, andere gnadenlos, ohne mit ihnen gesprochen zu haben, an den Pranger zu stellen. Der Pranger scheint traditionell das wichtigste Gerät guter Menschen zu sein. Heute sind es allerdings nicht irgendwelche Schandpfähle, an die Menschen inmitten von Städten für eine Zeit gebunden werden. Zeitungen, Radio und Fernsehen haben glänzend die Funktion übernommen, einfache Wahrheiten zu verbreiten und Menschen vor aller Welt als üble Bösewichte zu brandmarken.

2.

Die Niedertracht unter Kollegen, speziell unter Wissenschaftern

Vorab sei festgehalten, daß es ausgesprochen freundliche und gütige Kollegen gibt. Zumindest ich habe das Glück, von solchen seltenen Exemplaren umgeben zu sein. Aber es gibt auch deren Gegenteil, wie ich mir berichten ließ. Das Wort Kollege verweist auf Zusammenarbeit, gegenseitige Wertschätzung, gütige Toleranz und freundliche Hilfe in schwierigen Situationen. Es gibt gewisse Rituale, durch die man dem Kollegen seine Hochachtung ausdrückt, wie bestimmte Grußformen, Anredefloskeln in Briefen und demutsvolle Gesten vor allem bei Kongressen. Jeder meint oder soll meinen, der Kollege sei ihm freundschaftlich gesinnt und stehe ihm mit freundschaftlicher Zuvorkommenheit hinsichtlich seines wissenschaftlichen oder sonstigen Weiterkommens gegenüber.

In erster Linie werde ich mich auf die Kollegen der Wissenschaft beziehen, ich meine jedoch – und gehe davon aus –, daß alles, was ich speziell über die Niedertracht der Kollegen in der Wissenschaft hier niederschreibe, auch für andere Bereiche gilt; so auch für Rechtsanwälte, Ärzte, Schauspieler, Künstler, Akademiker jeder Art und auch sonst für Leute, die miteinander konkurrieren und neidvoll zum anderen hinüberblicken.

Neid und Heuchelei

Es gibt nicht nur freundliche Zeitgenossen in der Wissenschaft, sondern auch niederträchtige. Letztere scheinen in der Mehrzahl zu sein – dies wage ich in aller Kühnheit zu behaupten. (Umfragen mit ehrli-

Die Niedertracht unter Kollegen

chen Antworten und ehrliche Statistiken zu diesem Thema des Neides sind mir nicht bekannt.) In der Wissenschaft, genauso wie in anderen Bereichen, in denen Menschen miteinander in Kontakt stehen, tut sich eine Welt der Heuchelei auf. Grundsätzlich scheint die Beziehung zwischen Kollegen durch Neid und List bestimmt zu sein. Darauf verweisen klassische Zitate und Witze. Daß besonders in den Wissenschaften Neid und Niedertracht regieren, beschreibt der Münchner Schriftsteller Ludwig Thoma auf köstliche Weise in seinen »Filser Briefen«, den Briefen des bayerischen königlichen Abgeordneten Josef Filser, der aus dem kleinen bayerischen Bauerndorf Mingharting stammt und in das Parlament gewählt wurde.

Diese Briefe sind an seine Frau und an die Würdenträger des Dorfes, wie den Herrn Pfarrer, gerichtet. In einem seiner ersten Briefe an seine Frau meint er, er sei froh, daß er im Parlament nur den Mund halten brauche und keine Rede. Als katholischer Abgeordneter, den Thoma mit dieser Figur karikiert, sieht sich Filser vor allem den geistlichen Herren, die im Parlament nach Macht streben, verpflichtet. Und daher ist er voll der Hochachtung gegenüber der »göttlichen Wissenschaft«, aber voll der Mißachtung gegenüber der »weltlichen Wissenschaft«, in der Neid und Niedertracht regieren, wie er in einem Brief an den Pfarrer schreibt. Da in diesem Brief einiges angesprochen wird, das uns hier interessiert, gebe ich ihn zum Teil wieder, wobei ich allerdings den bayerischen Text von Ludwig Thoma vor allem wegen der Rechtschreibung etwas verständlicher mache.

Überschrieben ist dieser »Brief« mit dem Titel: »Über die Wiesenschaft«, er handelt also von der Wissenschaft. Filser schreibt dazu: »Es gibt verschiedene Wiesenschaften. Eine, wo der Doktor kennen muß und eine, die der Advokat kennt. (...) Man nennt diese die weltlichen Wiesenschaften. Es gibt aber auch eine göttliche Wiesenschaft und diese besitzt die Geistlichkeit und diese ist notwendig. Die weltliche Wiesenschaft lernt man an der Universität und kostet viel Geld, das die Professor in den Sack schieben. (...) Bei der weltlichen Wiesenschaft gibt es lauter Streitigkeiten. Wenn man drei Doktor (Ärzte) fragt, hat man vier Krankheiten und jeder Advokat muß lachen über

Der weise Wissenschafter

das, was der andere sagt. Und die Professer sind die allerärgsten, indem sie einander bekämpfen (!). Sie tun so, als wenn die Wiesenschaft ein Hühnerstall ist, in der nur ein Gogl (Hahn) Platz hat und keinen anderen nicht leiden will. Und sie kämpfen so lang bis daß einer vom Platz geht und hat keine Federn hinten, wo sie ein anderer ausgerupft hat. Ich habe einen Professor im Parlament gesehen. Wenn man ihn hat zornig machen wollen, hat man bloß sagen dürfen, daß sein Kolleg etwas Neues geschrieben hat. Da ist er so heiß geworden, daß ihm die Brillenglasl angelaufen sind und er hat seine Augen verdreht und hat gelacht wie ein Geißbock, weil es ihm gleich dumm vorgekommen ist, was der andere schreibt und hat es doch gar nicht gelesen gehabt. Die Professoren sind lauter Goggel (Hähne) und jeder meint, er hat die schöneren Federn.«

Und als braver katholischer Abgeordneter führt Filser weiter aus: »In der göttlichen Wiesenschaft gibt es keine Streitigkeiten (...) der

Die Niedertracht unter Kollegen

heilige Papst sagt Punktum und dann ist es Punktum in der ganzen Welt. In der weltlichen Wiesenschaft gibt es alle Wochen etwas Neues. Das, was gestern richtig war, ist heute saudumm. Sie erfinden immer mehr Schwindel, damit die Studenten neue Bücher kaufen müssen und dies heißt man den Fortschritt der Wiesenschaft und kostet viel Geld.« (Thoma 1966, S. 147f.)

In heiteren Worten zeigt Thoma das Problem der Wissenschafter, also der Kollegen auf, vor allem wenn sie auf demselben Gebiet arbeiten. Um selbst als höchst ehrenvolle Menschen dazustehen, bedarf es einer gehörigen Distanz zu jenen Leuten, die einem diese ehrenhafte Hervorhebung aus der Masse der Menschheit streitig machen können. Und diese sind eben die direkten Kollegen. Ein alter Witz bezieht sich darauf. In diesem heißt es: Als Gott eine gute Minute gehabt hat, hat er den Professor erschaffen. Der Teufel, der dies sah, erschuf darauf den Kollegen.

In einem anderen Witz wird ähnlich darauf Bezug genommen. Zwei Professoren treffen sich vor der Universität und bemerken, daß eine Trauerfahne vorne am Gebäude aufgezogen ist. Der eine fragt: »Welcher Kollege mag denn da gestorben sein?« Darauf erwidert sein Kollege kurz: »Mir ist jeder recht!«

Professoren neigen dazu, dem Kollegen mit äußerster Skepsis zu begegnen. Als potentieller Konkurrent versucht man, ihn als die wenigere würdige Person erscheinen zu lassen. Dazu gibt es eine Vielzahl von Strategien. Schließlich ist man erfreut, selbst als der Weisere vor der Welt zu gelten. Ganz im Sinne des Spruches von Wilhelm Busch: »Dummheit, die man bei dem andern sieht, wirkt leicht erhebend auf's Gemüt.«

DER ALLEINIGE ANSPRUCH AUF WEISHEIT

Eine Strategie, als der Gescheitere zu erscheinen, besteht im Zurückhalten von Informationen. Da man selbst als der bedeutendere Wissenschafter, Arzt oder sonst jemand erscheinen will, werden Informationen, die man selbst noch nicht an die Öffentlichkeit gebracht hat und die mit der eigenen würdigen Person verknüpft werden sollen, sorgfältig zurückgehalten. Damit befindet sich vor allem der Wissenschafter freilich in Widerspruch zu einem wesentlichen Prinzip der »wissenschaftlichen Gemeinschaft«, wonach für die Wissenschafter alleine der Fortschritt der Wissenschaft wichtig ist und nicht die eigene Eitelkeit. Zu diesem Thema schrieb der Linzer Kulturphilosoph Gerhard Fröhlich eine schöne Arbeit, auf die ich mich hier beziehe und die den Titel trägt: »Optimale Informationsvorenthaltung als Strategem wissenschaftlicher Kommunikation«. Das Manuskript übergab mir der Autor persönlich. Soweit ich weiß, ist es noch nicht publiziert. Für die Überlassung dieses Textes gebührt Herrn Fröhlich mein großer Dank. Wissenschafter müßten also eigentlich ihre Kollegen bzw. Kolleginnen bestmöglich von ihren Ergebnissen und ihren Ideen informieren, um als Forscher den »großen Wissensfundus der Menschheit« (Fröhlich, o. J., S. 2) zu bereichern. Dies sei, so ist zu glauben, Zweck der wissenschaftlichen Kommunikation, wie sie auf Kongressen, bei Vorträgen und vielleicht auch in Zeitschriften zu pflegen wäre. Tatsächlich ist die sogenannte »wissenschaftliche Gemeinschaft«, also das Feld der Kollegenschaft, in ihrem Tun durch bestmögliche Informationsvorenthaltung gegenüber der Konkurrenz bestimmt. Dies ist freilich nicht nur in der Wissenschaft so, sondern ebenso in allen anderen Bereichen, in denen Kollegen sich den Rang streitig machen, wie zum Beispiel im Bankwesen.

Aber gerade in den Wissenschaften wäre, so verlangt es vor allem Sir Karl Popper, ständiges wissenschaftliches Kommunizieren nötig, um zu sogenannten »objektiven« Ergebnissen zu gelangen. Eingefügt sei hier, daß »Objektivität« ohnehin nicht voll erreicht werden kann, sondern lediglich »Intersubjektivität« in dem Sinn, daß die wissenschaftliche Gemeinschaft das Erarbeitete als »richtig« anerkennt. Das Ergebnis ist also »intersubjektiv«, da es von den einzelnen »Subjekten«, den Gelehrten, akzeptiert wird. Die Kollegenschaft sollte demnach möglichst schnell von den Ergebnissen einer Forschung informiert werden, auch um eine kritische Auseinandersetzung zu ermöglichen. Diese »Offenheit zur Kritik« macht nach Popper die wahre Wissenschaft aus. Tatsächlich verhalten sich die Damen und Herren Wissenschafter eher gegensätzlich dazu. Sie fühlen sich vielmehr angetrieben, dem Kollegen »nichts« von den eigenen Erkundungen zu erzählen, zumindest so lange nicht, bis man diese selbst in einer groß angelegten Publikation der staunenden Öffentlichkeit präsentiert hat. Bis dahin jedoch herrscht die Sorge, der Kollege oder die Kollegin könne einem, wenn er von seinem Resultat erfahre, mit einer Publikation zuvorkommen und den Ruhm einheimsen.

Wie Studien zeigen, ist die Informationsvorenthaltung zum Beispiel zwischen Laboratorien und innerhalb dieser eine durchaus übliche Praxis. So hüten Forscher, die an ein und demselben chemischen Brüter oder Teilchenbeschleuniger arbeiten, eifersüchtig ihre Ergebnisse und verheimlichen ihre Daten (vgl. Fröhlich o. J., S. 5). Ein solches niederträchtiges Vorgehen ist nicht nur typisch für Wissenschafter, die sich am Beginn ihrer Karriereleiter befinden, sondern auch für renommierte Wissenschafter, die man in der Hoffnung engagiert, daß sie wertvolle Impulse, Motivierungen und Wissen an Kollegen und Mitarbeiter weiterleiten. Tatsächlich jedoch verfolgen diese zumeist eigentümliche Informationsstrategien.

Einerseits benützen sie die Informationen, die ihnen die Organisation anbietet, schamlos, aber andererseits sind sie nicht oder kaum bereit, entsprechende Informationen an die werte Kollegenschaft weiterzuleiten, obwohl sie nach außen Zuvorkommenheit und Großzügigkeit mit ihren Informationen heucheln.

Fröhlich beschreibt dies treffend so: Informationsblockade nach innen, also gegenüber konkurrierenden Kollegen, und Absaugen der Informationen und ähnlichem aus dem Inneren, das Vorteile bringt. Dazu gehört freilich auch das Weitergeben bestimmter Nachrichten nur an bestimmte Kollegen. Bewußt werden dabei oft Mitarbeitende von Informationen ausgeschlossen, wie zum Beispiel davon, daß ein wichtiger Kongreß stattfindet, daß Beiträge für ein zu planendes Buch gesucht werden, daß eine Zusammenkunft innerhalb der eigenen Organisation stattfindet und einiges mehr.

Dazu gehören auch Informationen über Ausschreibungen bestimmter Stellen, über Forschungsförderungen vor ihrer offiziellen Ausschreibung, über die Möglichkeit von Gastvorträgen und Gastprofessuren, über die Verleihung von Ehrendoktoraten, über Terminfristen hinsichtlich der Einreichung für wissenschaftliche Preise und über ähnliches mehr.

Typisch scheint das Verweigern von Informationen in den Naturwissenschaften zu sein. So zeigte eine Forschung in wissenschaftlichen Laboratorien, daß Wissenschafter Ergebnisse ihrer Versuche zunächst so wenig wie möglich veröffentlichen, um Kollegen daran zu hindern, allzu schnell die Versuche nachzubauen und zu Überholsprints anzusetzen. Es geht darum, den Erstanspruch für eine bestimmte Entdeckung für sich alleine erheben zu können (vgl. Fröhlich o. J.). In dieser Richtung versteht sich auch das Verschweigen wichtiger Details einer Versuchsreihe (siehe Karin Knorr-Cetina 1984 – wird von Fröhlich o. J. zitiert).

Durch das Hintanhalten von Informationen gelingt es, mißliebige Kollegen von Dingen fernzuhalten, die ihnen eventuell Prestige oder einen Vorteil bringen könnten. So erging es mir, als ich zunächst eingeladen wurde, an einem Buch über einen verstorbenen Studentenhistoriker, der mit Arthur Köstler in derselben jüdischen schlagenden Studentenverbindung war und dem ich mich freundschaftlich verbunden fühlte, mit einem Aufsatz mitzuwirken. Ich sagte zu, denn dieser Herr, Fritz Roubicek ist sein Name, war mir äußerst sympathisch, er hatte mich sogar als seinen Freund bezeichnet. In Erinnerung an ihn sollte ich also einen Artikel zu einem Thema, das mit alten jüdischen Studentenverbindungen zusammenhängt, schreiben.

Offensichtlich sah man sich verpflichtet, mich zur Mitarbeit einzuladen, da ich doch eine enge Beziehung zu dem freundlichen Herrn Roubicek hatte. Man schrieb mir auch, ich solle diesen Artikel bis zu einem gewissen Zeitpunkt abliefern. Ein solches Vorgehen ist durchaus üblich. Es ist auch üblich, dem potentiellen Autor, falls der vergißt, den Artikel rechtzeitig abzuliefern, einen höflichen Brief mit der Bitte zu schreiben, doch ehebaldigst das versprochene Schriftstück bei den

Die Niedertracht unter Kollegen

Herausgebern abzuliefern. Meist rafft sich der Autor dann auf, schreibt die Arbeit und schickt sie ab.

Hält man jedoch den Kollegen für jemanden, mit dem man ungern gemeinsam in einem Buchband genannt wird – aus welchen Gründen immer –, so ist man geradezu in niederträchtiger Weise erfreut, wenn er den betreffenden Termin zur Abgabe seiner Ergüsse versäumt. Man erinnert ihn bewußt nicht an die Abgabe und gibt das Buch ohne seinen Beitrag heraus.

Auch ich hatte vergessen, meinen Aufsatz zur Erinnerung an meinen jüdischen Freund Fritz Roubicek, der in der Vorkriegszeit nicht nur Staatsmeister im Ringen, sondern auch ein prächtiger Säbelfechter war, rechtzeitig zu verfassen. Anstatt mich um die Abgabe meines Artikels zu bitten, ließ man mich vom Fertigstellungstermin des Buches in Unwissenheit und veröffentlichte es schließlich. Als ich davon hörte, schrieb ich den beiden Herausgebern – offensichtlich keine sehr großzügigen Herren – ich wäre über sie verärgert, da sie mich doch brieflich oder telefonisch um die Abgabe, auf die ich vergessen hatte, hätten bitten können; schließlich lag mir viel daran, zu Ehren meines Freundes etwas Studentenhistorisches zu veröffentlichen.

Darauf erhielt ich zynische Briefe mit dem nicht gerade höflichen Hinweis, ich hätte doch von dem Abgabetermin gewußt. Da ich ihnen nichts zugesandt habe, hätten sie gemeint, ich würde keinen Aufsatz abliefern wollen. Diese Antwort auf meinen Vorwurf war in klassischer Weise niederträchtig, da die beiden Herausgeber als Historiker sehr wohl von dem üblichen Verhalten in solchen Fällen wissen mußten; gerade heute, in einer Zeit, in der viel publiziert wird, kommt es immer wieder vor, daß Autoren mit der Abgabe ihrer zu publizierenden Aufsätze säumig werden, wie es auch mir diesmal passierte. Aber im Gegensatz zu den üblichen Gewohnheiten meldete man sich nicht mehr bei mir, und ich hatte keine Chance, einen wissenschaftlichen studentenhistorischen Aufsatz für meinen Freund Roubicek abzuliefern. Innerhalb des Wissenschaftsbetriebes scheinen derartige Niederträchtigkeiten bisweilen vorzukommen, wie ich selbst also erfahren habe.

BÖSEWICHTE

WEISE VAGABUNDEN

Das Zurückhalten von Informationen ist nicht auf die Wissenschaft alleine beschränkt, es kommt überall dort vor, wo Menschen miteinander im Wettstreit stehen. Kurz will ich dabei verweilen. Sogar unter Wiener Sandlern, den Vagabunden der Großstadt, gibt es so etwas wie Wissenschafter, die sich eifrig bemühen, Erkundigungen über Möglichkeiten des Übernachtens und eines angenehmen Mahles einzuziehen. Auch hier gibt es das »wissenschaftliche« Zurückhalten von Informationen. So geben für gewöhnlich Sandler in gewissen Gasthäusern, auf Bahnhöfen und an ähnlichen Orten Informationen aus ihrem Wissensbestand weiter, wie zum Beispiel darüber, in welchem Abbruchhaus man bequem nächtigen könne und wo Ausgabestellen für billige oder kostenlose Speisen zu finden wären. Grundsätzlich gibt man derartige für das Überleben auf der Straße wichtige Auskünfte an alle Kollegen weiter; doch nicht immer, wie ich merken konnte. Auskünfte über Klöster oder ähnliche Einrichtungen zum Beispiel, die gut mundende und nahrhafte Speisen an Obdachlose austeilen, gibt man meist nur an diejenigen Sandler weiter, von denen man selbst Vorteilhaftes erfahren kann oder die einem sympathisch sind.
So wurde auch mir einmal bei meinen Forschungen von einem Sandler, der mich offensichtlich für einen Kollegen der Straße hielt und dem ich sympathisch war, mitgeteilt – ohne daß ich ihn dazu aufgefordert hätte –, wo ich eine besonders gute Klostersuppe, zu der es auch gutes Fleisch gibt, bekommen könne. Er fügte aber noch hinzu, diese Adresse würde er nicht an »alle« Sandler weitergeben, denn sonst kämen zu viele dorthin. Auch unter Sandlern versucht man also niederträchtig, andere von wohlwollenden Informationen fernzuhalten.

Die Niedertracht unter Kollegen

Das Verheimlichen des Namens des Kollegen – Zitierkartelle

Wissenschafter – ähnliches gilt auch für Schauspieler und andere Zeitgenossen – sind schließlich darauf bedacht, selbst zu glänzen und gewisse Kollegen in der Anonymität verharren zu lassen. Man spricht nicht über sie und erwähnt sie möglichst nicht, um sie als Konkurrenten auszuschalten und selbst als würdiger und ehrenvoller Wissenschafter oder Schauspieler gegenüber dem staunenden Publikum zu erscheinen.

Ganz typisch zeigt sich dies in wissenschaftlichen Publikationen, in denen für gewöhnlich jene Kollegen, denen man sich entweder freundschaftlich verbunden fühlt oder von denen man sich einen Vorteil erhofft, bevorzugt zitiert werden. Andere jedoch, in denen man vielleicht besonders gefährliche Konkurrenten sieht, werden möglichst wenig oder gar nicht genannt beziehungsweise zitiert. Auf diese Weise haben sich richtige Zitierkartelle entwickelt, die sich dadurch auszeichnen, daß man sich gegenseitig immer wieder in Publikationen nennt – zum Nachteil jener, die ignoriert werden, auch wenn sie wissenschaftlich Bedeutendes auf dem betreffenden Gebiet geleistet haben. So weiß ich von einem Kollegen, der auf dem Gebiet der kulturwissenschaftlichen Feldforschung gute methodische Arbeit geleistet hat, daß er von gewissen Kollegen, Spezialisten im Theoretisieren, einfach ignoriert wurde, obwohl er sich mehr als alle anderen auf große Erfahrungen bei der Forschung berufen kann.

Irgendwie erschien der Mann, der bei bedeutenden Soziologen Ansehen genoß, den anderen Meistern gefährlich und hinderlich, die sich wohl selbst als Paradeforscher hervortun wollten. Seine Gefährlichkeit bestand zu Recht, schließlich bescheinigten ihm wohlmeinende Kollegen, daß mit seiner Art, über Methoden der Forschung zu schreiben, wohl einige nicht einverstanden sein werden. Statt im Sinne Poppers und einer bunten (pluralistischen) Wissenschaft diesen Wegbereiter der Forschung zu akzeptieren, ließ man ihn zum Beispiel in Leselisten zur qualitativen Sozialforschung unberücksichtigt. Eine solche Niedertracht kränkte diesen Herrn, der allerdings in einigen methodischen Werken sehr wohl Erwähnung fand, derart, daß er einer Kollegin, die eine solche Literaturliste betreute, einen Brief schrieb. Darin erläuterte er, er habe, wie sie sicher wisse, ein Methodenbuch geschrieben, auf dem einige der von ihr in der Liste genannten Autoren und Autorinnen aufbauen. Es wäre doch erfreulich, wenn sie auch sein Buch in der Literaturliste nennen wolle. Die Kollegin schrieb ihm lediglich ein paar wenig freundliche, eher niederträchtig klingende Zeilen zurück, sie habe 40 Titel in die Leseliste aufgenommen, dies würde genügen, für sein Buch wäre daher kein Platz mehr.

Verwandt mit dieser Niedertracht ist bisweilen das Verhalten von Professoren gegenüber jüngeren Kollegen, die selbst einmal Professoren werden wollen und sich daher zunächst habilitieren müssen. Dieses Verfahren der Habilitation, bei dem der künftige Dozent von Mitgliedern der Fakultät einer genauen Prüfung unterzogen wird, um das Recht, an der Universität zu lehren, zu erwerben, kann ein sehr niederträchtiges sein. Nämlich dann, wenn der Kandidat bei einigen Damen oder Herren der Kommission aus politischen oder auch anderen Gründen – nicht unbedingt fachlichen – unbeliebt ist oder wenn man in ihm einen unangenehmen künftigen Kollegen oder Konkurrenten vermutet. In einem solchen Fall muß der Bewerber damit rechnen, daß man ihn hineinlegt, Fangfragen stellt oder seine Arbeit als übles Machwerk betrachtet.

So erging es einem Bekannten, der ein ausgezeichneter Wissenschafter ist, aber nicht an der Universität arbeitet. Ihm machte man die größten Schwierigkeiten, da man ihn einfach nicht wollte. Man lehnte ihn ab. Er versuchte es darauf an einer anderen Universität, wo man ihn schließlich habilitierte. Ähnliche Rituale der Niedertracht zeigen sich bei Berufungen von Professoren auf einen Lehrstuhl. Mir ist aufgefallen, daß bei solchen nicht unbedingt der wissenschaftlich beste Kollege (oder die beste Kollegin) berufen wird, sondern der (oder die), der (die) keine große Gefahr für das Prestige der anderen darstellt.

Die Niedertracht unter Kollegen

DER WISSENSCHAFTER ALS BETRÜGER

Eine andere niederträchtige Strategie in den Wissenschaften besteht darin, aus der Arbeit eines Kollegen wesentliche Gedanken einfach abzuschreiben, ohne das betreffende Werk zu zitieren. Solche Fälle tauchen im Wissenschaftsbetrieb – aber nicht nur dort – regelmäßig auf.

Mir selbst versuchte einmal ein Student eine Diplomarbeit über Fußballfans unterzuschieben, die zum größten Teil aus einem Buch abgeschrieben war – freilich ohne den Autor zu nennen –, das wenig bekannt ist und von dem er offensichtlich hoffte, ich würde es nicht kennen. Ich wies dem Herrn Studenten diese Niedertracht des Betruges nach und weigerte mich, ihn weiterhin als Diplomanden zu akzeptieren. Ich tat dies in der Hoffnung, daß keiner meiner Kollegen die Arbeit dieses studentischen Betrügers annehmen werde. Darin täuschte ich mich allerdings.

Ein Kollege, dem der Student erzählt hatte, er hätte mit mir einen Konflikt gehabt und ich würde ihn daher nicht weiter betreuen, nahm schließlich »aus Mitleid«, wie er mir viel später erzählte, die etwas modifizierte Arbeit an, und der Mann wurde Magister. Erst einige Zeit danach erfuhr ich davon. Mein mir sympathischer Kollege, der sich offensichtlich geschmeichelt sah, daß der Bursche mit seiner Arbeit zu ihm kam, statt es weiter mit mir »zu versuchen«, war wohl entsetzt, als ich ihm – allerdings zu spät – von der Niedertracht des Herrn Studenten erzählte.

Praktiken dieser Art dürften nicht selten sein. Ein heiterer Rat in dieser Richtung stammt, wenn ich nicht irre, vom berühmten Umberto Eco. Er meinte, es wäre nicht schwer, Dissertationen so abzuschreiben, daß der Prüfer es nicht merke. Man brauche bloß eine Dissertation, die an einer süditalienischen Universität geschrieben wurde, entsprechend verändert abschreiben und das fertige Produkt an einer norditalienischen Universität abgeben. Es sei unwahrscheinlich, daß der Professor aus dem Norden die Arbeit aus dem Süden kenne. Dem Doktorat steht somit nichts im Wege.

BÖSEWICHTE

Als niederträchtig gelten auch jene Praktiken von angesehenen Gelehrten, die Arbeiten, die zum Teil oder zur Gänze von ihren Assistenten oder anderen Mitarbeitern verfaßt wurden, als ihre Produkte ausgeben und publizieren. Ähnlich niederträchtig ist es auch, wenn derartige Gelehrte die Autorenschaft ihrer Mitarbeiter, auf deren Schultern die Hauptlast der Mühen lag, im Titel der Studie zurückdrängen und sich an die Spitze der Autoren stellen (außer sie würden ohnehin nach dem Alphabet an vorderster Stelle am Buchdeckel genannt sein).

Ich habe einen Fall erlebt, bei dem der mitarbeitende Assistent, der inzwischen Dozent ist, darauf beharrte, daß sein Name und der seines an der betreffenden Studie mitarbeitenden Chefs in alphabetischer Reihenfolge auf dem Buch aufscheinen mögen. Denn da wäre sein Name an erster Stelle zu nennen gewesen; sein Chef, der Professor, sah es jedoch als gerechtfertigt an, daß seine würdige Person zuerst genannt werde und erst dann der Name seines weniger feinen Assistenten. Die beiden Herren kamen in einen wilden Streit, den sie damit beendeten, daß sie bis heute kein Wort mehr miteinander reden. Der Professor konnte es jedenfalls durchsetzen, daß sein heiligmäßiger Name schlußendlich als erster den Buchtitel ziert.

Die Fälschung

Eine besondere Art des Betruges und der Niedertracht in den Wissenschaften ist die Fälschung, durch die Kollegen und anderes Volk regelrecht hineingelegt werden. Vor allem in den Kulturwissenschaften scheinen Fälscher besonders aktiv zu sein (siehe dazu Duerr 1987).

So war ein Meister der Fälschung, der Ähnlichkeiten mit Karl May hat, ein gewisser Carlos Castaneda, dessen Bücher für die Alternativbewegung und die New Age-Szene der siebziger Jahre von großer Faszination waren und zu Weltbestsellern wurden. Castanedas Bücher bauen auf seiner Behauptung auf, er habe während seines Anthropologiestudiums an der University of California in Los Angeles bei seinen For-

Die Niedertracht unter Kollegen

schungen in Mexiko eine zehnjährige Zauberlehre bei einem Yakuibrajo, einem indianischen Zauberer, namens Don Juan genossen. Seine Methode war die der »teilnehmenden Beobachtung«. Die Einführung in die toltekische Zauberei soll sich in der Sonora Desert, einem Wüstengebiet im Norden Mexikos, abgespielt haben. Castaneda beruft sich auf seine »Feldnotizen« als Grundlage für seine Bücher, denn der geheimnisvolle Indianer wollte angeblich nicht, daß man seine Stimme aufnehme oder daß man ihn gar fotografiere. Das aufgrund dieser angeblichen Feldforschung von Castaneda geschriebene erste Buch »Die Lehren des Don Juan« (dt. 1973) wurde zu einem großen Erfolg. Seine Lehrer an der Universität, darunter der geschätzte Soziologe Harold Garfinkel, unterstützten die Herausgabe dieses Buches in dem renommierten Universitätsverlag »University of California Press«. Das dritte Buch Castanedas, »Journey to Ixtlan« (1972), wurde schließlich sogar vom Department of Anthropology der University of California als Dissertation akzeptiert.

In der damaligen amerikanischen Gegenkultur, vor allem bei den Studenten, fanden die Bücher Castanedas begeisterte Aufnahme. Castaneda fühlte sich veranlaßt, noch weitere Bücher zu schreiben und weitere indianische Lehrmeister, wie Don Genaro, Josefina und andere, entstehen zu lassen.

Und es ist bemerkenswert, daß Castanedas angebliche Feldforschung von diversen Spezialisten der soziologischen Methodologie, die durch z. T. abstruse Vokabeln auffallen, groß gefeiert wurde. Man sah in ihm einen Vertreter der sogenannten Phänomenologie und sogar der Ethnomethodologie, ohne darüber nachzudenken, ob Castaneda nicht gelogen und betrogen habe. Ihm gingen viele seiner Kollegen in der Wissenschaft auf den Leim. So zum Beispiel die Soziologen H. Mehan und H. Wood, die in einem Aufsatz zum »theoretischen Programm« der Ethnomethodologie auf Castaneda zurückgreifen. Dabei tun sie so, als ob Castaneda ein hervorragender Feldforscher gewesen sei, der die »Realitäten« wunderbar zu beschreiben wußte. Dieser Aufsatz mit dem Titel »Fünf Merkmale der Realität« ist übrigens in einem vielbeachteten Band mit dem Titel

»Ethnomethodologie« 1976 erschienen. Herausgegeben wurde dieses Kompendium von angesehenen Soziologen – Weingarten, Sack und Schenkein. Ich will hier ein paar Sätze aus diesem Beitrag zitieren, nicht nur um zu zeigen, wie kompliziert und geheimnisumwittert Soziologen die Welt sehen, sondern auch wie unverschämt Castaneda die Kollegen von der Wissenschaft hineingelegt hat: »Castanedas Versuche, die Realität der Yaqui-Zauberei zu erklären, sind eine weitere Illustration der Reflexivität von Analyse. In seinem ersten Bericht, ›Die Lehren des Don Juan‹, beginnt Castaneda mit einer detaillierten Ethnographie seiner Erfahrungen in den Begegnungen mit Don Juan, einem Yaqui-Zauberer. In dieser Realität ist es normal, daß die Zeit stehen bleibt, daß Menschen sich in Tiere und Tiere sich in Menschen verwandeln, daß Tiere und Menschen sich miteinander unterhalten und daß große Entfernungen zurückgelegt werden, obwohl der Körper unbewegt bleibt. Im letzten Teil seines Berichtes systematisiert Castaneda seine Erfahrungen mit dem Zauberer. Er präsentiert einen kohärenten Wissensbestand (!), der Don Juans Lehren unterstützt. So organisiert Castaneda ähnlich wie Zimmermann und Wieder (zwei achtbare Ethnomethodologen; R. G.) eine ›nicht-alltägliche‹ Realität in ein kohärentes Wissenssystem.« (Mehan/Wood 1976, S. 42)

Auch die bedeutende Soziologin Bennetta Jules-Rosette nimmt in demselben Sammelband Bezug auf Castaneda, und zwar in einer Anmerkung. In dieser stellt sie eine hochwichtige Beziehung von Castaneda zu dem hochverehrten Alfred Schütz her. Zu dem Satz »Die nichtverbalen Aspekte eines Rituals schließen zudem dessen spirituelle Ziele oder spezifische spirituelle Anliegen mit ein« fallen ihr diese bemerkenswerten Überlegungen ein: »Die Idee des spezifischen Zwecks wird bei Alfred Schütz und Carlos Castaneda diskutiert ... Schütz bezieht sich auf eine ›spezifische Form der Selbsterfahrung‹, die unter spirituellen und alltäglichen Realitäten verschieden ist. Castaneda beschreibt die Kenntnis eines spezifischen Zwecks als essentiell, um einen esoterischen Wissensvorrat zu beherrschen und ihn in die Praxis umzusetzen.« (Jules-Rosette 1976, S. 207 u. 238)

Die Niedertracht unter Kollegen

Castaneda gelang es also, die Damen und Herren von der Wissenschaft durch erlogene Geschichten aus der Welt mexikanischer Indianer an der Nase herumzuführen.

Eine erste große Kritik an der Glaubwürdigkeit Castanedas kam vom Psychologen Richard de Mille, der den naiven Amerikanern klarzumachen versuchte, daß sie einem Scharlatan auf den Leim gegangen sind. Richard de Mille hatte Widersprüche in den Büchern Castanedas entdeckt, er sah, daß Teile davon aus Büchern anderer Autoren stammten, und ihm fiel eine verdächtige Unkenntnis des natürlichen Umfelds seines Lehrers auf (vgl. Sebald 1987, S. 281).

Und tatsächlich entspricht Castanedas Schilderung von der Sonora Desert, dem nordmexikanischen Wüstengebiet, kaum den wirklichen Begebenheiten, insbesondere was Fauna, Flora und Klima anbelangt. Der deutsche Forscher Horst Sebald meint dazu heiter: »Wenn sein Don Juan sich des öfteren vor Lachen auf dem Boden wälzt, hat man eher den Eindruck, er rolle im duftenden Heidekraut der Lüneburger Heide als auf der stacheligen, von Skorpionen bevölkerten Wüstenerde Sonoras. (...) Ich wohne seit über zwanzig Jahren in der Sonora Desert, bin ein eifriger Beobachter von Tier- und Pflanzenwelt, schließlich auch ein ständiges Opfer des Wüstenklimas (...) Auch Kaninchen fängt Castaneda mit einer Falle. Wüstenjäger wissen, daß Kaninchen während der heißen Jahreszeit oft an der Hasenpest leiden, weshalb im Sommer kein Einheimischer auf Kaninchenjagd geht oder ein Tier gar berührt, denn die Erreger sind leicht auf den Menschen übertragbar. (...) Doch Carlos packt das Kaninchen mit den Händen ...« (Sebald 1987, S. 281ff.).

Allerdings ist nicht alles falsch, was Castaneda berichtet, denn ähnlich wie Karl May hat auch Castaneda nicht alles erfunden, sondern aus guten Büchern abgeschrieben. Aber dennoch wurden ihm gewisse Ungereimtheiten in seinen Büchern zum Verhängnis. Die Fehler waren ihm unterlaufen, da seine Schilderungen tatsächlich nicht auf einer strapaziösen Feldforschung im heißen mexikanischen Sand beruhen, sondern auf ausgiebiger Lektüre der die Indianer Mexikos betreffenden Literatur in der angenehmen Atmosphäre kalifornischer

Universitätsbibliotheken. So zeigten sich Fehler bei Ortsnamen, und schließlich sind Gefahren, die jedem Ortskundigen bekannt sind, in seinen Reiseberichten nicht erwähnt, dafür hatte er andere erfunden. Castaneda erwies sich also als prächtiger und phantasievoller Erfinder von Geschichten. Dagegen wäre nichts einzuwenden, würde er sie als solche Geschichten ausgegeben haben. Dies tat er jedoch nicht, sondern behauptete, er habe durch »teilnehmende Beobachtung«, für die er jedoch keinen Beweis vorlegte, seine Daten erarbeitet. Somit zeigte sich Castaneda als echter, nicht unsympathischer Betrüger in der besten Tradition von Münchhausen und Karl May.

Auf prächtigen Lügen baut auch das Buch »Der Papalagi. Die Reden des Südseehäuptlings Tuiavii aus Tiavea« von einem gewissen Erich Scheurmann auf. Dieses Buch, in dem die europäische Kultur von einem Häuptling aus Samoa kritisiert wird, ist 1920 erschienen und erlebte gleich drei Auflagen. Mit »Papalagi« ist der Europäer schlechthin gemeint.

1971 wurde dieses Buch von Marburger Studenten nachgedruckt und erfreute sich in alternativen und auch »linken« Studentenkreisen großer Beliebtheit (Cain 1987, S. 253). Das Buch wäre kein Problem als Lügengespinst, hätte Scheurmann nicht behauptet, er habe das, was ihm der Häuptling Tuiavii aus Westsamoa erzählt hat, für dieses Buch möglichst wortgetreu übersetzt.

Wahrscheinlich wollte Scheurmann mit der Rede des Häuptlings dem kulturell niedergegangenen Europa nach dem Ersten Weltkrieg das Bild einer humaneren »besseren« Welt gegenüberstellen, ähnlich wie es Tacitus mit seiner »Germania« tat, in der er den verderbten Römern die unverdorbene Welt edler Germanen darzutun versuchte. Allerdings berief sich Tacitus auf keine eigenen Feldforschungen, sondern auf Berichte. Insofern schwindelte Tacitus nicht bewußt, im Gegensatz zu unserem Scheurmann. Auch dürfte Tacitus mit seinen Beschreibungen germanischen Lebens eher der Realität entsprochen haben als Herr Scheurmann mit seinem »Papalagi«.

Denn tatsächlich, wie hier in kurzen Umrissen gezeigt werden soll, sind die Reden des Häuptlings Tuiavii, die angeblich »möglichst wort-

Die Niedertracht unter Kollegen

getreu« wiedergegeben wurden, eine Erfindung Scheurmanns. Nach Scheurmann war dieser Häuptling ein Maristenzögling, also ein Katholik, der sich vor dem Ersten Weltkrieg einer Völkerschaugruppe angeschlossen und mit dieser Europa bereist hat. Dabei habe er tiefe Einblicke in die Kulturen Europas gewonnen. Allerdings gibt Scheurmann nichts Genaueres über die Reise an, aber auch nichts über seine Sprachkenntnisse.

Daß Scheurmann drauflos phantasiert hat, läßt sich ohne Mühe beweisen. So besitzt der Text einige ethnologische und sprachwissenschaftliche Ungereimtheiten. Bereits die erste Überschrift »Vom Fleischbedecken des Papalagi, seinen vielen Lendentüchern und Matten« paßt nicht nach Samoa. Da es ein samoanisches Wort für Kleidung gibt und auch eines für den Körper, würde ein echter Samoaner »vom Bekleiden des Körpers« gesprochen haben (siehe dazu Cain 1987, S. 255). Und schließlich ist es unmöglich, daß ein Samoaner die Kleidung als Matten bezeichnet, da nachweislich bereits seit 1830 sehr enge Kontakte zu Europa bestanden haben. Auch sonst ist die Phantasie des Europäers am Werk. So werden auf Seite 47 des Textes Kolibris erwähnt, die jedoch in Samoa gar nicht vorkommen (a.a.O., S. 262).

Ungereimtheiten dieser Art gibt es noch eine Menge in diesem Buch über den Papalagi, den Europäer.

Bemerkenswert ist, was Horst Cain, der sich intensiv mit diesem Buch von Scheurmann befaßt hat, dazu schreibt: »Das Bedenkliche an diesem Text ist, daß er bei einem mit der Sprache und Ethnologie Samoas nicht vertrauten Publikum völlig falsche Vorstellungen von den dortigen Verhältnissen erweckt ... Einem aufmerksamen und einigermaßen sachkundigen Leser wird indessen kaum verborgen bleiben, daß Scheurmann seine eigenen Ansichten nur etwas samoanisch aufgeputzt hat (a.a.O., S. 267).

Also auch hier hat ein Wissenschafter, der sich als redlicher Feldforscher in Samoa dargestellt hat, bewußt einen Text, der heute noch großen Anklang findet, gefälscht.

Auch ihm ist es gelungen, zumindest für eine Zeit, ehrbare Kollegen, freundliche Studenten und kulturkritische Intellektuelle hineinzulegen.

BÖSEWICHTE

Nicht nur in den Kulturwissenschaften gibt es Spezialisten, die sich des Betruges und der Fälschung bedienen, um zu wissenschaftlichem Ansehen zu gelangen oder um andere hineinzulegen, sondern auch in den Naturwissenschaften. Berühmt wurde eine Zwillingsuntersuchung, bei der es um die Frage ging, ob gewisse menschliche Fähigkeiten durch die Erbanlagen oder die Umwelt bestimmt seien (vgl. dazu Fröhlich 1996). Dabei kam man zu dem Ergebnis, daß eineiige Zwillinge annähernd übereinstimmende Anlagen, zweieiige Zwillinge hingegen unterschiedliche besitzen. Der englische Psychologe Cyrill Burt »bewies« nun, darauf aufbauend, daß die eineiigen Zwillinge hinsichtlich Intelligenz stark korrelieren, sie also statistisch einigermaßen gleich intelligent sind, bei zweieiigen Zwillingen die Intelligenz jedoch nicht korreliert. Mit diesen Erkenntnissen wollte Burt die Wichtigkeit der Vererbung bei der Intelligenz nachweisen. Intelligenz wäre demnach hauptsächlich von der genetischen Veranlagung abhängig. Schließlich erbrachte Burt noch den »Beweis«, daß sich die Einkommensverteilung in Großbritannien mit der Verteilung der Intelligenzgene decke. Aus dem allen zog er u. a. den Schluß, daß es sinnlos sei, lernschwache Kinder zu fördern, da sie ohnehin unintelligent seien. Sinnvoll dagegen sei lediglich, so Burt, die ohnehin stark Begabten zu fördern.

Erkenntnisse dieser Art brachten Burt Ruhm ein, er wurde geadelt und genoß bis an sein Lebensende höchste Anerkennung.

Einige Jahre nach seinem Tod prüfte jedoch ein junger Wissenschafter, der im Gegensatz zu Burt von der Abhängigkeit der Intelligenzentwicklung von Umwelteinflüssen überzeugt war, dessen Veröffentlichungen genauer und machte seltsame Entdeckungen. So fiel ihm auf, daß die Korrelationskoeffizienten, welche die Ähnlichkeit von ein- und zweieiigen Zwillingen maßen, in den verschiedenen Studien von Burt jeweils den gleichen Wert hatten. Die Korrelationskoeffizienten waren bis auf drei Kommastellen identisch. Eine solche Ähnlichkeit ist bei voneinander unabhängigen Stichproben völlig unwahrscheinlich. Daher lag nun der Verdacht nahe, daß Burt diese Werte nicht ermittelt, sondern freihändig eingesetzt, also erfunden habe.

Es traten aber noch weitere Ungereimtheiten zutage (siehe dazu Ernst 1977, S. 54f.). So konnten weder die von Burt angeführte Mitautorin noch die Rohdaten von Burts Untersuchungen gefunden werden. Aufgrund dieser Fakten sind die meisten Psychologen heute – allerdings nicht die wahren Anhänger Burts, die von einer »gezielten Rufmordkampagne« sprechen – der Überzeugung, daß Burt seine Untersuchungen manipuliert habe. Es mag sein, daß Burt von seiner »Wahrheit« derart überzeugt war, daß er empirische Tests in größerem Umfang gar nicht für nötig hielt und es daher als durchaus legitim ansah, der »Wahrheit« nachzuhelfen. In ähnlicher Weise mögen auch andere Wissenschafter vorgehen, um ihre Theorien zu beweisen (Fröhlich 1996, S. 1ff.).

Es scheint, wie der Kulturphilosoph Fröhlich meint, daß wissenschaftliche Fälschungen grundsätzlich nicht durch »objektive« Experten der Wissenschaft aufgedeckt wurden und werden, sondern eher durch persönliche Denunziation betrogener Ehefrauen, enttäuschter Freundinnen und sich ausgebeutet sehender Mitarbeiter (a.a.O., S. 3).

Und tatsächlich basiert das wissenschaftliche Alltagshandeln primär auf Vertrauen, denn man ist eher geneigt, Ergebnisse von Kollegen offiziell unangetastet zu lassen, als Schwierigkeiten mit ihnen zu haben (vgl. a.a.O.).

Allerdings gibt es in den Wissenschaften nicht selten Konflikte hinsichtlich der Priorität einer Erkenntnis. Solche Streitigkeiten entsprechen dem Drang nach Originalität, die hoch bewertet wird und daher die Aussicht auf fette Universitätsstellen und gutdotierte Projekte steigert, letzteres vor allem in der medizinischen und pharmazeutischen Forschung, wo viel Geld zu holen ist.

Die heutige Computerwelt mit ihrer digitalen Technologie macht es schließlich immer mehr möglich, leichtfertige Gerüchte und Texte zu verbreiten, die sonst nie gedruckt worden wären. Auch ist es möglich, Texte schnell zu übernehmen, sie etwas zu überarbeiten und sie dann der Welt als eigene Erzeugnisse zu präsentieren. Von dieser Seite wird

BÖSEWICHTE

künftighin noch einiges auf dem Gebiet der Niedertracht zu erwarten sein.

Kollegen, dies sollte gezeigt werden, stehen miteinander in einem dauernden Kampf um Originalität und um den näheren Platz an der Sonne. Jeder will als die würdigere Person erscheinen. Damit dies auch möglich wird, bedarf es mitunter gewisser Strategien der Niedertracht.

3.
Die besondere Niedertracht in der Wissenschaft – Die Macht der Magier

Aufgabe der Wissenschafter, gerade der Geisteswissenschafter, wie der Soziologen, Ethnologen und Historiker, müßte es sein, die Welt über die Erkenntnisse der eigenen Forschung aufzuklären. Dem ist jedoch nicht immer so; stattdessen tun sich nicht wenige Wissenschafter mit der besonderen Fähigkeit hervor, zu verschleiern. Und dies gelingt regelmäßig durch eine Geheimsprache oder durch bestimmte Strategien des Verbergens dessen, worauf es eigentlich ankommt.

Dies zeigt sich zum Beispiel bei Kongressen, wo Referate mit gedrechselten Schachtelsätzen, mit Fremdwörtern und komplizierten Begriffen, unter künstlichem Zeitdruck möglichst rasch heruntergelesen werden.

Diese Art der Verschleierung wird noch verstärkt, wenn Overheadfolien mit kleiner, kaum leserlicher Schrift gezeigt werden. Auf geradezu niederträchtige Weise gelingt es so dem vortragenden Wissenschafter, als unantastbare Koryphäe dazustehen. Strategien dieser Art, zu denen auch eine Geheimsprache gehört, erschweren die Kritik an dem Vorgetragenen. Dies scheint überhaupt ein wesentlicher Grund für die Verwendung einer komplizierten, kaum verständlichen Gelehrtensprache zu sein. Der Philosoph Schopenhauer meint in »Parerga und Paralipomena«, an der Universität gebe es nur mehr Ochsen, denn die meisten Wissenschafter versuchen durch eine Sprache, die nur schwer verstanden werden kann, sich der Kritik der Kollegenschaft zu entziehen. Die wissenschaftliche Geheimsprache verhilft so zu einer abgehobenen, hochachtbaren Position. So erinnere ich mich, daß ich, als ich Arbeiten schrieb, die ich selbst kaum verstanden habe, hochgeachtet war. Als ich jedoch daran ging, mich zu bemühen, in einer klaren und für das »einfache Volk« verständlichen Sprache zu schreiben, verlor ich an Ansehen, man ignorierte mich sogar. Oder man betrachtet meine Arbeiten einfach als »unwissenschaftlich«. So habe ich allen Grund anzunehmen, daß meine diversen Aufrufe zu einer klaren Sprache von Kollegen eher belächelt werden. Und einige gehen großzügig über die Existenz meiner Arbeiten hinweg.

Jedenfalls manövrierten sich so manche Wissenschaften, wie z. B. die Soziologie, in ein sprachliches Abseits. Sie wurde zu einer terminologischen Gemeinschaft, zum Geheimbund. Diese Geheimbünde entwickelten ihre Liturgien, und in Folge entstand ein »Hohepriesterlatein« (Musto 1984, S. 83ff.).

Diese geheimbündlerische Tradition z. B. der Soziologie ist bis heute ungebrochen, und zwar von Autoren, die mich an alte Magier erinnern und sich selbst in geheimnisvoller Weise als »Phänomenologen«, »Ethnomethodologen«, »symbolische Interaktionisten«, »objektive Hermeneutiker« oder sonstwie bezeichnen.

Die Sprache im wissenschaftlichen Geheimbund erinnert in gewisser Weise an das »Rotwelsch« der Gauner und Bettler (siehe dazu Girtler 1998).

Die Kenntnis solcher Sondersprachen verschafft einen gewissen Machtanspruch gegenüber Außenstehenden, die keine Ahnung von der Bedeutung der maßgeblichen Vokabeln haben. So kann auch jemand, der in einen Jagdclub Aufnahme sucht, Schwierigkeiten bekommen, wenn er zum Beispiel anstelle von »schweißen« das allgemeinverständliche Wort »bluten« verwendet.

Sprache gibt die Grenze des Geheimbundes an. Ich denke jedoch, daß es reizvoll sein müßte, eine solche Grenze zu brechen, indem man Arbeiten anbietet, die auch von »Nicht-Fachleuten« verstanden werden können. Aber nur wenige machen sich daran. Anders ist dies allerdings in den USA, wo tatsächlich Wissenschafter ein weites Publikum faszinieren.

Über Leute, die sich diverser Tricks bedienen, um durch eine Geheimsprache sich von weniger würdigen Zeitgenossen abzugrenzen,

Die besondere Niedertracht in der Wissenschaft

Der trickreiche Methodiker

schrieb mir der leider schon verstorbene Soziologe und Kulturanthropologe René König in einem Brief dies:
»Dazwischen juckt es mich, etwas zu sagen über den prätentiösen Jargon der Soziologen, den sie wohl alle von Adorno und Habermas gelernt haben; nicht nur sinnloses Zahlensammeln, sondern auch das ebenso sinnlose Verschütten des Gegenstandes durch den Diskurs, wobei man glaubt, mit allen Worten etwas gesagt zu haben, obwohl man nur Theorien über Theorien und Bücher über Bücher gemacht hat. Mir wird das immer unerträglicher. Es ist wie beim Neukantianismus der Zwanziger Jahre. Die Devise lautet: stundenlang so weiterreden.«

König hat recht, denn es wird viel Zeit und Papier verbraucht, um über wissenschaftstheoretische u. ä. Themen zu »reflektieren«, gleichzeitig jedoch entfernt man sich immer mehr von den handelnden Menschen.

»GEGEN DIE GROSSEN WORTE«

Mit obigen Überlegungen finde ich mich in schöner Übereinstimmung mit Karl Popper, der in seinem Aufsatz »Gegen die großen Worte« dies schreibt: »Jeder Intellektuelle hat eine ganz spezielle Verantwortung. Er hat das Privileg und die Gelegenheit zu studieren. Dafür schuldet er seinen Mitmenschen, die Ergebnisse seines Studiums in der einfachsten und klarsten und bescheidensten Form darzustellen.« Allerdings tun dies nur die wenigsten Kulturwissenschafter, die meisten schwelgen in abgehobener Unverständlichkeit. Daher meint Popper: »Das Kochrezept ist: Schreibe schwer verständlichen Schwulst und füge von Zeit zu Zeit Trivialitäten hinzu. Das schmeckt dem Leser, der geschmeichelt ist, in einem so ›tiefen‹ Buch Gedanken zu finden, die er schon selbst einmal gedacht hat.« (Popper 1990, S. 10ff.)

Was Popper hier fordert, entspricht dem, was Max Weber als »schlichte intellektuelle Rechtschaffenheit« bezeichnet. Zu dieser »schlichten Rechtschaffenheit« gehört es im Sinne Max Webers, wissenschaftliche Probleme derart darzulegen, daß ein ungeschulter, aber aufnahmefähiger Kopf sie versteht und so zum selbständigen Denken darüber gelangt.

Es sind vor allem Autoren im Umfeld der alten »kritischen Theorie« und der sogenannten »Phänomenologie«, die sich in den »Schwulst« (Popper) flüchten. Und die Diskussion um die Art des Forschens wird immer komplizierter, ohne tatsächlich wirkungsvoll und spannend zu forschen.

Dieser Eindruck verstärkt sich bei der Durchsicht des 1993 erschienenen Sammelbandes »›Wirklichkeit‹ im Deutungsprozeß« (hg. v. Th. Jung u. S. Müller-Doohm). Ein besonders gelungener Aufsatz im Sinne des soziologischen Geheimbundes ist der von dem mir ansonsten recht sympathischen Ulrich Oevermann. Dieser schreibt seitenlang über die »objektive Hermeneutik« und die »Sequenzanalyse«. Seine Betrachtungen gipfeln in dem mir unverständlichen Satz: »Alle anderen Operationen laufen auf unkritische Paraphrasen der Selbstbilder der Praxis selbst hinaus oder auf den subsumtions-

Die besondere Niedertracht in der Wissenschaft

logischen Illusionismus einer operationalisierenden direkten Erfassung.« (Oevermann 1993, S. 106ff.)

Autoren dieser Art stehen in krassem Gegensatz zu den klassischen Forschern der »Chicagoer Schule« der Soziologie, wie z. B. Robert Ezra Park oder W. I. Thomas, die unbeeinflußt von terminologischem und philosophischem Ballast forschten und schrieben. Beide studierten in Deutschland und waren einer lebensfrohen Wissenschaft zugewandt. Davon kündet eine Zeichnung, die Park um 1900 in Berlin bei einem Glas Bier zeigt. Typisch für Robert Ezra Park war es übrigens, daß er seinen Studenten riet, die Stadt Chicago zu erwandern, die in ihr lebenden Kulturen kennenzulernen und sie zu beschreiben (siehe dazu Lindner 1990).

So erst ist es möglich, daß auch jene Leute, über die geforscht wurde, die über sie geschriebenen Abhandlungen auch verstehen.

Hierin liegt das große Problem jener Forscher, die sich »Phänomenologen«, »objektive« oder »strukturale Hermeneutiker«, »interpretative Soziologen« oder ähnlich nennen, denn ihre schriftlichen Erzeugnisse laufen kaum Gefahr, vom »gewöhnlichen Volk« gelesen zu werden.

In einem Brief, datiert mit 1. August 1984, schreibt mir René König unter anderem diesen Satz: »Ich weise Sie auf den Band 26 Sonderheft der KZfSS hin, wo ich von den Ethnologen das Felderlebnis übernehme und für Soziologen empfehle, die bestenfalls Diskurse kennen, aber keine unmittelbaren Erfahrungen mehr haben, die einen überwältigen können, sodaß es einem gelegentlich die Sprache im Diskurs verschlägt ...«.

Seit ich diesen Brief erhielt, hat sich nicht viel geändert, im Gegenteil: die »Diskurse« mehren sich.

René König ruft zum echten Felderlebnis auf, das seiner Meinung nach jene nicht kennen, denen offensichtlich der Geruch der Seminarräume lieber ist als die bunten Gerüche der Straßen, der Bordelle und der noblen Ballsäle, die alle ihre Poesie haben.

DIE MAGIE DER BEGRIFFE

Nicht wenige Begriffe der Wissenschaft haben magischen Charakter, eben weil sie geheimnisvoll und schwer verständlich sind. Zu solchen gehören zum Beispiel in der Philosophie und Soziologie Begriffe wie Phänomenologie, Ethnomethodologie, Symbolischer Interaktionismus, objektive Hermeneutik, Sequenzanalyse und andere Zauberformeln, die man über die Welt der handelnden Menschen legt.

Sehr Gescheites zu magischen Begriffen dieser Art, wie »Symbolischer Interaktionismus«, hat Stanislaw Andreski geschrieben: »So ist ›Interaktionismus‹ als ein neuentdeckter Ansatz begrüßt worden, der neue Erkenntnisse über menschliches Verhalten eröffne, obwohl die einzige Neuheit aus den Endungen ›ismus‹ und ›istisch‹ besteht. Denn entkleidet von dem bombastischen Wortschwall, ist die große Idee bloß noch eine Bestätigung der Platitüde, daß Soziologie die Interaktion zwischen Menschen erforschen soll. Eine weitere Ausschmückung dieses Schemas besteht in der Behauptung, den Schlüssel zu den Geheimnissen sozialen Verhaltens gefunden zu haben, indem man es als ›symbolische Interaktion‹ interpretiert. Doch da alle menschlichen Aktivitäten den Gebrauch von Symbolen einschließen, gibt es keinen Unterschied zwischen symbolischer und schlichter menschlicher Interaktion.«

Treffliches schreibt Andreski zum Begriff der »Phänomenologie«: »Dann gibt es noch die ›Phänomenologie‹ ... Die Absicht des Begründers dieser Richtung, Edmund Husserl, das Wesen der Dinge zu finden, kommt auf den ziemlich banalen Ratschlag hinaus, daß wir über das, was wir sehen, nachdenken sollten, verbunden mit der recht unsinnigen Vorstellung, daß wir zu nützlichen Schlußfolgerungen durch reines Nachdenken über das Wesen der Dinge gelangen können, ohne uns um die Ergebnisse der empirischen Wissenschaft zu kümmern. Das bedeutet eine ziemliche Erleichterung der geistigen Arbeit und wird viele Anhänger finden, besonders wenn sie mit ›kritischer Soziologie‹ gepaart wird. (...) Eine der letzten Neuheiten in dem Aufgebot an Bezeichnungen ist ›Ethnomethodologie‹. Der Begriff wurde von Harold Garfinkel erfunden. Nach der Definition zweier seiner Gefolgsleute (...) bezieht sich ›der Begriff auf die Erforschung von Prozeduren (Methodologie), die von jedem Menschen (Ethnik) in seinem Bemühen, es sinnvoll mit der Welt aufzunehmen, angewendet werden. Anders gesagt, er versucht, eine organisierte Vorstellung von den Routinegründen täglicher Handlung zu geben‹.«

Zu dem Zauberwort »Ethnomethodologie« fügt Andreski schließlich noch hinzu: »In vorwissenschaftlicher Sprache nannte man das: beobachten, wie die Leute leben – eine Tätigkeit, die nicht gänzlich unbekannt war, ehe die erwähnten Pioniere in Aktion traten.«

Und schließlich hält Andreski befreiend fest: »Genau damit haben sich die Soziologen der alten Chicagoer Schule, wie Park, Burgess und Thomas, in den ersten Jahrzehnten dieses Jahrhunderts befaßt ... die Chicagoer vermuteten nicht einmal, daß das, was sie machten, ethnomethodologische Existenzphänomenologie war.« (Andreski 1977, S. 155ff.)

Die Tricks der Magier

Wie recht Andreski hat, zeigt sich in der seit dem Beginn der achtziger Jahre anschwellenden Literatur zur Phänomenologie. Einige Kostproben seien mir hier noch gestattet. So heißt es in dem von R. Grathoff und B. Waldenfels herausgegebenen Buch mit dem wunderbaren Titel »Sozialität und Intersubjektivität« unter der Überschrift »Phänomenologische Schlußfolgerungen«: »Wir wollen einen weiteren Schritt tun und sowohl die phänomenalen Prämissen als auch die phänomenologischen Forschungen noch einmal umformen; indem wir sagen, daß ich, der transzendentale Zuschauer, den noematischen Sinn ›ein Strom transzendentalen Lebens unter anderen‹ explizit machen kann, indem ich die Tatsache berücksichtige, daß er, um ein mundaner und deshalb öffentlicher Strom des Bewußtseinslebens zu sein, an erster Stelle notwendigerweise ein mundanisierter (oder: transzendiert öffentlicher) Strom des Bewußtseinslebens sein muß ...« (Grathoff/Waldenfels 1983, S. 129).

Hinter dieser geheimnisvollen Analyse verbirgt sich schließlich die großartige Weisheit: »privat faces in public places are wiser and nicer than public faces in privat places« (a.a.O., S. 131). Damit will offensichtlich gesagt sein, daß Privatleute in der Öffentlichkeit einen freundlicheren Eindruck machen als öffentliche Menschen in ihrer Privatsphäre. Mir scheint, je mehr von »phänomenologischem Verstehen« oder ähnlichem geschrieben wird, umso weiter rückt dieses in die Ferne, obwohl man doch meinen müßte, langsam das »Verstehen« zu »verstehen«.

In der Hoffnung, endlich zu erfahren, wie »Phänomenologen« sich ihrem Forschungsgegenstand nähern, machte ich mich über einen Aufsatz in einem anderen Sammelband, der den verheißungsvollen Titel trägt: »Alarmiertes Verstehen: Kommunikation an Feuerwehrnotrufen«. Doch auch dieser half mir nicht weiter. In diesem las ich zum Beispiel dies: »Die Beteiligten (Anrufer und Feuerwehr) stehen jedoch unter einem gesteigerten Handlungsdruck. Feuerwehrnotrufe betreffen, allgemein ausgedrückt, eine Gruppe von Störungen der materiellen Alltagswelt. Damit aber solche Störungen überhaupt als interventionsrelevante ›Störungen‹ identifiziert und der Feuerwehr zur Problemlösung übertragen werden können, muß von den Anrufern zunächst einmal die Normalisierungstendenz, die für die alltägliche Interpretationshaltung so charakteristisch ist, neutralisiert werden ...« (Bergmann 1983, S. 287).

Offensichtlich will uns der Autor auf »phänomenologischem« Weg klarmachen, daß wir, wenn unser Haus brennt (»Störung der materiellen Alltagswelt«), dem Feuerwehrmann klarmachen müssen: wir befinden uns in einem Ausnahmezustand und warten auf den Einsatz braver Feuerwehrleute.

Hoffnungsfrohe Sozialforscher erfahren also herzlich wenig von jenen »Phänomenologen«, die zeigen wollen, wie wir bei unserem Forschen zu »verstehen« haben. Statt Klarheit zeigt sich Verwirrung.

Die besondere Niedertracht in der Wissenschaft

Die Theologen und Prediger

Seit die Sozial- und Kulturwissenschaften sich endgültig an den Universitäten etabliert haben, tauchen Theologen und Prediger auf, die sich als alleinige Ausleger der Heiligen Schriften und des Universums sehen. Und dabei bemühen sie sich, jene Dinge zu verhüllen, über die sie klar berichten könnten. Diese Hohepriester tragen also nicht im Sinne der Aufklärung dazu bei, Licht in das Dunkel menschlichen Lebens zu bringen. Vielmehr scheinen sie daran interessiert zu sein, daß diese Dunkelheit bestehen bleibt. Dadurch mehrt sich ihre Macht und die Verlage profitieren.

Und immer wieder erscheinen heilige Leute mit magischen Praktiken und einer heiligen Sprache. Ich denke, es ist von Nutzen, auf ihre Geheimbündelei aufmerksam zu machen, denn diese ist schlußendlich gegenüber dem Studierenden und jedem anderen Leser niederträchtig.

Es ist bemerkenswert, daß die Kulturwissenschaft und speziell die Soziologie angetreten ist, Licht in die dunklen Strukturen menschlichen Handelns – wie Hierarchien, soziale Abhängigkeiten und Machtverhältnisse – zu bringen. Es haben sich aber Priester, Magier und Hexenmeister eingeschlichen – gleichsam wie in einem Trojanischen Pferd –, die an einer Aufklärungsarbeit, also an einer Beschreibung und Interpretation von »wirklichen« Kulturen, offensichtlich nicht interessiert sind.

Es macht übrigens dem berichtenden und interpretierenden Kulturwissenschafter Freude, wenn jene Menschen, auf die man sich bei seinem Forschen bezog, die darüber erschienene Publikation auch lesen und »verstehen«.

Es schmeichelte mir daher auch ungemein, daß zwei Wiener Pennbrüder mein Buch »Vagabunden der Großstadt« (1980) gelesen haben. Der eine meinte sogar, 95 Prozent dessen, was ich geschrieben habe, würde stimmen. Und der andere hielt fest: bis auf die Rechtschreibfehler sei das Buch »in Ordnung«.

BÖSEWICHTE

Der weise Wissenschafter und der weise Zuhälter

Ich will jetzt zwei Beispiele für die Geheimsprache des »Wissenschafters« anführen. Das eine Beispiel stammt von einem würdigen Agrarsoziologen, dessen Namen ich hier nicht nennen will, und das andere von einem Zuhälter, der mir aus dem Gefängnis einen Brief geschrieben hat. Beide Textstellen klingen höchst kompliziert und wissenschaftlich. Die erste ist einem Aufsatz aus einer agrarsoziologischen Fachzeitschrift entnommen. Darin geht es um das Problem der Hofnachfolger, auf Bauernhöfen sowie um die Stellung der Alten am Hof. Zunächst wird aus dem mit der Bäuerin Gerda Hahn geführten Gespräch eine Passage übernommen: »Wir haben das ja bis jetzt auch so gehalten, er (der Altbauer) hat seine eigene Wohnung, aber wir führen noch zusammen immer unseren Mittagstisch: Wird hier gekocht, so kommen wir mittags zum Essen alle zusammen.« Das versteht man.

Aber nun fügt der Soziologe seine geheimnisvollen Weisheiten hinzu, das klingt dann so: »Der hofseitige Integrationsaufwand, der sich als rational-reflektierter Versuch der Herstellung eines den Gesamtfamilienverband umfassenden bäuerlichen Habitus darstellt, wird bei Familie Hahn in einem Management innerfamilialer Ausdifferenzierungstendenzen deutlich, die die Organisation und die Struktur der Hahns als moderne bäuerliche Großfamilie entscheidend bestimmt.« Und weiter heißt es in diesem Stil: »Diese aktuelle Struktur der modernen, familieninternen Ausdifferenzierung der traditionalen bäuerlichen Großfamilie kann man als rational-reflektive Nähe-Distanz-Vermittlung bezeichnen, durch die das Verhältnis der Generationen geregelt wird. Hiebei stellt das regelmäßige gemeinsame Mittagessen eine zentral bedeutsame, empirisch-konkrete Manifestation dieser Vermittlungsleistung ...«.

Dieser Text ist ganz in der niederträchtigen Art verfaßt, wie sie Popper für gewisse Wissenschafter beschreibt (s. o.): dem unverständlichen »Schwulst« werden irgendwelche Trivialitäten hinzugefügt, die man versteht, was die Leser schmeichelt.

Eine ähnliche Strategie wie der eben angeführte Autor verfolgte ein

Zuhälter in einem Brief an mich, den er im Gefängnis schrieb. Man sieht dem Brief an, daß der Mann Zeit hatte, eine kunstvoll anmutende »wissenschaftliche« Sprache zu zimmern. Immerhin saß er schon einige Monate in Untersuchungshaft. Zunächst bedankt er sich für ein Gutachten, das ich ihm geschickt hatte. Er hatte mich nämlich gebeten, ihm ein Gutachten zu verfassen, in dem steht, daß es auch »freundliche« Zuhälter gibt. Ich schrieb ein solches Schriftstück, da meiner Ansicht nach auch freundliche Zuhälter den Strich bevölkern. Dem Dank fügt der anscheinend von einer Dirne hinterhältig bei der Polizei angeschwärzte Zuhälter noch einige philosophische Gedanken hinzu. In dem diesem Brief vorausgegangenen Schreiben, in dem er mich um das Gutachten gebeten hatte, hatte er bereits kühne Fremdwörter gebastelt. So hatte er behauptet, er wäre »semi-impotent« und die Dirne, die gegen ihn nun losgehe, würde den sogenannten »Kamasutra-clinch« bevorzugen, den er jedoch ablehne. Bei diesem »Clinch« dürfte es sich um eine eigentümliche Sexualpraktik handeln. Nun schrieb mir der Herr unter anderem dies:

»Sehr geschätzter Herr Dr. R. Girtler!
Zunächst, bezugnehmend auf Ihr wertes Schreiben vom 27.11.1985, möchte ich mich höflichst bei Ihnen bedanken, daß Sie meinen verzweifelten Zeilen, welche ich an Sie richtete, so menschlich explizit Gehör schenkten. DANKE SCHÖN!!! Ich hoffe, daß mich mein Anwalt in den nächsten Tagen persönlich besuchen wird. Sobald dies geschehen ist, übergebe ich ihm dieses von Ihnen an mich gerichtete Schreiben. Ihre mit Hochachtung gestellte Expertise wird mein Anwalt der Nichtigkeitsbeschwerde an den OGH anbeilegen.«

Dann folgen soziologisch-philosophische Überlegungen: »Ihr Schreiben ist für mich ein apodiktischer Garant, der wenige (kaum) in sich duldende Widersprüche vereinigt. Die an und für sich protestierenden Kontradiktionen in meiner juridischen Causa sind das ominöse Resultat eines subtil-konservativen Hauchs an fälschlicher Darstellung, beruhend auf ein ambivalentes biblisches Gebot. ›Auge um Auge, Zahn um Zahn!‹. Ich frage mich permanent, wo bleibt die von allen so hochgelobte ›Ratio discernimento judizio‹ jedes einzelnen ›homo humanuus‹. Man vergeudet die ur-geistige Kraft mit sinnlosen, in sich ruinösen verzerrenden Perspektiven. (...) Die moderne Gesellschaft ist durch eine derartige pandemisch-manische Überempfindlichkeit geprägt, daß es nicht mehr verwunderlich erscheint, den Leuten jedweige pseudo-doktrinären Dogmen aufzufaseln, diese zu suggerieren und zu domestizieren ...«.

Und am Ende des Briefes versteigt sich der Mann zu besonders spannenden philosophischen Einsichten: »Ich sehe im Menschen eine fleischlich physische Apparatur, bestehend aus zahllosen Filtersystemen (Poren). Werden genannte Filter chemisch-synthetisch, kosmetisch (Make-up) durch ein übermäßiges Auftragen (Anlernen, Domestizieren) verstopft, so ist der menschliche Geist (die transzendentale Masse) bei kontinuierlicher Fortführung der Experimente nicht mehr imstande das Realistische vom Irrealistischen zu unterscheiden. Damit kommt es zu einem paradoxen Eklat, zur Widersprüchigkeit – Immunifikation des Verstandes.

Mit freundlichen Grüßen A. P.«

Der Mann hatte sich offensichtlich in seiner Gefängniszelle in niederträchtiger Weise abgemüht, um – vielleicht aufgrund von Fremdwörterbüchern und ähnlicher Literatur – mir gegenüber mit einer komplizierten, an das Soziologische erinnernden Sprache zu protzen. Er wollte mich also beeindrucken.

Dies gelang zwar nicht, aber sein Brief ist für mich ein gutes Beispiel dafür, wie man mit kunstvollen, unverständlichen Wörtern so etwas wie Bildung und Weisheit vorzutäuschen sucht und auch vermag. Damit ähnelt er dem ersten Autor, der jedoch aus dem Wissenschaftsbereich selbst stammt und kein Mann der Unterwelt ist.

Der Wissenschafter als Richter und Spötter

Während meiner Forschungsreisen mit Studenten nach Siebenbürgen kam ich auf die Idee, zur Erleichterung der Forschungstätigkeit

Die besondere Niedertracht in der Wissenschaft

»10 Gebote der Feldforschung« zu erstellen. Das 9. »Gebot« besagt: »Du sollst dich nicht als Missionar oder Sozialarbeiter aufspielen. Es steht dir nicht zu, ›erzieherisch‹ auf die vermeintlichen ›Wilden‹ einzuwirken. Du bist kein Richter (!), sondern lediglich Zeuge!« (vgl. dazu Girtler 1997a u. 1998a, S. 143–152, insb. 151f.)

Dieses Gebot, sich nicht als Richter aufzuspielen, gilt besonders auch für Historiker. In diesem Sinn meinte der verstorbene Münchner Historiker Thomas Nipperdey, die Geschichtswissenschaft diene dem Verständnis der Vorgänge nach ihren Normen und nicht nach unserer Weisheit. Er wandte sich daher gegen »die immer neue Entlarvung der Groß- und Urgroßväter in einem Prozeß, in dem der Historiker Ankläger, Richter und Gesetzgeber in einer Person ist«. (siehe dazu Nipperdey 1976 u. 1986)

Nipperdey spricht hier ein wichtiges Thema der Niedertracht an, eine Niedertracht, die für jene Wissenschafter typisch ist, die sich in aller Unbescheidenheit anmaßen, die Weisheiten der Welt zu kennen und andere belehren zu müssen. Ein Wissenschafter jedoch, der sich bescheiden und in Demut den Menschen nähert – ganz in der Tradition von Sokrates, Kant und Popper –, wird als Zeuge über anderes Leben und eine andere Kultur berichten. Damit befindet er sich in Übereinstimmung mit Baruch de Spinoza, von dem folgende Worte stammen: »Ich habe mich nach Kräften bemüht, des Menschen Tun weder zu belachen, noch zu beweinen, sondern es zu begreifen.«

Oft habe ich es jedoch nicht leicht, in Übereinstimmung mit Spinoza Studenten klarzumachen, daß sie ihre Rolle als Zeuge fremden Handelns einhalten. Das ist schwer. Besondere Schwierigkeiten hatte ich in Siebenbürgen, als ich wieder einmal mit Studenten dort forschte. Wir waren dorthin gefahren, um die alte Kultur der sogenannten Landler, soweit sie noch existiert, aufzuzeichnen. Diese Landler sind Nachfahren von protestantischen Österreichern, die vor über zweihundert Jahren unter der Regentin Maria Theresia wegen ihres Glaubens nach Siebenbürgen verbannt worden waren. Die Landler wohnen in drei Dörfern bei Hermannstadt. Sie haben ihre alte Kultur erhalten und sprechen ein altes Österreichisch (siehe dazu

Girtler 1992b u. 1997a). Sie wohnen im Dorfverband mit Rumänen und Zigeunern. Wir konzentrieren unsere Forschung allerdings auf die Landler, auf Rumänen und Zigeuner nur insofern, als sie mit Landlern in Kontakt stehen. Es ist im Sinne der Landler, daß wir als österreichische Forscher an ihren Festen teilnehmen und überhaupt zu ihnen gute Kontakte haben.

Unser Aufenthalt in Siebenbürgen fällt regelmäßig in die Zeit um Pfingsten. Zu dieser Zeit findet ein heiteres Pfingstfest statt, zu dem bereits nach Deutschland ausgewanderte junge Frauen und junge Männer wiederum nach Siebenbürgen kommen. Die Pfingsttage nützen sie, um Erfahrungen auszutauschen, aber auch um den anderen mit ihren Autos, ihrem Geld und ihren vielleicht erfundenen Geschichten über ihre Erfolge in Deutschland zu imponieren. Für den Soziologen ist dies alles interessant, da es zeigt, wie Menschen aus traditionellen Dorfgemeinschaften nach ihrer Abwanderung ihr Verhalten und Denken verändert haben. Über derartige Themen gibt es übrigens berühmte Studien, wie jene von Thomas und Znaniecki aus den zwanziger Jahren über in Chicago eingewanderte polnische Bauern. Als Feldforscher hatte ich also gehöriges Interesse an den für ein paar Tage aus Deutschland nach Großpold – dem Ort unserer Forschungen – zurückkehrenden Leuten, die früher die Jugend dieses Dorfes gebildet haben.

Allerdings teilten nicht alle meiner Studenten dieses Interesse. Einige meinten, diese früheren Großpoldner würden sie nicht besonders interessieren, sie zögen es lieber vor, an einer rumänischen Hochzeit teilzunehmen als an dem großen Pfingstfest der Rückkehrer. Dieses Fest, bei dem wir anderen mitfeierten, war übrigens heiter, und der Siebenbürger Wein floß.

Ein den heimgekehrten Landlern mit Abneigung begegnender Student zeigte seine Abneigung in einer kleinen Arbeit, die eine Seminararbeit sein sollte. Ich will diesen Text teilweise wiedergeben, da er nicht nur die Arroganz eines angehenden Wissenschafters zeigt, sondern auch dessen abschätzige Wertung gegenüber einem Handeln, das ihm als sonderbar erscheint. Der Mann beschreibt unter dem Titel »Ein Fest im Freien mit überraschendem Besuch«

Die besondere Niedertracht in der Wissenschaft

zunächst die Vorbereitung eines Festes mit jungen Rumänen am Rande des Dorfes:
»Schon seit Tagen war es vereinbart. Wir ... besorgen ein paar Kilo Fleisch ... und ausreichend Wein ... Ilie borgt sich von seinem Vater, dem Schmied, den Wagen mit den zwei Pferden. (...) Es ist ... der erste wirklich heiße Tag seit unserer Ankunft und so genießen wir er es umso mehr ... Wir sind da. Ein Stück ebener Wiese, eine Lichtung ... Ein steinerner Tisch mit Bänken ... Schon jahrzehntelang nahmen vornehmlich junge Männer die Mühen des Aufstiegs auf sich, um hier gemeinsam mit Wein und Freunden der Freiheit zu huldigen.« Jetzt folgt die Beschreibung des kleinen Festes im Freien, bei dem ein junger Rumäne auf einem der beiden Pferde, die sie hierher gezogen haben, kühn durch die Gegend reitet.

Bald fühlt sich der Verfasser gestört: »Ein näherkommendes Motorengeräusch schreckt uns plötzlich aus dem Idyll auf. Es ist ein Auto mit deutschem Kennzeichen ... Es hält auch nicht dezent am Rande, nein, es dringt vor in das Zentrum unseres Lagerplatzes zwischen ausgebreiteten Decken und der Feuerstelle ... Leicht verstört durch diesen Einbruch in unser Landidyll treten wir zu einer Wanderung an. Fünf strapazieren ihre Füße, die restlichen vier finden auf dem Rücken der Pferde Platz. Unsere rumänischen Freunde scheinen besonderen Gefallen daran zu finden ... Durstig kehren wir nach zwei Stunden an unseren Lagerplatz zurück. Noch außer Sichtweise werden wir durch dröhnende Oktoberfest-Bierzeltmusik akustisch gewarnt, daß während unserer Abwesenheit eine bayrische Invasion stattgefunden haben muß ... Doch wir sind mutig ... Er handelt sich um Landler auf Urlaub in ihrer (ehemaligen) Heimat, um Menschen, die es mit Fleiß und Arbeit geschafft haben, sich überwiegend in Bayern das, was man so landläufig als Existenz bezeichnet, aufzubauen und die das hier in ihrem Herkunftsort zu präsentieren haben. Die hochentwickelte Tugend der Sparsamkeit – auf rumänischer Seite wird das vielfach als Geiz oder Knausrigkeit gesehen – kam ihnen dabei zugute. Ob die Dimension der Benzinkutsche von ihnen selbst als Inbegriff deutschen Wohlstands gesehen wird, oder ob es primär die alljährliche Rückreise in die alte Heimat notwendig mache,

BÖSEWICHTE

mittels eines allseits sichtbaren Statussymbols zu demonstrieren, ›seht her, ich habe es geschafft!‹, diese Frage ließ sich nicht schlüssig klären. Jedenfalls spricht es für die Bedeutung dieses Platzes, daß ihn die ›Gastlandler‹ bei jeder sich bietenden Gelegenheit aufsuchen. Allesamt kommen sie ins Schwärmen, wenn sie von der Vergangenheit reden … Frei nach der Devise ›Rumänisches Bier den Rumänen, deutsches Bier den Deutschen‹ bringen sie hierher tatsächlich einen Kofferraum voll bayrischen Bieres mit! Rumänische Biere sind durchaus gut und trinkbar, aber es zeigt sich hier eine verkrampfte Ablehnung allen Rumänischen, dem ein gewisses Stigma des Billigen anhaftet, das einem Erfolgreichen nicht gut ansteht. Oder ist es Ausdruck eines besonderen Bemühens, das Deutschtum noch plakativer vor sich herzutragen, als es selbst die Deutschen tun? Dafür spricht auch das ähnlich gelagerte Verhältnis zur Musik, wenn man das, was aus diesen Boxen plärrt, als solches bezeichnen will.«

Unser Mann beginnt mit den früheren Dorfbewohnern eine Diskussion über den Wert einer für ihn geschmacklosen Musik und deren für ihn üblen Interpreten. Er schreibt weiter: »Hängengeblieben ist mir jedenfalls die Verwunderung eines wankenden, dickbäuchigen Schnauzbartträgers, warum ich etwas gegen diese Musiker habe, schließlich kommen sie ja aus meiner Heimat. Warum er dann wohl nicht rumänische Musik vorzieht? Um nun dieser musikalischen Zwangsbeglückung, die wir durch Flehen und Argumente nicht aus der Welt schaffen konnten, zu entfliehen, haben wir es vorgezogen, selbst die räumliche Distanz zu suchen …«.

Der Herr Wissenschafter macht sich nicht nur lustig über die auf Besuch in ihrem alten Dorf weilenden Leute, die mit Bier und derber deutscher Musik Wiedersehen feiern, sondern er maßt sich sogar wenig freundlich an, deren Trink- und Musikkultur im Stile eines Lehrers spöttisch als minderwertig einzustufen. Daher entflieht er diesen Leuten und schrieb diesen Bericht über seine »Feldforschung« bei den Landlern. Hier wird wahre Niedertracht deutlich, eine Niedertracht, die dem wahren Feldforscher fremd ist, der sich redlich mit einer Kultur beschäftigt und im Sinne Spinozas sie nicht belächelt oder über sie spottet.

Die besondere Niedertracht in der Wissenschaft

Dieses Beispiel, das ich hier brachte, demonstriert wohl drastisch die Einstellung manchen Wissenschafters zu seinem Forschungsbereich, aber in etwas abgeschwächter Form finden sich derartige wissenschaftliche Auseinandersetzungen häufig. Spöttische und abwertende Feststellungen begleiten in überheblich Weise manche Damen und Herren der Wissenschaft, in Widerspruch zu dem oben zitierten Historiker Nipperdey und Baruch de Spinoza.

Die Niedertracht der Neider

In vorigen Kapiteln habe ich bereits einige Male auf den Neid als wichtigen Ansporn für die Niedertracht Bezug genommen.

Jetzt möchte ich noch speziell vor allem an einem Beispiel zeigen, wie Neid zu einer besonderen Niedertracht fähig ist.

So kam ein mir höchst sympathischer Professor der Kulturwissenschaft in eine Mühle der Neider, aus der er schließlich entfloh.

Dieser freundliche Professor widersetzte sich grundsätzlich diversen politischen »linken« Leitlinien. Als freier Herr war es ihm zuwider, sich u. a. linken und feministischen Vorstellungen, die sich an der Universität Bremen erhalten hatten, zu beugen. Dadurch hatte er Schwierigkeiten und wurde Opfer niederträchtiger Aktivitäten.

Der Name dieses rebellischen Kollegen ist Hans Peter Duerr, über den die deutsche Zeitschrift »Der Spiegel« schrieb: »In diesem akademischen Karstland lehrt seit sechs Jahren der Ethnologe und Kulturhistoriker Hans Peter Duerr – ein eigenköpfiger Gelehrter, der sich beharrlich weigert, sein ergrautes Haupthaar altersgerecht zu frisieren und mit seinen 54 immer noch wie ein Spät-Hippie wirkt. Und dieser sperrige Völkerkundler ist bremischen Lehrkörpern offenbar von Herzen zuwider. (...) Mißgunst und feministische Ranküne, so vermutet der Wissenschafter, machten ihm das Leben schwer. Ein Kollege hat ihm mündlich mitgeteilt, er sei in einer bürgerlichen Institution wie der Universität ›nicht integrierbar‹ und betreibe Forschung als Abenteurer ...«.

BÖSEWICHTE

Duerr war schon früher zum Ketzer geworden, als er in seiner vielbändigen Analyse ›Der Mythos vom Zivilisationsprozeß‹ den ehrwürdigen Soziologen Norbert Elias, eine Heiligenfigur der Kultursoziologie, kritisierte, da dieser gemeint hatte, es gäbe so etwas wie einen Fortschritt der Zivilisation. Duerr hielt entgegen, es gibt keine Fortentwicklung von Sitte und Moral in der Menschheitsgeschichte. Dies erzürnte die eher politisch links ausgerichtete Elias-Fangemeinde, und Feministinnen fanden es »tierisch sexistisch«, was Duerr behauptete.

Dazu der »Spiegel«: »Ein solch intelligenter und renommierter Poltergeist, sollte man denken, könnte ein wenig Glanz in die akademische Weser-Hütte bringen. Doch die örtlichen Tugendwächter betrachten ihn von Anfang an als einen irregeleiteten Gesinnungsfeind. Noch vor der Antrittsvorlesung erreichten den Neuling schriftliche und telefonische Drohungen wie ›Kastriert den Frauenfeind!‹ oder ›Wenn du Schwein kommst, passiert was!‹ Duerr ließ es sich nicht verdrießen und hielt weiter Vorlesungen über Prostitution im Mittelalter oder ›Die Kulturgeschichte des Mittelalters‹.« Duerr wurde für die Kollegen zum Problem, da seine Vorlesungen spannend waren und die Studenten ihn interessant fanden. 1997 zwang ihn eine Krankheit zur Zurückhaltung. Und in dieser Phase begannen die Damen und Herren Kollegen gegen ihn Aktionen der Niedertracht. So wurden längst bewilligte Forschungsgelder storniert. Und als Duerr eine ihm zugeteilte Mitarbeiterstelle neu ausschreiben lassen wollte, bekämpften ihn die Frauenbeauftragten und verlangten, der/die Kandidat/in müsse »Kenntnisse in der feministischen Geschichtsforschung« vorweisen, zumal die Bremer Universität »begrüßenswerterweise« einen »Schwerpunkt Feministische Anthropologie« anstrebe.

Duerr schrieb zurück, er halte nichts von feministischer Theorie und die Förderung für blödsinnig. Schließlich kam man zu der Überzeugung, Duerr könne eine »verantwortungsvolle Betreuung der Mitarbeiterstelle nicht gewährleisten«. Es nützte nichts, daß die derzeitige Stelleninhaberin beteuerte, sie würde fachgerecht betreut werden, die Studiengangskommission beharrte weiter auf dieser Entscheidung – entgegen einem Rechtsgutachten.

Die besondere Niedertracht in der Wissenschaft

Duerr griff nun zu einer interessanten Gegenstrategie gegen die Niedertracht der Kollegenschaft. Er verfaßte einen Flugzettel mit der Überschrift »Protokoll der 1. Sondersitzung der Studiengangskommission Kulturwissenschaft«, auf dem der Wissenschaftliche Mitarbeiter (WiMi) Alsheimer bemerkte, für »Herrn Duerr wird ein überwachter Arbeitsplatz im Zentrum für feministische Studien eingerichtet«. Diese närrische Erfindung Duerrs wurde auf der Universität für bare Münze genommen und man fühlte sich genötigt, zu verkünden, daß dieser Flugzettel eine Fälschung sei (vgl. Der Spiegel, 8/1998).

Duerr, der heute froh ist, wieder in seiner Heimat Heidelberg zu sein, sah sich weiteren Intrigen ausgesetzt. Man schimpfte über ihn, und schließlich schrieb ein Kollege etwas in der norddeutschen Zeitung »Tagesspiegel« über Duerrs Fehlverhalten, daß Duerr zur Antwort reizte. In seiner Antwort im »Tagesspiegel« vom 26.2.1998 geht er auf die Vorwürfe ein.

Dabei verweist er darauf, daß er die Gremienarbeit nicht spannend finde, es aber nicht zu seinen Dienstpflichten gehöre, dies zu tun. Auf die Behauptung, er gebe dem Lehrbetrieb keine Impulse, bitte er, die Studenten zu fragen; die jedoch meinten, ihnen hätte ein Seminar von Duerr, in dem sie einer versunkenen Stadt nachforschten, mehr gegeben als »die endlosen Kurse über die Frage, ob es denn wirklich biologische Unterschiede zwischen Männern und Frauen gibt. Und schließlich wirft Duerr seinen Gegnern Humorlosigkeit vor, da sie sich über ihn aufregten, weil er ein Seminar über »Die feministische Ideologie als Karrierehilfe – Kriegsgewinnlerinnen der Frauenbewegung« geplant habe.

An dieser Geschichte ist interessant, daß jemand, der einmal für eine Institution, ein Büro oder eine gewöhnliche Gruppe zum Bösewicht geworden ist, in vielerlei Hinsicht niederträchtig behandelt wird, wie eben der Wissenschafter Hans Peter Duerr. Er wird zum »Faulpelz«, zu jemandem, der die Kollegen bei der Arbeit im Stich läßt, und schließlich wird er zum besonderen Bösewicht, der sich über die Feministinnen belustigt. Es spricht jedoch viel dafür, daß die Aktionen gegen den bösen

Herrn Duerr und der Schimpf, der hinter seinem Rücken und in seiner Abwesenheit getan wird, auf den Neid zurückzuführen sind, den die guten Kollegen und Kolleginnen in sich tragen.

Die Niedertracht der Ärzte und Rechtsanwälte

In diesem Rahmen seien noch ein paar Gedanken zur Niedertracht der Ärzte und Rechtsanwälte gestattet; schließlich handelt es sich auch bei ihnen um weise Leute, um Leute der Wissenschaft, die in der Öffentlichkeit hohes Ansehen genießen.

Vorab sei auch hier festgehalten, daß es liebenswürdige und menschenfreundliche Ärzte gibt – meine Eltern waren solche – und ebensolche Rechtsanwälte; daneben rangiert aber auch das genaue Gegenteil: die niederträchtigen Ärzte und Rechtsanwälte.

Leonardo da Vinci soll einmal gesagt haben: »Hüte dich vor den Ärzten.« Damit bezog er sich auf jene Ärzte, die gerade heute zu finden sind und für die das Geschäft mit der Medizin im Vordergrund steht. So wird von Ärzten erzählt, die voller Eifer Patienten oft unnötig komplizierten Untersuchungen unterziehen und mit Hingabe Operationen durchführen, denn damit ist Geld verbunden, ebenso wie mit der Verschreibung teurer Medikamente. Ganze Industrien leben davon und sind auch bereit, jene Ärzte, die ihre teuren Arzneimittel unter das Volk bringen, mit großzügigen Einladungen zu prächtigen Essen und wundervollen Urlaubsfahrten zu belohnen.

Das Geschäft mit der Medizin läuft gut, und viele profitieren davon. Zu höchst segensreich wirkenden Ärzten gesellen sich niederträchtige, die wissen, wo gutes Geld zu holen ist.

Wie zu anderen Wissenschaftern auch gehört zur Niedertracht der Ärzte, daß sie sich einer komplizierten Sprache bedienen, die für das breite Publikum kaum verständlich ist. Darüber beklagte sich bereits der große Theophrastus Bombastus von Hohenheim, genannt Paracelsus, der auch meinte: »Es sollten sich die angeblichen Doktoren

der Arznei besser vorsehen, da sie ja sehen, daß ein Bauer ohne alle
Schriften mehr gesund macht als sie alle zusammen mit ihren Büchern
...«(Biegger, 1995, S. 281).
Paracelsus, der den Ärzten rät, zu Fuß zu gehen, hat für ihre niederträchtigen Kollegen u. a. folgende Bezeichnungen parat: »Arschkratzer, Hodenschneider, Diebe, Mörder, Wucherer, Hudelärzte, Lumpenärzte, Schmierer, Wolfsärzte, Kuhärzte, Sirupgeber, Krämerseelen, angemalte Götzen, Hornochsen, Bescheißer, Betrüger, Angeber, Speichellecker.« Und die Apotheker belegt Paracelsus mit den Schimpfworten: »Tollhäusler, Aschenkocher, Drecksköche, Schmierfinken, Betrüger, Lügner, Pfuscher, Sudelköche, Suppenpanscher« (Rueb, 1993).

Ähnlich bestellt wie mit den niederträchtigen Ärzten ist es mit den niederträchtigen Rechtsanwälten. Beide haben gemeinsam, daß sie sich als die Kenner geheimnisvollen Wissens ausgeben, zu dem der gewöhnliche Mensch keinen Zugang hat. Und dies sehen sie als genügenden Grund an, dem Klienten geschickt das Geld aus der Tasche zu ziehen.

Hiebei gibt es einige niederträchtige Tricks, mit denen gutgläubige Menschen hineingelegt werden. Ein solcher ist zum Beispiel, Leuten mit Rechtsproblemen erfolgreich einzureden, daß sie, die Rechtsanwälte, ihnen umfangreich, schnell und zu ihrem Vorteil helfen können. Sind diese Rechtsanwälte jedoch einmal im Besitz einer Vollmacht und einer ansehnlichen Anzahlung, so beginnt für manche Schutzbefohlene auch schon der Leidensweg. Prozesse werden in die Länge gezogen, Rechtsmittel eingebracht und teure Briefe geschrieben, schließlich bringt dies alles Geld. Und geht die Sache für den Klienten schlecht aus, so wird die Schuld auf die Bösartigkeit der Gerichte oder die Frechheit der Bürokratie geschoben.

Ich weiß von einem Fall, in dem ein Rechtsanwalt eingeschaltet wurde, als es um eine Schmerzensgeldforderung nach einem Unfall ging. Der Rechtsanwalt erklärte sich nach Anhörung des Betroffenen sofort bereit, sich seiner Sache anzunehmen und prophezeite ein baldiges, für den Klienten zufriedenstellendes Ende. Es kam zu einem

Prozeß, dann zu einem weiteren. Schließlich konnte der Rechtsanwalt doch nicht das erreichen, was er versprochen hatte. Dennoch schickte er dem unglücklichen Klienten eine geschmalzene Honorarrechnung, was diesen in Erstaunen versetzte und an der Menschenfreundlichkeit der Rechtsanwälte zweifeln ließ. Fälle dieser Art sind nicht selten. Derart behandelte Klienten sollen, wie mir erzählt wurde, nicht davor zurückgeschreckt haben, ihre sich als weise gebenden Rechtsanwälte wegen deren Niedertracht gehörig zu beschimpfen.

In der Literatur und in Erzählungen werden ganz allgemein Juristen – und nicht speziell Rechtsanwälte – mit Niedertracht in Verbindung gebracht. Lustig über Juristen machte sich der Schriftsteller Ludwig Thoma, der über einen Juristen – obwohl er selbst Notar und Rechtsanwalt war – festhält: »Er war ein guter Jurist und auch sonst nur bei mäßigem Verstand.«

Auch Friedrich der Große äußerte sich angeblich ablehnend gegenüber jenen Leuten, die mit Recht zu tun haben. So meinte er sinngemäß, man solle den Juristen auch außerhalb ihrer Tätigkeit eine eigene Robe anziehen, damit man diese »Spitzbuben« schon von der Ferne erkennen könne.

Ärger mit Rechtsanwälten dürfte auch Martin Luther gehabt haben, ihm wird dieser Spruch zugeschrieben: »Juristen sind schlechte Christen«.

Aber es gibt auch weise, freundliche und gütige Juristen, die jedoch nicht so leicht zu entdecken sind.

4.

Die Niedertracht der Rezensenten und Kritiker

Üble Niedertracht findet sich bei all denen, die als Kritiker über Leute losziehen, die Bücher schreiben, im Theater oder im Fernsehen auftreten und die auch sonst in der Öffentlichkeit stehen, sei es als Wissenschafter, Künstler, Sportler oder Politiker. Kritiker unternehmen viel, um sich gegenüber den Kritisierten als die gescheiteren, weiseren und hochwertigeren Leute darzustellen. Manche genießen diese Macht auf niederträchtige Weise, wie ich zeigen werde.

Kränkung durch Kritik

Die Niedertracht solcher Kritiker, die die Öffentlichkeit mit ihrer Schmähung suchen, trifft manche hart, auch wenn von anderer Seite Lob auf sie niederprasselt. So meinte ein bekannter Schisportler in einem Fernsehinterview, wenn ihn hundert Leute loben und ihn einer übel kritisiere, so würde ihn lediglich dieser eine beschäftigen, verunsichern und kränken. Und tatsächlich kann eine niederträchtige Kritik Menschen bis in das Innerste treffen. Darunter litt auch der große Goethe. An einer Stelle schreibt er verärgert über einen solchen niederträchtigen Zeitgenossen: »Schlagt ihn tot, den Hund, er ist ein Rezensent.« Ähnliches meint auch Wilhelm Busch, der, so scheint es, unter Kritikern gelitten haben muß:

> »Hinweg du übler Kritikus,
> Ich haue dich in Scherben,
> Du willst mir den Genuß,
> am Augenblick verderben.«

Die Niedertracht vor allem von Kritikern an Geschriebenem, also von jenen Leuten, die langwierige Rezensionen über Bücher schreiben, beschäftigt schon sehr lange die Literaten und Gelehrten. Auch der große Freiherr von Knigge machte sich seine Gedanken über das Volk der Rezensenten und ruft sie zur Fairneß auf: »Sei also nicht zu streng, mein gelehrtes Leserlein, in Beurteilung eines sonst nicht schlecht geschriebenen Buches! oder behalte wenigstens Deine Meinung darüber in Deinem Kopfe, in welchem oft viel leerer Raum ist und verschreie das Buch nicht! Am wenigsten aber laß Dich verleiten, den moralischen Charakter des Schriftstellers auf bloße Mutmaßung, bei dieser Gelegenheit anzugreifen, ihm schädliche Absichten beizumessen, seinen Worten einen erzwungenen Sinn zu geben und seine Winke hämisch auszudeuten! Beurteile nicht ein Buch, wenn Du nur einzelne Stellen daraus gelesen hast, und bete nicht das Lob oder den Tadel (!) unwissender boshafter (!) oder feiler Rezensenten nach!« (Knigge 1984, S. 329)

Die Rezension als Mittel der Missgunst

Der Rezensent kann Übles anrichten, er kann sich in ungerechter Weise über Literaten und Gelehrte hämisch belustigen, er kann ihnen sogar die Freude an weiterer Arbeit nehmen. Dies mag durchaus im Interesse mancher Rezensenten liegen, überhaupt wenn sie Kollegen des Autors sind und auf demselben Gebiet wie er arbeiten.

Im Kapitel über »Die Niedertracht unter Kollegen, speziell unter Wissenschaftern« habe ich diese Thematik schon anklingen lassen, hier seien einige Ergänzungen gestattet.

Wird einem der Kollege als Konkurrent unangenehm, so ist das Mittel der Rezension ein Weg, um sich selbst herauszustreichen. Allerdings, dies fällt auf, wird die direkte Kritik, zum Beispiel in Form einer Rezension, nicht von Kollegen geübt, mit denen man in engem, mehr oder weniger freundschaftlichem Kontakt, zum Beispiel am Institut, steht, sondern durch Kollegen, die eher weit weg und kaum erreichbar sind. Das ideale Mittel, um seiner Mißgunst und seinem

Die Niedertracht der Rezensenten und Kritiker

Haß freien Lauf lassen zu können, ist eben die Rezension. In dieser kann man dem Konkurrenten in gedrechselten Worten sogar Dummheit unterstellen; durchaus im Sinne der bereits zitierten Überlegung von Wilhelm Busch: »Dummheit, die man bei den andern sieht, wirkt leicht erhebend auf's Gemüt.« Es verschafft Freude, in dem anderen den Auswurf der Dummheit und Inkompetenz sehen zu können.

Besonders geifernd erscheinen demnach Rezensionen von Leuten, die es nicht dulden wollen, daß auch ein anderer an ihre großartige geistige Potenz heranreicht. Ich bin mir sicher, daß ein Großteil niederträchtiger Rezensionen auf eine solche Einstellung zurückzuführen ist.

So erging es – ich denke, daß ich mich nicht täusche – des öfteren auch mir. In aller Bescheidenheit will ich auf derartige, mich betreffende niederträchtige Rezensionen nun eingehen. Ich habe das Buch »Landärzte – Als Krankenbesuche noch Abenteuer waren« aufgrund von Gesprächen, die ich mit früheren Bauern, Holzknechten und anderen Leuten geführt habe, verfaßt. Dieses Buch handelt im wesentlichen über die ärztliche Tätigkeit meiner Eltern, die beide brave Landärzte waren. Ich hatte das Buch, wie alle meine Bücher, so geschrieben, daß auch der »einfache Mensch« es lesen kann und es versteht. Ich bin der Überzeugung, daß eine klare, mitunter augenzwinkernde Sprache mehr zu erreichen vermag als eine komplizierte Wissenschaftsterminologie. Gerade meine Sprache wurde jedoch zum Kritikpunkt, auch desjenigen Herrn, der in einer bekannten deutschen Tageszeitung mein »Landärzte«-Buch besprochen hat. Aber es war nicht nur die Sprache, die ihn aufregte, sondern vor allem auch meine Ausführungen über die alten Landärzte im Gebirge. Der Mann, ein junger Landarzt im deutschen Flachland, überzog mein Buch mit Spott. Seine Niedertracht war beeindruckend. Er qualifizierte das Buch samt und sonders als Machwerk, kritisierte die einfache Sprache und fand meine Ausführungen über die Mühen der alten Landärzte als unnötig, denn auch heutige Landärzte müßten sich plagen und anderes mehr.

Ich ärgerte mich über die Rezension und schrieb der Zeitschrift, ich würde die Rezension als unfair empfinden. Dies war allerdings ein Fehler von mir, da ich hätte wissen müssen, daß Entgegnungen von der betreffenden Zeitschrift grundsätzlich nicht ernstgenommen werden. Und Leserbriefe dieser Art werden nur in Ausnahmefällen wiedergegeben.

Allerdings erhielt ich aufgrund dieser niederträchtigen Rezension einen Brief von einem Professor der Medizin aus Heidelberg. Es war ein freundlicher Brief, in dem dieser sich über die Rezension beklagte und meinte, er hätte das Buch auch gelesen, er kenne die alte Zeit der Landärzte aufgrund eigenen Erlebens nach dem Krieg, und ihm gefiele das Buch. Mich erfreute dieser Brief, aber dennoch arbeitete der Stachel der niederträchtigen Rezension in mir. Übrigens schrieb mir auch eine alte Ärztin, mein Buch würde den Landärzten früherer Zeiten ein Denkmal setzen. Ich war erfreut und schickte dem ersten Rezensenten eine Kopie dieses Briefes.

Betroffen machte mich auch eine Rezension in einer soziologischen Fachzeitschrift über mein Buch »Randkulturen – Theorie der Unanständigkeit«, in dem ich die neue Idee hatte, eine Typologie der Randkulturen zu erstellen, und in welchem ich zudem den in der Soziologie üblichen Begriff des Interviews durch den des »ero-epischen Gesprächs« ersetzte (in Anlehnung an Homer, da ich meine, daß ein echter Feldforscher sich nicht mit einem kurzen langweiligen »Interview« begnügen dürfe, sondern es langer Gespräche bedarf, bei denen er auch sich selbst einbringt und bei denen getrunken und gegessen wird, um Wichtiges zu erfahren; siehe dazu meine »10 Gebote der Feldforschung«.)

Jedenfalls dürfte dieses Buch einen Kollegen aus einer norddeutschen Universitätsstadt ob meiner Kühnheit, derartig Neues »erfunden« zu haben, fürchterlich aufgeregt haben. Das Buch und meine Person erfuhren durch diesen Kollegen geradezu eine Beschimpfung. Das Buch wurde schlechtgemacht und jedem Soziologen geraten, es nicht zu lesen oder gar zu kaufen. Diese Rezension wurde von vielen Kollegen gelesen.

Von einigen erhielt ich jedoch ebenso wie beim Buch »Landärzte« freundliche Briefe, in denen stand, sie würden diese Rezension nicht verstehen. Einer meinte, diese Rezension solle mich wohl degradieren. Vielleicht ärgerte den Autor, daß ich vor Jahren von dem großen deutschen Soziologen René König eine überaus lobende Besprechung meines Buches über Wiens Ganovenkultur erfahren habe. Offensichtlich war es den Herrn Rezensenten zutiefst zuwider, daß meine unorthodoxe Art des Forschens (vor allem mit freier teilnehmender Beobachtung) von einer Koryphäe der Kulturwissenschaft – eine solche war René König – gutgeheißen wurde. Vielleicht hätte der Herr Rezensent seine Besprechung nicht gewagt, wenn König noch am Leben gewesen wäre. Diese Rezension ärgerte mich wohl, und ich nahm sie zunächst mehr zur Kenntnis als einen lobenden Bericht über mein Buch. Zu diesem Zeitpunkt beschloß ich übrigens, nur mehr jene Rezensionen zu lesen, von denen ich annehmen konnte, daß sie mir wohlwollend waren. Seitdem lese ich also den Großteil der Besprechungen meiner Bücher nicht mehr.

Gelesen habe ich auch nicht den Kommentar eines österreichischen Journalisten zu meinem Buch, das ich über Journalisten verfaßt habe (siehe dazu das Kapitel »Die Niedertracht der Journalisten und Fernsehleute«).

Schließlich kam ich jedoch zu der Einsicht, eine Rezension oder ein Kommentar zu einem Buch, auch wenn sie noch so niederträchtig sind, verhelfen zur Reklame für Buch und Autor. Ich bin also nun für Rezensionen jeder Art dankbar (das schrieb ich übrigens auch dem Herrn, der mein »Landärzte«-Buch niederträchtig behandelt hatte).

Spöttisch-heitere Kritiken

Ich will nun auf zwei Rezensionen eingehen, die ein mir lieber Privatgelehrter in Fachzeitschriften veröffentlicht hat. Beide Rezensionen sind auf ihre Art niederträchtig, aber auf eine witzig-freundliche Weise. Die Niedertracht des Privatgelehrten dürfte ihre Berechtigung haben, zumal dieser Mann als Urgeschichtler gute Forschungsarbeit geleistet hat. Sein Name, der es verdient, der Nachwelt überliefert zu werden, ist Hermann Maurer.

BÖSEWICHTE

In der einen Rezension bezieht sich der Herr Privatgelehrte auf die Arbeit eines Kollegen, der sich 1980 in einer Festschrift zur Eröffnung einer Waldviertler Schule als Kenner der Ur- und Frühgeschichte des niederösterreichischen Waldviertels ausgegeben hatte. Unter anderem ist in der Rezension zu lesen (aus Gründen der Fairneß gebe ich hier keine genauen Angaben über die Personen und die örtlichen Gegebenheiten – ich bitte dafür um Verständnis): »Der Überblick des Verfassers P. betreffend die Ur- und Frühgeschichte des H.-Bodens bezieht sich auf einen im Jahre 1973 erschienenen Aufsatz ..., der wieder eine Abschreibarbeit (!) hauptsächlich von Aufsätzen von F.B. ist. Die anspruchslosen (!) Ausführungen P.s können, obwohl sie nichts Neues bringen und außerdem einen längst veralterten Forschungsstand wiedergeben, bei wohlwollender Beurteilung teilweise akzeptiert werden. Es sei hier nur auf die sinnlose (!) Bebilderung ... und auf die lustige Formulierung ›An der R.straße beim Gasthaus F. lag vor 30.000 Jahren ein Rastplatz der eiszeitlichen Rentierjäger ...‹ hingewiesen – eine Vorsprache im Gasthaus F. oder bei der Straßenmeisterei hätte dieses Mißverständnis sicherlich verhindert.«

Wirklich giftig wird der Rezensent schließlich gegen Ende seiner Besprechung, nachdem er festgestellt hatte, daß die betreffende Arbeit »erschütternd« sei: »Gefährlich wird die Sache, wenn jemand sein ungenügendes Wissen publiziert. Wenn dies noch dazu von einem Lehrer, der immerhin das Vorbild vieler Schüler ist, praktiziert wird, dann ist die beste Garantie für eine ungünstige Beeinflussung der geistigen Entwicklung der Jugend gegeben.«

Auch in der zweiten Rezension zeigt der Privatgelehrte seine Meisterschaft. In dieser bespricht er ein Büchlein der Urgeschichte eines bekannten Wissenschafters auf diesem Gebiet:

»Der Versuch, einen Zeitraum von mehr als 50.000 Jahren auf so engem Raum zu bewältigen, ist sicherlich originell, muß aber letzten Endes Versuch bleiben. Dies spürt der Verfasser und ist daher bemüht, in einem Vorwort sein Werk zu rechtfertigen. Dieser Appell an die Nachsicht des Lesers berührt eigenartig (!), bestand doch kein zwingender Grund, ein Werk dieser Art zu verfassen ...«. Es heißt

Die Niedertracht der Rezensenten und Kritiker

dann weiter: »Wenig befriedigend ist die Zeittabelle – Schlicht als undiskutabel muß das Literaturverzeichnis bezeichnet werden ... Es ist das jedenfalls keine Arbeitsweise, wie man sie von einem Fachmann erwarten würde. (...) Ein Buch dieser Art mit wissenschaftlichen Maßstäben zu messen, wäre sicherlich eine Ungerechtigkeit. Der Fachmann wird es beiseite legen und vergessen (!). Ob der Laie einen Gewinn daraus ziehen kann, muß abgewartet werden.«

Der so niederträchtig behandelte Urgeschichtsforscher war erbost und schrieb der Zeitschrift eine Entgegnung, die ihm aus »Gründen der Fairneß« auch eingeräumt wurde. In dieser heißt es unter anderem: »Wenn aber unter dem Deckmantel einer ›Besprechung‹ lediglich eine mit fachlichem Anstrich versehene Herabsetzung versucht wird, so ist der Autor dem Leser ... eine Entgegnung schuldig.« Und abschließend meint der Beleidigte, der niederträchtige Rezensent habe der Urgeschichtsforschung keinen »guten Dienst erwiesen«. Dieser »Entgegnung« erwidert wiederum der Schriftleiter der Zeitschrift, er würde den Rezensenten als guten Wissenschafter hoch schätzen, »daß er (als Privatgelehrter) noch über keinen akademischen Titel verfügt, tut nichts zur Sache«, und außerdem habe er ihn bereits gebeten, »in seinen künftigen Rezensionen zurückhaltender zu sein, damit die Zeitschrift nicht zum Austragungsort persönlicher Rivalitäten werde. Damit halte ich die Sache für erledigt«.

Auch dieses Beispiel zeigt, daß jemand sich gegen eine, seiner Meinung nach ungerechtfertigte niederträchtige Rezension kaum wehren kann. Die Zeitschrift ist die stärkere, sie wird nicht zulassen, daß ihr Rezensent als übler Zeitgenosse hingestellt wird.

NIEDERTRÄCHTIGE HERAUSGEBER

Verwandt mit den Rezensenten sind jene Leute, die Zeitschriften herausgeben und darüber befinden, ob jemand würdig genug ist, in ihren Organen zu publizieren. Gerade für junge Wissenschafter ist es nicht immer leicht, Artikel in angesehenen Fachzeitschriften unterzubringen. Aber nicht nur junge Wissenschafter haben dabei Probleme, sondern auch solche, deren Meinungen als besonders aufmüpfig erscheinen. So wurde auch mir von dem Herausgeber einer deutschen kulturwissenschaftlichen Fachzeitschrift Unerfreuliches geantwortet, als ich ihm einen Aufsatz zur Publizierung vorlegte. In diesem hatte ich Kritik an der Geheimsprache diverser Kollegen gemeinsam mit Gedanken zur Forschungsmethode eingebracht. Der Herausgeber wollte nicht sehen, worum es mir wirklich ging. Er schrieb mir etwas von einer »persönlichen Annotation«, die er bei mir entdeckt hätte, und außerdem hätte er eine »systematische Aufarbeitung« meiner Methoden erwartet, obwohl ich einer solchen »Aufarbeitung« bereits ein ganzes Buch gewidmet habe. Dem niederträchtigen Herrn Herausgeber war es eigentlich egal (dies wage ich zu behaupten), ob ich den Aufsatz methodisch einwandfrei verfaßt habe, ihm ging es lediglich darum, wie ich aus seinem Brief erraten konnte, mich »abzuwimmeln«. Ihm war es anscheinend zuwider, einen Aufsatz anzunehmen, in dem ich mich kritisch – von seiner Warte aus niederträchtig – mit Kollegen und ihrer »Sakralsprache« sowie ihren übertriebenen Methoden, mit denen sie sich vom lebenden Menschen eher entfernen, beschäftigt habe. Ich mußte mich damit abfinden, daß meine Gedanken nicht publiziert wurden.

Ähnliches widerfuhr mir früher schon mit einem Aufsatz, den ich über Wiener Stadtstreicher verfaßt habe. Dieser Aufsatz basierte auf langer teilnehmender Beobachtung in der Lebenswelt der Sandler Wiens. Ich hatte sie begleitet, wenn sie ihre Parks aufsuchten, in denen sie die warmen Nachmittage verbrachten, wenn sie in Gasthäusern ihr Bier tranken und schließlich, wenn sie zu Abbruchhäusern marschierten, um dort zu nächtigen. Ich hatte mir also Mühe gegeben, die Buntheit des Lebens von »obdachlosen Nichtseßhaften«, also von Sandlern oder Pennbrüdern, zu beschreiben. Darüber erschien später auch ein Buch. Und in meinem Buch »Randkulturen – Theorie der Unanständigkeit« ist diesen Leuten ein ganzes Kapitel gewidmet. Den ersten Bericht über das Leben dieser Menschen hatte ich den Herausgebern einer bekannten deutschen Zeitschrift für Soziolo-

Die Niedertracht der Rezensenten und Kritiker

gie mit der Bitte geschickt, man möge diesen Aufsatz in ihrer hochgeschätzten Zeitschrift publizieren. Dieser Aufsatz, dies sei noch angefügt, war in einer klaren Sprache gehalten, fernab von irgendwelchen soziologischen Worthülsen. Offensichtlich dürfte gerade dies die Herausgeber entsetzt haben.

Ich erhielt jedenfalls von einem der Herausgeber einen Brief, in dem zu lesen stand, mein Aufsatz sei einer Veröffentlichung nicht würdig, und außerdem lese er lieber Sachen von Heimito von Doderer als meine Ergüsse. Der Wiener Dichter Heimito von Doderer mußte also herhalten, um meine mühsame Forschungsarbeit in einer mißliebigen Randkultur zu disqualifizieren.

Es gibt also unter den Herausgebern von Zeitschriften geradezu Meister der Niedertracht. Die Anbieter von Aufsätzen werden dabei geradezu zu klassischen Bittstellern, die mit demütigen Ritualen vorstellig werden.

Ähnlich verhält es sich mitunter mit den Buchverlagen. Auch diese stehen unter großem Druck in einer Zeit, in der derart viel publiziert wird wie bis jetzt noch nie. Schriftsteller schießen aus dem Boden, und Wissenschafter sind daran interessiert, ihre wunderbaren Werke der Welt zu präsentieren. Die Flut an Manuskripten macht es den Lektoren der Verlage schwer. Auch sie müssen zu Strategien der Niedertracht greifen, um potentielle Autoren abzuwimmeln. Die Briefe, mit denen Bücher abgelehnt werden, sind bisweilen von eigenartiger Komik, sie vermögen jedoch in ihrer Kritik den strebsamen Autor auf niederträchtige Weise in seiner Seele zu treffen.

5.
Die Niedertracht der Journalisten und Fernsehleute

Ein weites Feld der Niedertracht tut sich bei Journalisten und Fernsehleuten auf. Vorab sei festgehalten, daß ich genügend freundliche und faire Journalisten zu meinen Freunden und Freundinnen zähle. Es gibt aber nicht nur solche Lichtblicke, sondern es gibt auch das Gegenteil davon: die niederträchtigen Journalisten. Ihnen seien hier ein paar Gedanken gewidmet.

Gewisse Journalisten sind wahre Experten im Verbreiten einfacher Wahrheiten, an denen sie andere in niederträchtiger Weise messen, wie ich zeigen werde. Einige sind auch Spezialisten im Abschreiben von zum Beispiel fremden wissenschaftlichen o. ä. Berichten, die sie dann als die eigenen ausgeben. Ich habe dazu einiges erlebt. So entdeckte ich in einer Wiener Zeitung eine großangelegte Schilderung über das Leben der sogenannten Landler in Siebenbürgen, über die ich zwei Bücher herausgebracht habe. Ich las darin einiges, das auch in meinen Büchern steht, ohne daß diese jedoch in redlicher Weise erwähnt wurden.

Der Spott der Journalisten

Eine besondere Spezialität von Journalisten ist der Spott. Manche verstehen es treffend, Kübel der Niedertracht über Zeitgenossen zu schütten, die ihnen nicht genehm sind. Eben um sich selbst als die würdigeren und weiseren Personen darzustellen.

Der große Freiherr von Knigge schreibt in diesem Sinn über Journalisten solchen Kalibers: »Dann ziehen sie durch das Land, um … mit dem Schwerte der Verleumdung jeden zu verfolgen, der nicht zu

Die Niedertracht der Journalisten und Fernsehleute

ihrer Fahne schwören will, jedem das Maul zu stopfen, der es wagt, an ihrer Unfehlbarkeit zu zweifeln. Ein einziges Wörtchen, das nicht in ihr System paßt, gibt ihnen Stoff zur Verketzerung, zu unwürdigen Neckereien, zu Verfolgungen der besten, sorglosesten, planlosesten Menschen. Sei behutsam, wenn ein solcher dich freundlich besucht ...«(Knigge, 1792, 1994, S. 277). Knigge sieht also bereits das Problem des Spottes bei Journalisten.

Mit Spott wurde auch ich überzogen, als ich vor Jahren eine Studie über Journalisten verfaßt hatte. Diese Studie hatte ich aufgrund teilnehmender Beobachtung in einer Wiener Redaktion geschrieben. Ich sprach mit Journalisten und beobachtete ihr Tun. Auf dieser Basis schrieb ich meine Arbeit, die schließlich in einem kleinen Verlag – der übrigens einem Journalisten dieser Redaktion gehörte – gedruckt wurde. Nach Erscheinen des Bandes war der Chefredakteur, der vorher nie mit mir gesprochen hatte – offensichtlich hatte er keine Zeit für mich –, ob einiger Passagen offensichtlich verärgert über mich. Plötzlich sah er in mir den Bösewicht. Er schrieb mir jene Eigenschaften wie Hinterlist und Niedertracht zu, die man für gewöhnlich Journalisten zuzuschreiben beliebt. Mir war zunächst nicht klar, was ihn an meiner Forschung derart erboste. Erst später kam ich dahinter, daß es meine Erkenntnis war, der Großteil der Journalisten, die ich kennengelernt hatte, bestehe aus Studienabbrechern oder verbummelten Studenten.

Ich verstand allerdings diesen Ärger nicht, da Studienabbrecher für mich durchaus passable Leute sind und ich viele sehr schätze. Ich habe also ganz und gar keine Aversionen gegen diese Leute. Vielmehr glaube ich sogar, daß manche darum ein Studium abgebrochen haben, weil es sie einfach langweilte und sie gesehen haben, daß ihr Talent beim Journalismus liegt. Und Journalismus, so meine ich, kann man an keiner Universität wirklich erlernen. Die Institute für Publizistik bieten eher wissenschaftlich-historische Erkenntnisse an als Leitfäden für guten Journalismus. Ich habe also allen Respekt vor vielen Journalisten, und in diesem Sinn hatte ich auch meine Arbeit verfaßt. Der Chefredakteur, der selbst ein Medizinstudium abgebrochen hatte, mißverstand mich gründlich und schrieb dem Vorstand meines Insti-

Der kritische Journalist

tutes und dem Dekan meiner Fakultät, man müsse die Universität vor Wissenschaftern, wie ich einer sei, schützen. Mich traf dieser Angriff. Noch mehr traf mich ein niederträchtiger Artikel, den ein Journalist in einer Tageszeitung über mich und meine Forschung schrieb. Ich wurde geradezu als »Kommunist« hingestellt, der es wagt, die hehre Zunft der Journalisten zu beschreiben. Außerdem würde ich nicht einmal die Rechtschreibung beherrschen – tatsächlich waren in dem Buch auch einige Druckfehler. Und schließlich sei alles Unsinn, was ich da festgehalten habe. Am meisten regte den Herrn Journalisten auf, daß ich Journalisten im Stile eines Völkerkundlers, der bei afrikanischen Stämmen forscht, untersucht habe – nämlich als teilnehmender Beobachter. Etwas ähnliches habe ich auch in einer Radiosendung, die der Herr wahrscheinlich gehört hat, erzählt, als man mich nach meiner Forschungsmethode gefragt hatte.

Gleichstellung von Journalisten mit Mitgliedern afrikanischer Stämme war also ein Grund für die Empörung des Zeitungsmannes. In seinem unfreundlichen Kommentar zu meiner Forschung hatte der

Herr noch festgehalten, es wäre typisch für solche Studien wie die meine, daß sie von einem Ministerium oder einer ähnlichen Stelle finanziell gefördert worden sei. Ich schrieb darauf einen Leserbrief an die Zeitung, in dem ich meine Arbeit über Journalisten zu rechtfertigen suchte. Ich hielt fest, daß ich Journalisten hochachte und daß außerdem meine Arbeit keine finanzielle Unterstützung von welcher Stelle immer erfahren habe. Der Leserbrief wurde abgedruckt, allerdings mit dem spöttischen Hinweis, es sei tatsächlich ein Wunder, daß dieses miese Buch nicht gefördert worden wäre.

Ich ärgerte mich, da ich einsehen mußte, daß der Herr Journalist nicht gewillt war, meine guten Absichten zu respektieren; vielmehr versah er mich weiter mit Spott.

Ich erzählte meinen Ärger – ich war damals nach jung, heute würde ich dies nicht mehr tun – einem Rechtsanwalt. Dieser erblickte nun darin ein Geschäft und überredete mich, ihm die Vollmacht zu geben, den Herrn Journalisten zu klagen. Leichtsinnigerweise stimmte ich zu. Der Journalist wurde geklagt und zu einer Geldstrafe verurteilt. Auch mußte er eine Entgegnung bringen. Ich bin mir heute sicher, den Herrn Journalisten dürfte die Klage nicht besonders aufgeregt haben. Im nachhinein bereute ich, diesen Mann durch einen Rechtsanwalt geklagt zu haben, denn ich hatte eher Nachteile. Wenn meine Person in der betreffenden Zeitung überhaupt erwähnt wurde, so nur abfällig, oder man ignorierte mich überhaupt.

Der Spott als Strategie der Niedertracht von Journalisten ist beliebt, wie die Beispiele zeigen.

JOURNALISTEN ALS JÄGER

Die Geschichte der Journalistik ist auch eine Geschichte ihrer Opfer. Zu diesen Opfern gehört auch der frühere französische Premierminister Pierre Bérégovoy, der wochenlang von der sogenannten Boulevardpresse beschossen wurde, da er sich einen Gratiskredit in der Höhe von einigen hunderttausend Francs beschafft hatte. Das bissige

Wochenmagazin »Canard enchainé« kramte darauf in Bérégovoys Privatleben, brachte allerhand Unangenehmes für den ehemaligen Premierminister hervor und machte sich über ihn in Karikaturen lustig. Das kränkte diesen derart, daß er sich bei einer Autorast mit der Dienstpistole seines Leibwächters erschoß.

Das ließ die Presse Europas zwar aufhorchen, aber dennoch setzte sich die Hatz gegen mißliebige Politiker weiterhin fort. Allerdings sind sich verantwortungsbewußte Journalisten im klaren, daß es Grenzen geben muß. So meinte der Chefredakteur einer österreichischen Zeitung, daß Politiker eben im »Kreuzfeuer« stünden und einiges aushalten müßten. Der Politiker müsse sich dessen bereits am Beginn seiner Karriere bewußt sein. Er fügte noch hinzu, seine Grenze wäre dort, wo »sachliche harte Kritik aufhört und mit Beschimpfung begonnen wird«. Und ein anderer Herr der Presse fügte hinzu: »Die Limits für Journalisten sind dort anzusetzen, wo Bereiche im Leben eines Politikers betroffen sind, die nichts mit seiner Funktion zu tun haben.«

Aber diese Grenzen oder »Limits«, an die sich »anständige« Journalisten halten wollen, sind nicht leicht zu ziehen. Schließlich gibt es so etwas wie einen »Aufdeckungsjournalismus«, der schnell zu einer Instanz der Niedertracht werden kann. Einem solchen Journalismus ist zu verdanken, daß sich Politiker, die einen Fehltritt begangen haben, von sich aus bemüßigt sehen, ihr Mandat zurückzulegen. So zum Beispiel erbrachte das deutsche Nachrichtenmagazin »Der Spiegel« den »Nachweis«, daß der frühere SPD-Chef Björn Engholm einen Untersuchungsausschuß, der mit der sogenannten »Spitzelaffäre Barschel« befaßt war, belogen hatte. Den SPD-Chef traf dieser Vorwurf gewaltig. Er zog sich schließlich aus allen politischen Spitzenfunktionen zurück und gab somit den Parteivorsitz, die Kanzlerkandidatur und den Regierungssitz in Kiel ab. Es ist möglich, daß politische Gegner Engholms hinter der Kampagne des »Spiegels« standen.

Opfer der Presse wurde auch der frühere deutsche Bundesfinanzminister Theo Waigel, der unbedingt Ministerpräsident des Freistaates Bayern werden wollte. Ihm wies die Boulevardpresse nach, daß er eine Liaison mit einer berühmten deutschen Schirennläuferin hatte. Waigel nahm darauf seine Kandidatur zurück – zugunsten von Edmund Stoiber, der dann auch bayrischer Landesfürst wurde.

Aber auch österreichische Zeitungen betätigen sich nicht ohne Niedertracht bei der Beurteilung von Politikern.

So beliebt ein Kolumnist in heiterer und bitterer Weise über Politiker herzuziehen. Das gefällt dem lesenden Publikum, das sich auch gerne an der Niedertracht der Presseleute weidet. Typisch für diesen Herrn sind Formulierungen wie: »... wir wissen längst, daß jene Herrschaften, die von unseren Gnaden Abgeordnetenjobs oder gar Regierungsfunktionen haben, ihre Ämter dazu benutzen, sich hohe Gehälter und Pfründe zu verschaffen ...«. Oder einem anderen Kolumnisten, der eine andere politische Linie vertritt, macht es Freude, über Herren einer bestimmten politischen Partei loszuziehen und ihnen alles mögliche vorzuwerfen. (Auf Näheres will ich hier aus Gründen des Friedens nicht eingehen. Ich denke, obige Hinweise genügen.)

Die Selbstgerechtigkeit von Journalisten

Politiker leiden mitunter unter den süffisanten, niederträchtigen und erlogenen Kommentaren und Berichten von Journalisten. Verärgert über Journalisten war auch der frühere saarländische Ministerpräsident Oskar Lafontaine, derart, daß er vom »Schweine-Journalismus« und vom »Hosenlatz-Journalismus« sprach. Er bezog sich dabei wohl auf jene Journalisten, die zum Beispiel darauf aus sind, Nacktfotos von hohen Damen, wie etwa der früheren Frau des Prinzen Charles von England, zu schießen und zu publizieren, oder die mit Gauner- und Sex-Geschichten von Politikern Geld zu machen versuchen. Gerade letzteres meinte Oskar Lafontaine, der darüber erbost war, daß Journalisten einem seiner engsten Parteifreunde Kontakte zu einem in Frankreich einsitzenden Verbrecher vorgeworfen hatten. Auf das Problem des »Schweine-Journalismus« ging in einem bemerkenswerten

Aufsatz der Herausgeber des »Spiegels«, Rudolf Augstein, unter dem Titel »Schreibende ›Schweine‹« ein. Er meinte in diesem trefflich unter anderem: »Das Privatleben von Politikern geht uns Journalisten nichts an, wohl aber ihr Umgang, wenn man das öffentliche Interesse beschädigt sehen muß. Oskar erlaubt sich zuviel, daher sind diejenigen, die es aufdecken, Schweine. (...) Die heutige Moral gestattet es dem Politiker, eine Freundin zu haben, auch zwei und drei. Aber es müssen doch die Interessen des Staates beachtet werden. (...) Ob sein ›Arsch‹, wie Lafontaine seinen Hintern nennt, ab- und zugenommen habe, das gehe doch niemanden etwas an. Es ginge aber doch, wenn das Foto in einem Puff, bei einer ›Amiga‹ also, gemacht worden wäre. Er (Oskar) selbst hielte das nicht für schlimm. Das wäre es ja vielleicht auch nicht; aber gehört es sich, und ist es nicht zu gefährlich, wäre er dadurch nicht erpreßbar? Man muß kein Moralist sein, um zu erkennen, daß hohe Staatsdiener sich andere, strafrechtlich gar nicht relevante Maßstäbe gefallen lassen müssen. Vermutlich wäre Willy Brandt, wenn er hätte bleiben wollen, trotz einiger Eskapaden auch Kanzler geblieben ...« (Der Spiegel, 14/1993, S. 32).

Augstein sieht also eine wesentliche Aufgabe des Journalismus darin, Dinge über Politiker aufzudecken, wenn es im Gesamtinteresse liegt. Auf das Privatleben ist dabei offensichtlich keine Rücksicht zu nehmen. Zu Oskar Lafontaine hält Augstein noch fest: »Wir halten uns immer noch für Leute, die selbstkritischer urteilen als unser Oskar. Fehler machen auch wir.« (a.a.O.).

Der Herr Herausgeber Augstein gibt sich zwar als redlicher Mann, der er auch sicherlich ist, er gesteht aber dem Journalismus zu, unter bestimmten Umständen tief in das Leben der Politiker einzugreifen.

Es ist also kompliziert für Politiker; jedenfalls müssen sie damit rechnen, in niederträchtiger Weise behandelt und verurteilt zu werden, wenn sie nicht mit der Leitlinie eines Blattes übereinstimmen. Der deutsche Schriftsteller Martin Walser hat in seinem Buch »Ohne einander« (1993) diese Thematik beschrieben. Er zeichnet die Verurteilungskultur einer gewissen Medien-Schickeria in bildhafter Weise. Im Zentrum seines Romans steht die Redaktion eines Wochen-Magazins, das gewisse Ähnlichkeiten mit dem »Spiegel« hat. Walser hält fest: »Selbstgerechtigkeit und Heuchelei, das war das Fundament der Meinungsproduktion. Je heuchlerischer, umso krasser kritisch beziehungsweise je krasser kritisch, um so heuchlerischer. (...) Die Öffentliche Meinung als die neueste Kirche, der letzte Gott.«

Wenn Walser diversen Journalisten Selbstgerechtigkeit und Heuchelei vorwirft, so tut er dies nicht zu Unrecht, denn tatsächlich leben einige Journalisten und ihre Zeitungen ganz gut davon, daß sie Politiker und andere Zeitgenossen heuchlerisch mit Niedertracht bedecken.

Solche Niedertracht zeigt sich auch darin, daß gewöhnliche Staatsbürger, die zum Beispiel in Talkshows auftreten, von Journalisten heruntergemacht werden, wenn sie Dinge sagen, die den Herrn und Damen Journalisten nicht passen. Ich erlebte einige Male, von Journalisten beschimpft zu werden, als ich hie und da in einer Art Talkshow auftrat. Als ich den Kommentar zu meinem ersten Auftritt las, war ich entsetzt, denn ein ehrenwerter Journalist verhöhnte mich als jemand, der nicht in eine solche Gesprächsrunde, wie sie sich damals ergeben hatte, paßt. Zu einem späteren Auftritt von mir schrieb ein anderer, höchst böswilliger Herr in einer Wiener Tageszeitung, immer wenn er mich am Bildschirm sehe, würde er den Fernsehapparat abdrehen. Dinge derartiger Natur mußte ich mir gefallen lassen, ohne etwas erwidern zu können.

Als niederträchtig stufe ich auch den Brief eines Radiojournalisten des ORF ein, den er in meiner Sache einer Radfahrerzeitschrift gesandt hat. In dieser Zeitschrift betreue ich schon seit Jahren als passionierter Radfahrer eine Kolumne, in der ich regelmäßig etwas über das Radfahren schreibe, einschließlich meiner eigenen Touren durch Europa. Dieser Radiojournalist schrieb nun, meine Kolumne wäre für ihn furchtbar, besonders rege ihn auf, daß ich mich im Schlußteil meiner Kolumne »vollaufen lasse«. Tatsächlich beende ich meine Zeilen damit, daß ich auf das Wohlsein aller Radfahrer und Radfahrerinnen ein Glas Bier erhebe. Übrigens habe ich diesen Text in letzter Zeit etwas abgeändert, um keine Probleme mit fanatischen Antialkoholikern zu haben: statt »Glas Bier« schreibe ich nun: »ein kleines Glas mit dem isotonischen Getränk Bier«. Außerdem beklagte der heuchlerische Radiojournalist, der auch öfter in Nachrichtensendungen etwas zum Besten gibt, daß ich »schon einmal Autor« einer politisch nicht korrekten Zeitschrift gewesen sei. Daß ich in meinen Aufsätzen in der besagten Zeitschrift eine weitherzige Position vertrete und jede Degradierung aller (!) Menschen bekämpfe, war dem Radiojournalisten gleichgültig. Jedenfalls riet er den Herausgebern der Radfahrerzeitschrift noch, sie sollten doch statt mir einen anderen Kolumnisten, der sicherlich »viel weniger Geld« koste, zu Wort kommen lassen.

Auch hier ist bemerkenswert, daß der Radiojournalist nicht nachgeprüft hatte, ob ich wirklich Geld für meine kleinen Aufsätze erhalte. Tatsächlich schreibe ich meine Kolumnen aus Freude und ohne dafür bezahlt zu werden.

In dem Nichtüberprüfen von Vorstellungen und von Meldungen, wie oben schon einige Male gesehen, liegt übrigens eine besondere Niedertracht der Journalisten.

Seinen Brief beendete der wenig freundliche Radiojournalist mit den Worten: »Jedenfalls, solange dieser Schwachsinn zu finden ist, könnt Ihr Euch den Druck und die Zusendung meines Exemplares ersparen.«

Die Damen und Herrn Redakteure dieser Radfahrerzeitschrift waren jedoch so liebenswürdig und ließen mir den Brief des Herrn Radiojournalisten zukommen. Ich machte mir nun die Mühe, diesem Herrn einen Brief zu schreiben, in dem ich auf seine Vorwürfe einging und festhielt, daß ich ein »freier Herr bin, der keiner Partei angehört und sich gestattet, seine Meinung überall (!) mit offenem Herzen zu schreiben«. Außerdem erklärte ich ihm, daß ich ein sehr gemäßigter Biertrinker sei. Schlußendlich lud ich ihn ein, mit mir demnächst einmal auf einen »Schluck Apfelsaft« in ein Gasthaus zu gehen. Dort könnten wir uns mit diesem Getränk zutrinken. Obwohl ich dem Herrn freundlich geschrieben hatte, erhielt ich keine Antwort. Ich schrieb ihm dann noch einmal, wieder ohne Erfolg. Ich erwähnte in diesem Brief, daß Leute wie er nichts darin finden, den Ruf eines Menschen zu schädigen. Wiederum erklärte ich ihm, daß es

Die Niedertracht der Journalisten und Fernsehleute

mich freuen würde, wenn ich mit ihm persönlich sprechen könnte. Ich schrieb meine Telefonnummer dazu, doch der Herr rührte sich nicht.

Es scheint die Niedertracht einiger Journalisten zu sein, andere zu verhöhnen und Falsches über sie zu berichten, und weiter darauf zu beharren, auch wenn der niederträchtig Behandelte den Kontakt sucht, um über seine wirkliche Einstellung oder sein Tun aufzuklären.

Ähnlich erging es mir auch mit einer Wiener Studentenzeitschrift, in der man die Niedertracht hatte, mich als übles »Aushängeschild« einer bestimmten politischen Richtung hinzustellen, nur weil ich Aufsätze in der oben erwähnten politisch nicht korrekten Zeitschrift publiziert hatte (die alle jedoch vom Geist edler Menschenfreundschaft beseelt waren). Ein anonym gebliebener Student beschimpfte mich also und warnte die Studenten und Studentinnen vor mir. Er griff dabei noch zu einer besonders niederträchtigen Strategie, die auch dem klassischen Kleinbürgertum eigen ist, er stellte gleichzeitig auch meine wissenschaftliche Arbeit in Frage.

Ich hatte keine Chance, mich auf die niederträchtigen Anwürfe des Anonymus zu wehren. Ich kam nun auf einen ausgefallenen Gedanken: ich verfaßte ein Flugblatt und fordert den Herrn Schreiber in diesem zum Duell (darüber ist im Kapitel »Strategien gegen die Niedertracht« zu lesen).

Niedertracht findet Heimat bei einer satten Zahl von Journalisten und Fernsehleuten. Von einem der letzteren Gattung sei noch erzählt. Dieser Mann, Herr M., ist eine Art Direktor einer beliebten Fernsehsendung am Beginn des Abendprogramms, einer Sendung, in der es um gesellschaftliche Ereignisse geht, wie Theaterpremieren, irgendwelche Treffen nobler Leute, Bälle und anderes mehr. Einzelne feine Teilnehmer werden von der Kamera eingefangen und kurze Gespräche mit ihnen geführt; Gesellschaftsklatsch, so könnte man sagen, wird hier in die Wohnzimmer geliefert.

Die Niedertracht dieses Herrn M. liegt darin – auch ich habe da meine Erfahrung –, daß er gewisse Leute, die ihn bitten, doch auch über ihre Veranstaltung in seiner Sendung zu berichten, in niederträchtiger Weise bis knapp vor der Veranstaltung in der Hoffnung beläßt, dort zu erscheinen. Entweder teilt er dann dem flehentlich Hoffenden süßlich-sauer und schadenfroh mit, daß man nicht erscheinen werde, oder er und sein Team tauchen einfach nicht auf. Das kränkt die Veranstaltenden, die nun sehen, daß er für ihr Ereignis keine Zeit hat, wohl aber für diverse Feste einer sich langweilenden und langweiligen High Society. Offensichtlich bedeuten für den niederträchtigen Herrn M. die Anrufe von Bittenden eine Hebung seines engherzigen Selbstbewußtseins und das Gefühl, er habe Macht über andere.

Die Welt des Journalismus ist offen für Niedertracht und insbesondere für Rituale, wie die des hinterhältigen Herrn M., durch die dem gewöhnlichen Volk journalistische Macht demonstriert wird.

Es gibt jedoch, dies sei noch einmal betont, gütige, freundliche und liebenswürdige Journalisten, die den Menschen mit offenem Herzen begegnen.

Journalisten als weise Leute – Nachfahren der Geheimlehrer

Angefügt seien noch ein paar Überlegungen zu Journalisten, die von sich meinen – nicht alle sind so –, große Weise zu sein und die Wahrheit zu kennen.

In gewisser Weise sind auch diese Journalisten – und darin ähneln sie den oben behandelten weisen Gelehrten – die legitimen Nachfolger der alten Propheten, Priester und Geheimlehrer. Und insofern können sie bisweilen niederträchtig sein.

Manche Journalisten tun sich hierin besonders hervor.

Auch zu dieser Art von weisen Leuten weiß der große Adolf Freiherr von Knigge Treffliches festzustellen:

»Wenn aber heutzutage jeder elende Versschmied, Kompilator, Journalist (!), Anekdotenjäger, Übersetzer, Plünderer fremder literarischer Güter (!) und überhaupt jeder, der die unbegreifliche Nachsicht unseres Publikums mißbraucht, um ganze Bände voll Unsinn, Torheit, Wiederholung längst besser gesagter Dinge drucken zu lassen, sich selbst für einen Gelehrten (oder einen weisen Journalisten, R.G.) hält, wenn ihre Erzeugnisse nicht nach dem Grade ihrer Nützlichkeit für die Welt, sondern nach dem veränderlichen, leichtfertigen Geschmack des lesenden Pöbels geschätzt, wenn grüblerische Grillen Weisheit genannt werden, fieberhafte Phantasie für Schwung und Begeisterung gilt ... dann muß man wohl ein paar Worte darüber sagen, wie man sich im Umgang mit solchen Leuten zu betragen hat« (Knigge 1984, S. 271f.).

Große Meister in der Kunst, sich niederträchtig als besonders weise und heilig darzutun, sind wohl die Kolumnisten und andere Spezialisten, wie zum Beispiel die Kunstkritiker, denn auch diese meinen, im Besitz einer allumfassenden Wahrheit zu sein. Um diese Wahrheit als besonders heilig hervorzukehren, bedient man sich in niederträchtiger Weise oft auch einer besonderen, einer heiligen Sprache, die möglichst geheimnisvoll ist. Meister darin dürften jene Journalisten sein, die über Opern, Theaterstücke oder ähnliche Ereignisse imponierend berichten.

Dazu paßt eine kleine Geschichte, die der österreichische Architekt Adolf Loos erzählt, der um die Jahrhundertwende nach den USA zog und dort Berichterstatter der Zeitung »New Yorker Bannerträger« wurde. Im April 1920 wurde er vom Chefredakteur dieser Zeitung gefragt, ob er auch Musikreferate schreiben könne, da der bisherige Referent seine Tätigkeit bei der Zeitung gekündigt habe. Loos schreibt darüber: »Ich wollte ihm zuerst mitteilen, daß ich vollständig unmusikalisch sei ..., ich unterdrückte diese Antwort. Es fiel mir ein, daß ich von einem weisen Manne bei meiner Ankunft im neuen Lande folgende Lebensregel gehört hatte: ›Wenn Sie in Amerika jemand fragt, ob sie dies oder jenes können, so antworten Sie vor allem mit einem stolzen und freudigen Ja! Denn kann es Ihnen nicht schlecht gehen.‹ Ich sagte daher: ›Aber natürlich, Herr Smith, das ist ja gerade mein Fach!‹ ›Das trifft sich ausgezeichnet ... Wollen Sie nun die Oper übernehmen? Allerdings können wir Ihnen für die Aufführung nur ein Stehparterre-Entree bezahlen. Lassen Sie sich aus der Kasse einen Dollar fünfzig Cents ausbezahlen. Wir erwarten bis spätestens ein Uhr nachts den Bericht‹. Ich ging. Der Kassier zahlte mir den Dollar und die fünfzig Cents aus. Mir war etwas bange geworden. Die Sache schien mir nicht recht geheuer.

Ich begab mich sofort in das Cafe Manhattan und studierte die Musikberichte sämtlicher Blätter. Ich sah bald, die Hauptsache sind die Fachausdrücke (!). Das imponiert. Es-dur, dreigestrichenes C, Kontrapunkt, Dynamik, Crescendo. Nach drei Stunden wußte ich genug. Ruhig sah ich dem morgigen Tag entgegen.«

Loos hat noch das Glück, in diesem Kaffeehaus einen Herrn zu treffen, der in der Metropolitan-Oper als Statist arbeitet. Um das Geld für den Eintritt zu sparen, schließt er sich ihm an. In der Oper wurde er gefragt, ob er beim Militär gewesen sei. Er log: »Ich war zehn Jahre Offizier, das ist gerade mein Fach!« Er wurde der Wache zugeteilt, man gab Carmen. Und weiter schreibt er etwas, das zeitgeschichtlich nicht uninteressant ist: »Ich konstatierte bald mit Genugtuung, daß sich unter den vierzehn Mann Wache elf gewesene Offiziere befanden, die teils der deutschen, teils der österreichischen Armee angehört hatten ...«. Und weiter heißt es: »Die Vorstellung war zu Ende. Fieberhaft rasch kleidete ich mich um, ließ mir mein Honorar auszahlen und fuhr mit der Hochbahn in die Redaktion. Knapp ein Uhr nachts hatte ich mein Manuskript fertig und las mit Befriedigung ungefähr folgendes: ›Sehr gefallen hat uns Frau Melba, besonders ihre oberen Orgelregister sind sehr schön, aber der Kontrabaß, der Kontrabaß! Und der Generalpunkt scheint auf gespannten Oktaven zu stehen. Alles in allem bildet die sonore Mittellage mit dem dreifach gestrichenen C eine wirkungsvolle Kadenz.‹ Jawohl es war eine Leistung, Die vielen Fachausdrücke mußten wohl oder übel imponieren. Stolz begab ich mich nach Hause und schlief froh und glücklich ein.

Am nächsten Morgen – der Zeitungsmann hatte wie immer den »New Yorker Bannerträger« vor die Tür gelegt – las ich meinem anfangs noch schlafenden Zimmergenossen, dem Baron N., meine Meisterleistung mit lauter Stimme vor. Der Baron erwachte zusehends. Dann sagte er: ›Ich weiß nicht, was mir fehlt, aber ich höre ganz merkwürdige Sachen. Vielleicht bin ich nicht ganz ausgeschlafen. Lies mir die Geschichte noch einmal vor.‹ Ich las noch einmal. Das Gesicht des Barons nahm den Ausdruck des Entsetzens an ... Und nun erklärte er mir Satz für Satz. Langsam dämmerte mir die Erkenntnis, daß ich mich blamiert hatte. Ich war vernichtet. Ich traute mich nicht mehr auf die Gasse. (...) Es war elf Uhr geworden. Der Zeitungsmann brachte das Abendblatt der ›New Yorker Staatszeitung‹. (...) Mechanisch griff ich nach der Zeitung. Da – was war das!

Ich las wie im Fieber die Überschrift: ›Scharfe Abfuhr! Der Musiksudler von der Morgenposaune erfährt sie!!! Eine Tat des New Yorker Bannerträger!!!‹ Dann las ich weiter: ›Wir haben häufig auf das schändliche Treiben des Burschen hingewiesen, der seine totale Unkenntnis musikalischer Dinge zum Schaden des ganzen Deutschtums auf der Halbinsel Manhattan in der Morgenposaune absetzt. Dieser elende Skribler ist ein Schandfleck im blanken Ehrenschilde des deutschen Amerika. Wir standen bisher im Kreuzzuge gegen dieses Individuum allein da. Mit Genugtuung können wir heute konstatieren, daß der New Yorker Bannerträger (obwohl sein Besitzer der mosaischen Konfession angehört) das Kreuz auf sich genommen hat. Unser bewährter Kollege von dieser tapferen Zeitung hat die Unart und Weise jenes Subjekts in seinem heutigen Opernreferate zu allgemeiner Freude aller wahren Kunstfreunde trefflich kopiert, an den Pranger gestellt und dadurch dem allgemeinen Gespötte preisgegeben. Wir glauben, daß die Morgenposaune sich von diesem Schlage nicht mehr erholen wird. Wir können uns nicht versagen, dieses Opernreferat, eine satirische Großtat, für unsere Leser abzudrucken.‹ Und nun folgte mein Referat.«

Loos ging in die Redaktion. Zunächst beschimpfte ihn Herr Smith, der Chefredakteur. Doch nachdem Loos ihm das Abendblatt der ›New Yorker Staatszeitung‹ gezeigt hatte, war dieser ob der angeblich satirischen Ader von Loos überrascht. Loos schreibt weiter, wobei er auch auf das Verwenden von Fachausdrücken eingeht: »Am nächsten

BÖSEWICHTE

Morgen las man in der ›Morgenposaune‹: ›Unser Musikreferent ist von seinem Posten zurückgetreten.‹ (...) Und so hatte ich mit dieser meiner ersten und letzten Musikkritik eine Erfahrung gemacht, die der Philosoph, der Literaturhistoriker oder der Kunstgeschichtler niemals machen können. Denen glücken die Fachausdrücke immer, sobald sie über Malerei, Architektur oder Gewerbe schreiben. Niemand wird es dem Kunstschriftsteller nachrechnen, ob das ›Sprengwerk‹ vielleicht ein ›Hängewerk‹ ist. Materialgerecht, tischlerisch, Verzapfung, Gehrung und ähnliche Werkstattworte kann er ganz nach freiem Ermessen über sein Referat austeilen ...« (Diesen Aufsatz von Adolf Loos verdanke ich einem Freund, allerdings fehlen mir Angaben zum Erscheinungsjahr und Erscheinungsort.)

Loos verweist damit offensichtlich auf die Tricks und die Bluffs, die weise Leute, vor allem Journalisten, einsetzen, um sich der Welt als Vertreter der Weisheit zu präsentieren.

Irgendwie ähneln sie den alten Priestern, die traditionell wegen ihrer Kunst, heilige Wörter zu verwenden, hoch geachtet wurden. Knigge rät daher, »jedem Unbekannten, der gewisse Modewörter, wie zum Beispiel: Aufklärung, Denkfreiheit, Toleranz ... höhere Wissenschaften ... oder dergleichen gar zu oft im Mund führt« für einen »schadenfrohen Spitzbuben« zu halten, der »umhergeht wie ein brüllender Löwe, zu suchen, wen er verschlingen könne« (Knigge, 1984, S. 271f.).

Journalisten, dies sei schlußendlich festgehalten, scheinen sich bisweilen im Besitz der allein seligmachenden Wahrheit zu befinden. Daß es ihnen doch mitunter an Weisheit mangelt, ist hin und wieder zu beobachten. Hierin gleichen Journalisten jenen Leuten, über die sie regelmäßig berichten, nämlich den Politikern.

6.

Die Niedertracht der Politiker

Vorab sei festgehalten, daß es liebenswürdige, gütige und weitherzige Politiker gibt. Es gibt aber auch höchst niederträchtige Politiker und Politikerinnen. Diesen gilt dieses Kapitel, das zu anderen thematisch hinzutritt.

Die politische Axt der Niedertracht ist so alt wie die Geschichte der Menschheit.

Um politische Gegner zu treffen, griff und greift man zu den übelsten Formen der Niedertracht. Der Konkurrent auf der Bühne der Politik soll niedergemacht oder zumindest ausgeschaltet werden. Von ihm droht Gefahr für die eigene heilige Person, der alleine politischer Ruhm zusteht.

Das Unschädlichmachen der Gegner

Im wesentlichen sind es zwei Formen der Niedertracht, die das politische Leben begleiten. Die eine Form der Niedertracht zielt darauf ab, politisch unliebsame Zeitgenossen, von denen man sich im eigenen politischen Treiben gestört sieht, einfach zu vernichten, sie für immer auszulöschen. Dazu gehört die Tötung einzelner oder ganzer Gruppen. Im alten Griechenland war es Sokrates, in dem man die Gefährdung des politischen Lebens in Athen sah und den man daher zum Tode verurteilte. Christus erging es ähnlich. Auch er war beim guten Bürger nicht angesehen. Sokrates' Ruf in der Polis, der Stadt von Athen, war denkbar schlecht. Er hatte nicht nur Probleme mit seiner Ehefrau.

Einmal war er von Kritias, der an der Spitze der Regierung der dreißig Tyrannen von Athen stand, mit vier weiteren Athenern dazu ausersehen worden, nach Salamis zu fahren, um dort den Demokraten

Der strebsame Politiker

Leon festzunehmen und ihn nach Athen zu bringen, wo man ihn zum Tode verurteilen wollte. Sokrates kümmerte sich jedoch nicht um diesen Befehl und ging so, als ob er nichts gehört hätte, nach Hause, obwohl er wußte, dies könne ihm das Leben kosten. Zu seinem Glück starb Kritias bald. Ein anderes Mal wurde er als Richter ausgelost, um in einem Kollegium über zehn Heerführer zu urteilen, die Athener Seeleute nicht gerettet hatten. Da es sich nicht feststellen ließ, wer tatsächlich die Schuld hatte, weigerte sich Sokrates, alle, wie das Volk es wollte, zu verurteilen. Sokrates war ein aufmüpfiger Bürger, und da er Ideen verbreitete, die die Politik der Athener verunsicherten, stellte man ihn einfach vor Gericht. Vor diesem warf ihm ein gewisser Meletos vor, Sokrates würde die Jugend verderben und die Götter nicht anerkennen. Sokrates war als ein gefährlicher Bursche für die Polis erkannt worden und mußte daher zum Schierlingsbecher, dem Giftbecher, greifen. Sokrates starb, weil man ihn als üblen Verführer ansah, der den Mächtigen der Polis von Athen das Leben schwergemacht hatte.

Die Niedertracht der Politiker

Die zweite klassische Form politischer Niedertracht ist darauf gerichtet, den politischen Gegner oder den für die eigenen politischen Abenteuer Gefährlichen dazu zu bringen, sich aus der Politik zurückzuziehen, also ins politische Exil zu gehen. Im alten Athen gab es eine Einrichtung, durch die hohe Persönlichkeiten gezwungen werden konnten, aus Athen zu verschwinden. Es war dies das sogenannte Ostrakismos, das Scherbengericht. Dieses wurde durch einen Athener, der meinte, ein hochgestellter Mitbürger würde der Polis Schaden zufügen, eingeleitet. Dies geschah dadurch, daß er zur Agora, den Ratsplatz, ging, wo er den Namen des üblen Politikers – um einen solchen handelte es sich meist – auf eine dort befestigte Keramikplatte, das Ostrakon, schrieb. Schlossen sich insgesamt sechstausend Leute dieser Anklage an, so hatte der angeklagte Athener zehn Tage Zeit, sich von Freunden und Verwandten zu verabschieden, um dann in das Exil abzuwandern. Die Dauer des Exils richtete sich nach der Zahl der Unterschriften, es konnte zwischen fünf und zehn Jahren betragen. Diese Praxis des Scherbengerichts war in Athen von Kleisthenes eingeführt worden, um einem allfälligen Persönlichkeitskult entgegenzuwirken. Auf diese Weise konnte man mißliebige Politiker loswerden. Würde es heute noch die Möglichkeit des Scherbengerichtes geben, wären vielleicht Politiker, Schauspieler, Spitzensportler und andere gezwungen, ihrer Heimat den Rücken zu kehren.

Strategien der Niedertracht, bei denen Politiker verdammt oder eingesperrt werden, sind vor allem dann beliebt, wenn es zu einem Wechsel der politischen Richtung kommt. So zum Beispiel, wie ich im Kapitel »Die Niedertracht gegenüber Toten« noch weiter ausführen werde, nach dem Tod des ägyptischen Pharaos Echnaton oder Amenophis IV.

Niedertracht spürten auch die Vertreter der alten Monarchien, als neue politische Systeme über die Menschen hereinbrachen. Besonders schlecht erging es jenen, in denen der kommunistische Diktator Stalin seine Feinde sah. Er ließ rücksichtslos morden. Ähnliches widerfuhr auch den Gegnern des Nationalsozialismus. Aber auch jene erlebten Niedertracht, die als »gewöhnliche« Menschen an die Legitimität politischer Systeme geglaubt oder dies einfach in gutem Glauben nur hingenommen hatten. Hatten sie Glück, so kamen sie damit davon, daß man sie bloß aus ihren beruflichen und politischen Positionen entließ.

So erging es einem mir bekannten Hochschulprofessor für Mechanik an der Wiener Technischen Hochschule, der 1939 auf eine Stelle berufen worden war, die vorher ein jüdischer Professor eingenommen hatte. Dieser Mann, der selbst keine sonderlichen Sympathien für die Nationalsozialisten hatte, wurde seinerseits nach dem Krieg im Herbst 1945 entlassen, da man sich nicht vorstellen wollte, daß er eine »innerliche Einwendung zur Republik« vollziehen werde.

Probleme dieser Art hatten auch nach der »Wende« von 1989 nicht wenige öffentliche Angestellte der alten DDR. Darüber erzählte mir im Jahre 1993 eine frühere Professorin an der Humboldt-Universität, die allerdings enge Kontakte zu politisch wichtigen Leuten hatte: »Ich hatte damals, 1959, für den Staatssicherheitsdienst, der Stasi, unterschrieben. Und jetzt will man mich als Professorin für Volkskunde eliminieren. Es besteht ein Stück Hoffnung für mich, aber wer weiß. Jeder hofft es trifft den Nachbarn, aber mich nicht. Jetzt werden die verschiedenen Gruppen nach ihrem Fehlverhalten untersucht. Zuerst sind die Professoren dran. Jetzt werden die entlassen, die zum Beispiel früher Studenten aus politischen Gründen hinausgeschmissen haben. Damals relegierte Studenten melden sich jetzt. Der Kampf geht los. Es müssen Gegendarstellungen verfaßt werden und so weiter. Im Vorjahr (1992) habe ich von der Universität erfahren, daß ich wegen meiner angeblichen Zusammenarbeit mit der Stasi belastet bin. Es ist festgehalten, daß ich hinreichende Kontakte hatte. Aber niemand hat durch mich einen Schaden erlitten. Es ist niemand durch mich eingesperrt oder denunziert worden. Aber dennoch habe ich Probleme. Ich habe jetzt mit Studenten ein Kolloquium zur Aufarbeitung der DDR-Volkskunde durchgeführt. Ich habe den Studenten erzählt von meiner Geschichte. Sie waren betroffen, da ich zu ihnen ein enges Verhältnis hatte, andererseits waren sie aber auch Kritiker des Staatssicherheitsdienstes.

Die Studenten haben dann eine Stellungnahme verfaßt, in der sie zum Ausdruck brachten, daß es ihnen nicht gefällt, wie alles jetzt gehandhabt wird. Wenn Leute wie ich ausscheiden, so habe man auch nichts gewonnen, gerade wegen der Aufarbeitung der Geschichte der DDR. Das hat alles nichts genützt. Ich wurde gekündigt. Die Studenten wollten mit mir noch eine Exkursion machen, aber da war ich schon nicht mehr in der Universität. Meine Stelle wurde neu ausgeschrieben. Ich habe mich auch um diese beworben, aber ich hatte keine Chance wegen meiner Vorgeschichte. Ich habe einen Monat Arbeitslosengeld bekommen. Zu DDR-Zeiten war ich pragmatisiert, aber nach dem Einigungsvertrag war es aus damit. Es ist traurig, das Institut, an dem ich studiert habe, an dem ich Assistentin und dann Professorin war, will mich nicht mehr. Ich habe keinen Arbeitsplatz mehr. Es sind nun neue Professoren aus dem Westen an unsere Universität gekommen. In das Hauptgebäude der Universität gehe ich nicht sehr gern. Ich weiß gar nicht, wohin ich gehen soll.«

Die Frau Professor wurde, da sie Kontakte zu einer damals legitimen Institution hatte, aus politischen Gründen eliminiert. Sie verlor ihre Existenz als Angehörige der Universität. Und darunter litt sie. Sie empfand es als Niedertracht, derartig behandelt zu werden, da sie zu den Menschen der alten DDR stets fair gewesen war.

Aufhetzung

Um Menschen zu eliminieren, um sie mundtot zu machen, ist es ratsam, sie in niederträchtiger Weise als Kriminelle zu bezeichnen oder sie zu »stigmatisieren«, wie man in der Soziologie sagt (allerdings finde ich diesen Ausdruck der Stigmatisierung, was soviel wie »Abstempelung« bedeutet, nicht glücklich, da er mir zu eng erscheint).

Politische niederträchtige Eliminierungen gibt es auch in demokratischen Staaten, wenn zum Beispiel mit Erfolg einem Politiker nachgesagt wird, er wäre ein Sexstrolch (siehe dazu das Kapitel »Die Niedertracht durch sexuelle Belästigung: Sexstrolche und Grapscher«).

BÖSEWICHTE

Neben der Vernichtung von Existenzen durch einen rechtlichen Akt, wie es auch bei bei Sokrates und Christus der Fall war, gibt es die systematische niederträchtige Aufhetzung von Gruppen oder einer ganzen Nation gegen einzelne Menschen oder gegen Gruppen, eben im Stile des oben geschilderten Scherbengerichtes. Allerdings können solche Aufhetzungen bis zur Vernichtung der politischen Gegner führen.

Ein klassisches Beispiel ist dafür die Inquisition der katholischen Herrscher während des 15. und 16. Jahrhunderts, als zunächst Juden und Mohammedaner aus Spanien vertrieben wurden. Gerade die Juden wurden zum Gegenstand der Hetze in Schrift und Bild. Darunter hatten sie furchtbar zu leiden, überhaupt wenn man sie als Kinderschlächter, Christusmörder und Antichristen hinstellte. Man fand nichts dabei, sie zu verfolgen und zu töten. Sie waren fast an allem Unglück schuld, das den Menschen widerfuhr. Zerschlug ein Gewitter das Getreide, nachdem Juden durch das Dorf gezogen waren, so waren für die Leute die Juden die Schuldigen an diesem Unglück. Man fand es daher geradezu gerechtfertigt, Juden zu verfolgen. Die Niedertracht traf sie gewaltig. Niederträchtige Hetze traf nicht nur Andersgläubige, sondern auch alle jene, die dem Anspruch von der Gottgefälligkeit der Arbeit nicht entsprechen konnten. Zu ihnen gehörten das fahrende Volk, wie Vagabunden, herumziehende, nicht arbeitende Studenten, Dirnen und all jene Leute, die auf der Straße lebten. Sie erschienen als gefährlich, als Bösewichte, weil sie in den Tag hineinlebten und »den lieben Gott einen guten Mann sein ließen« (vgl. dazu das Kapitel »Die Niedertracht gegenüber Fremden«).

Typisch für die Strategie der Niedertracht gegenüber diesen Leuten ist, daß man an einzelnen Beispielen, die verbreitet werden, zeigen will, welche Bösewichte und Sozialschmarotzer sie sind und man sie mißachten könne. Diese Tradition wird fortgesetzt und zeigt sich immer wieder in verschiedenem Gewand. So wurden auch in niederträchtiger Weise die Rebellen des Jahres 1848, als man für Freiheit und Menschenrechte auf die Barrikaden stieg, verfolgt und hingerichtet, um die alte monarchische Politik weiterführen zu können.

Meister dieser Strategie der Niedertracht finden sich in den dikta-

Die Niedertracht der Politiker

torischen Staaten, in denen ganze Bevölkerungsgruppen und politische Richtungen als Böse und Nichtstuer bezeichnet werden, vor denen man sich zu hüten habe. Meist wird ein krimineller Anlaß, der die Abscheu der Bevölkerung zur Folge hat, konstruiert oder verwendet, um in dieser Weise niederträchtig gegen sie zu hetzen.

Verdächtigungen

Um die Kommunisten, die nach der Machtübernahme der Nationalsozialisten 1933 noch eine Konkurrenz für diese waren, zu treffen, konstruierte man eine besondere Niedertracht. Der Brand des Reichstages, der vielleicht von den Nationalsozialisten selbst gelegt worden ist, wurde einem gewissen Van der Lubbe in die Schuhe geschoben, einem Mann, den man der Welt als üblen Kommunisten präsentierte.

Besonders aktiv bei dieser Niedertracht war übrigens Hermann Göring, der Vertraute Adolf Hitlers, der nun daran ging, die Kommunisten samt und sonders als Bösewichte hinzustellen und ihre Verfolgung zu rechtfertigen. Diese Geschichte vom Reichstagsbrand erinnert an die Niedertracht des Kaisers Nero, der seinen Palast anzünden ließ und dann die Christen beschuldigte, dies getan zu haben. Nero gab damit den Anstoß, aber auch die Legitimation zur Verfolgung und Tötung der Christen, in denen man Bösewichte schlechthin sah.

Ganz dieselbe Niedertracht wandte sich schließlich in voller Brutalität gegen die jüdische Bevölkerung in Deutschland. Auch hier nahm man eine kriminelle Tat her, um eine üble Verfolgung zu rechtfertigen. Im Sommer 1938 hatte in Paris der Jude Herschel Grünspan einen deutschen Diplomaten erschossen. Diese Tat wurde im damaligen Deutschland durch die nationalsozialistische Presse derart aufgebläht, daß sich Nationalsozialisten in »spontaner Kundgebung« berechtigt sahen, jüdische Einrichtungen, Synagogen und jüdische Menschen selbst zu attackieren. Dies ereignete sich in der sogenannten Reichskristallnacht. Synagogen wurden niedergebrannt, jüdische

Geschäfte geplündert und Juden durch die Straßen gejagt – unter dem Gelächter einer verhetzten Masse. Diese Strategie, bestimmten Gruppen kriminelle Handlungen in die Schuhe zu schieben oder solche aufzublähen, wird immer wieder in niederträchtiger Weise eingesetzt, um solche Gruppen zu treffen und sie ins politische Abseits zu drängen. Dies geschieht auch dadurch, daß man zum Beispiel, ohne einen Beweis dafür zu haben, einer Partei unterstellt, aus ihrem Umfeld kämen Leute, die Bomben legen.

Verschwörungstheorien

Um Menschen oder einen ganzen Staatsapparat in Mißkredit zu bringen, werden bisweilen richtige Theorien, sogenannte Verschwörungstheorien, gebastelt.

Jene Leute, die solche Theorien aufstellen, können mitunter richtig militant sein, wie zum Beispiel Gruppen in den USA, die in der scheinbaren Liberalität der USA etwas Übles sehen. Sie sind militaristisch ausgerichtet und entstammen dem Landesinneren.

Solche Herren waren einmal eingeladen worden, in einer bekannten Fernsehshow über ihre Ansichten zu sprechen. Sie waren aus einem kleinen Dorf in den Bergen Montanas mit dem Jeep und dann mit dem Flugzeug nach New York zum Sondereinsatz beim Fernsehen gekommen, um die »Seele der Nation« zu retten. Diese Herren sind Milizionäre, die die Freiheit Amerikas bedroht sehen und, wie die Gründerväter vor über 200 Jahren, bewaffnete Einheiten bilden, um für den sogenannten »Ernstfall« gerüstet zu sein. Sie glauben, ähnlich wie viele andere Amerikaner auch, daß die USA auf dem falschen Kurs sei. Die Freiheit sehen sie von innen durch Liberale, Atheisten, Wohlstandsschnorrer, Politiker und vor allem durch den Präsidenten bedroht. Die Milizionäre geben sich als Freizeitverbände phantasievolle Namen wie »Bewaffnete Bürger für eine verantwortungsbewußte Erziehung« in Kalifornien oder Aktionsgruppe »Freiheit um jeden Preis« in Nevada.

Ihre Strategien der Niedertracht ähneln denen von Gruppen, die in bestimmten Parteien wahre Bösewichte sehen. Nämlich Bösewichte, gegen die so ziemlich alle Mittel erlaubt sind. Um diese Mittel zu rechtfertigen, wie das Sammeln von Waffen oder Terroranschläge, die den Bösewicht in üblen Verdacht bringen sollen, bedient man sich eifrig diverser Verschwörungstheorien. An solchen Theorien sind alle politischen Richtungen reich. Diese erfreuen sich daran, Hinweise darauf zu finden, daß der Gegner mit dem Teufel im Bunde stehe. Dieser Teufel kann eine radikale Gruppe sein, die angeblich ganze Bevölkerungsteile auslöschen will, oder eine solche, die die Weltherrschaft anstrebt, um auf Kosten anderer ein Leben der Macht und Wollust führen zu können.

Und in niederträchtiger Weise bemüht man sich, auf Symbole zu verweisen, die diese Verschwörungstheorie stützen können. So erscheint es manchen Gruppierungen als äußerst verdächtig, wenn Studenten, die ihrer Meinung nach einer bestimmen Partei nahestehen, sich nach alter studentischer Tradition kleiden und Kommerse, wie man alte studentische Trinkrituale nennt, feiern.

In derselben Weise wittern auch die vorher erwähnten wackeren Milizionäre überall Symbole des Teufels, die man bekämpfen müsse. Sogar die Ein-Dollar-Note erscheint ihnen verdächtig, denn auf dieser ist neben der »Freimaurer-Pyramide« der Spruch zu lesen: »Novus Ordo Seclorum«. Das heißt soviel wie »Neue Weltordnung«. Und diese würden die Bösewichte, zu denen der Präsident zählt, anstreben (vgl. Der Spiegel, 1995/5, S. 132).

PROTEKTION

Eine andere niederträchtige Praxis der Politik ist die der Protektion.

Es ist ein weites Feld, das sich hier auftut. Protektion bestimmt die Politik, seit es eine solche gibt. Und alle Gesetze, die die Korruption bekämpfen, nützen letztlich nichts, wenn es gilt, jemanden zu fördern, von dem man mit gutem Grund annehmen kann, daß er kein »Bösewicht« sei: nämlich jemand, der der eigenen Partei angehört. Denn aus Bösewichten bestehen grundsätzlich die anderen Parteien, die zu bekämpfen sind.

Die Protektion ist die Bevorzugung eines Individuums vor einem anderen, ohne daß dieses besser qualifiziert wäre. Aber auch innerhalb der eigenen Partei kann es Gruppen geben, deren Mitglieder angeblich förderungswürdiger sind als die anderen. Der Protektion als Art der Niedertracht bemächtigten sich schon die alten Päpste, die wahre Spezialisten darin waren, ihre eigenen Neffen in hohe Ämter zu hieven; man sprach von »Nepotismus«. Spezialisten waren auch die alten Monarchen, die Leute des Hochadels, auch wenn sie geistig nicht besonders auf der Höhe waren, Leuten aus niederen Ständen bei der Bestellung von Ämtern vorzogen.

Diese Tradition setzt sich auch in modernen Demokratien fort. So weiß ich, daß man bei der Bestellung von Juristen für einen Unabhängigen Verwaltungssenat einer Landesregierung in genau diesem monarchistischen Stil vorging. Um drei Personen sollte dieser aus 40 Personen bestehende Senat aufgestockt werden. Unter den Bewerbern wurden schließlich drei ausgesucht. Zwei der Herren dürften exzellente Juristen sein, doch der dritte hatte eine eigentümliche Qualifikation vorzuweisen. Dieser Mann, Jahrgang 1963, war als Student Mitglied des Vereines S. In seinem Bewerbungsschreiben gab er an: »Großes soziales Engagement, Betreuer eines Patienten-Café, dann Spielplatzanimateur bei den K.«. Auf dem Aktendeckel seiner Bewerbung stand schließlich »...-Intervention«. Der Mann erhielt die Stelle.

Derartige Bemühungen, bestimmte Personen anderen aus persönlichen Gründen vorzuziehen, haben alle etwas mit Niedertracht zu tun. Und sie sind typisch für die Welt der Politiker, die die Welt in gute Menschen und in Bösewichte einzuteilen bereit sind.

7.

Die Niedertracht durch sexuelle Belästigung: Sexstrolche und Grapscher

Sexuelle Belästigungen von Frauen durch mächtige und angesehene Männer gehören wohl zu den klassischen Formen der Niedertracht, besonders wenn sich die Frauen in einem Abhängigkeitsverhältnis zu den Belästigern befinden.

GRAPSCHER AN DER UNIVERSITÄT

Über einen solchen Bösewicht wird 1994 in einer Studentenzeitschrift der Wiener Universität unter der Überschrift »Die Grapscher mit dem Doktortitel« berichtet. Von diesem »Grapscher« handelt ein Flugblatt, das von Studentenvertretern und Studentenvertreterinnen der Politikwissenschaften verfaßt und verteilt wurde. Unter dem Titel »Warnung an alle Frauen« heißt es da: »Aufgrund von Aussagen mehrerer Frauen liegt die Vermutung nahe, daß Dr. N. (Der Name ist der Redaktion bekannt), Assistent am Institut für Politikwissenschaft, wiederholt Frauen sexuell belästigt hat. Bis dieser Sachverhalt nicht wirklich geklärt ist, warnen wir alle Frauen, die Lehrveranstaltungen von Dr. N. besuchen oder in anderen Zusammenhängen mit ihm in Kontakt treten müssen, davor, ihn allein in seinem Sprechzimmer aufzusuchen. Einladungen, Zeugnisse oder Lehrmittel bei Dr. N. in seiner Privatwohnung abzuholen, sollten keinesfalls befolgt werden.« In der betreffenden Studentenzeitschrift wird schließlich auch ein Interview mit einer Studentin gebracht, die mit gutem Grund behauptet, von Dr. N. verbal und körperlich sexuell belästigt worden zu sein. Diese Niedertracht sei in N.s Sprechzimmer passiert, als die Studentin bei diesem etwas abgeben wollte. N. zog die Studentin ins Gespräch. Man sprach über ihre Diplomarbeit – bei Kaffee und Zigaretten. Schließlich machte N. ihr den Vorschlag, sie solle sich mit »geschlechtsspezifischer Symbolik« befassen. In der Folge seien mehrere sexuelle Anspielungen gefallen. So zum Beispiel habe N. auf den Ausruf der Studentin: »Da habe ich ja das Ei des Kolumbus gefunden« geantwortet: »Der Kolumbus hat aber zwei Eier gehabt.« Auch handgreiflich sei N. geworden, so habe er ihr in die Haare gegriffen und den Oberschenkel gestreichelt.

Herr Dr. N. wurde deswegen von einem Redakteur der zitierten Studentenzeitschrift angesprochen. N. meinte, er würde niemals ernstlich Studentinnen sexuell belästigen wollen. Er nehme aber die Betroffenheit der Studentinnen ernst. Und tatsächlich änderte darauf Dr. N. sein Verhalten gegenüber Studentinnen eklatant.

So hat er seine Kontakte zu Studenten und Studentinnen nur auf Sprechstunden beschränkt und empfängt Studentinnen nicht mehr alleine, sondern nur noch zu zweit. Dies wurde ihm aber auch nicht gut ausgelegt, denn in der Studentenzeitschrift heißt es dazu: »So stellt sich aber die Frage, ob ein an der Uni Lehrender, der zu solchen Maßnahmen greifen muß, nicht seinen Beruf verfehlt hat.« Die Situation für Dr. N. war also brenzlig. Er blieb der Bösewicht, als der man ihn bereits im obigen Flugblatt hingestellt hat, gleichgültig, was er tat. In demselben Studentenorgan wird weiter festgehalten, daß die Fälle von sexueller Belästigung, die an die Öffentlichkeit getragen werden, an der Universität keine Einzelfälle wären, denn die Angst der Studentinnen vor einer Behinderung des Studiums sei zu groß. Die Studentinnen sollten genauso wie »Frauen an ihrem Arbeitsplatz« vor sexueller Belästigung geschützt werden können. Den »Tätern müsse das Handwerk gelegt werden – den Grapschern mit dem Doktortitel« (UNI AKTUELL, Zeitschrift der österreichischen Hochschülerschaft, Uni Wien, Nr. 16, 1994).

Die Niedertracht durch sexuelle Belästigung

SEXSTROLCH CLINTON

Der Bösewicht als übler sexueller Belästiger gehört also von den guten Menschen angeprangert. In diesem Sinn sah sich wohl auch die Freundin einer gewissen Miss Lewinsky getrieben, den Sexstrolch Clinton, den Präsidenten der USA, vor aller Welt bloßzustellen. Darüber soll nun erzählt werden.

Die Affäre Clinton mag symptomatisch für die Aktivitäten angesehener Sexstrolche sein, die es offensichtlich als selbstverständlich ansehen, »Frauen an ihrem Arbeitsplatz sexuell belästigen« zu dürfen.

Sexuell belästigt fühlte sich vom Präsidenten auch tatsächlich eine Dame, die im Weißen Haus tätig war. Sie brachte daher eine Zivilklage gegen ihren Herrn und Meister ein. Diese Zivilklage, die am 17.1.1998 ein Verfahren einleitete, brachte eine Lawine ins Rollen. Bei dem Verfahren wurde auch die oben genannte Miss Lewinsky, eine frühere Mitarbeiterin Clintons, ins Gespräch gebracht. Als Clinton gefragt wurde, ob er auch mit dieser Dame sexuelle Kontakte gehabt habe, bestritt er dies unter Eid. Miss Lewinsky, die dem Präsidenten versprochen hatte, über ihre Liaison mit ihm niemandem etwas zu erzählen, hatte sich telefonisch jedoch einer ihrer Freundinnen anvertraut, allerdings unter dem Versprechen, daß diese nichts weitererzähle. Diese Freundin jedoch nahm die betreffenden Gespräche auf Tonband auf und gab sie an die Partei der Republikaner weiter. Die Republikaner waren nun froh, eine Handhabe gegen den »demokratischen« Präsidenten zu haben.

Nun beginnt die Jagd auf Clinton. Er wird wegen falscher Zeugenaussage unter Eid vor den amerikanischen Kongreß gerufen. Die Zeitungen reißen sich um diese spektakuläre Sache und sind hinter Miss Lewinsky her. Schließlich wird sie sogar Star eines Fernsehauftrittes. Clinton ist überrascht über das Verhalten von Miss Lewinsky, die sich nicht an ihre gemeinsame Abmachung gehalten hat, niemandem etwas über ihre sexuelle Beziehung zu ihm zu erzählen. Sie soll sogar zu Clinton gesagt haben, »immer zu leugnen und ihn immer zu schützen«. Er hat jedoch nicht damit gerechnet, daß Miss Lewinsky sich durch ihn gekränkt sieht, als er sich von ihr löst und sie ins Pentagon versetzen läßt. Diese Kränkung hatte sie wohl veranlaßt, ihr Geheimnis zunächst gegenüber der Freundin niederträchtig preiszugeben.

Miss Lewinsky wird gesprächsfreudig, und am 27. Juli 1998 erklärt sie offen, sie hätte sexuelle Kontakte zum Präsidenten gehabt. In der Folge beeidet sie dies noch dreimal, zweimal vor der sogenannten Grand Jury.

Clinton muß schließlich zurückstecken und erzählt am 17. August 1998, also sieben Monate nach seiner eidesstattlichen Aussage im Jänner, daß sein Kontakt zu Miss Lewinsky ein »unziemlich intimer« gewesen sei. Er meinte aber, daß seine Aussage im Jänner richtig war und er keine »sexuellen Beziehungen« zu der Dame hatte, denn Oralsex würde nicht unter die Definition von »sexuellem Kontakt«, wie er ihn verstehe, fallen (siehe dazu o. V., Der Starr-Report 1998, S. 38ff.). Die Aussagen von Miss Lewinsky werden immer peinlicher, so präsentiert sie ihr Kleid, auf dem Spermaspuren auszunehmen waren. Und dieses Sperma sei höchstpersönlich vom Präsidenten. Dieser bestritt dies und ließ sich auf eine Blutuntersuchung ein, die allerdings ergab, daß die verräterischen Flecken nur von ihm stammen können. Immer mehr stellt sich heraus, daß der Herr Präsident gelogen hat und er tatsächlich mit Miss Lewinsky »Sex«, wenn auch nur »Oralsex«, gehabt habe. Die Miss behauptet sogar, sie habe mit dem Präsidenten zehn sexuelle Begegnungen gehabt, acht während ihrer Beschäftigung im Weißen Haus und zwei danach. Bei neun Begegnungen habe sie der Präsident gestreichelt und ihre nackten Brüste geküßt (a.a.O., S. 39ff.).

Diese Aussagen sind im Sinn der Republikanischen Partei, die hofft, Clinton der Lüge zu überführen und ihn so zur Abdankung zu zwingen. Die Niedertracht gegen den Präsidenten führt jedoch nicht zu dem von den Republikanern erhofften Ziel. Weite Kreise der Bevölkerung durchschauen die Niedertracht und sympathisieren mit dem Präsidenten, wie unter anderem auch der kolumbianische Literaturnobelpreisträger Gabriel García Márquez, der in einer mexikanischen Tageszeitung schrieb: »Es ist eine breite und finstere Ver-

Die Niedertracht durch sexuelle Belästigung

schwörung von Fanatikern mit dem Ziel der persönlichen Zerstörung eines politischen Gegners, dessen Größe sie nicht mehr ertragen könnten.« (siehe Wiener Zeitung, 16.1.1999, S. 1)

Für den Präsidenten fand der Angriff der Republikaner, die in ihm einen üblen Sexstrolch und Bösewicht sehen wollen, im Februar 1999 ein zunächst angenehmes Ende. Im amerikanischen Abgeordnetenhaus hatte die Abstimmung hinsichtlich seiner Absetzung als Präsident ein für ihn positives Votum ergeben. Dieses Votum war auch im Sinne der amerikanischen Öffentlichkeit, denn die Mehrzahl der US-Bürger und US-Bürgerinnen hatte ohnehin, wie Umfragen ergaben, das Verfahren gegen den Präsidenten wegen seiner Sexaffären für unnötig betrachtet. Wohl stiegen die Sympathien für Clinton auch durch die offensichtliche Niedertracht der republikanischen Abgeordneten. Schließlich vergab der Präsident in heuchlerischer Weise vor der Fernsehkamera seinen Jägern, da er ja doch gefehlt hatte, als er sich auf Miss Lewinsky einließ. Aber dafür hatte er schon vorher in kriecherischer Art um Vergebung gebeten.

Hierin zeigte sich übrigens die miese Haltung des Präsidenten – dies sage ich als Privatmann –, der einerseits weinerlich um Vergebung hechelt, der aber andererseits früher als Gouverneur keinen zum Tode Verurteilten begnadigte. In menschlicher Kälte sah er über die Demütigung und die Angst von Menschen, die wohl Schuld auf sich geladen haben und die um Gnade bettelten, hinweg. Jetzt lag er selbst einmal am Boden und suchte Vergebung. Hier zeigt sich amerikanische Heuchelei in bester Weise.

Für Miss Lewinsky jedenfalls hatte sich die Sex-Affäre um den Präsidenten gelohnt. Ein großer Fernsehauftritt, in dem sie über ihre Abenteuer mit dem Präsidenten erzählte, brachte ihr Anerkennung. Und schließlich wurde sie zur großen Autorin, deren Buch weltweit in alle möglichen Sprachen übersetzt wurde.

Diese Geschichte um Präsident Clinton verweist auch darauf, daß politisch mächtige Gruppen versuchen, mißliebige Personen mit allerhand Tricks auszuschalten. Eine beliebte Strategie dabei ist wohl, daß man auf sexuelle Abartigkeiten des Gegners verweist. So warfen

Nationalsozialisten in den dreißiger Jahren dem in Ungnade gefallenen SA-Führer Ernst Röhm Homosexualität vor, um ihn schließlich ermorden zu können.

8.

Die Niedertracht der Mächtigen

In anderen Kapiteln zeige ich, wie Niedertracht in diversen Organisationen und vor allem im Büro geübt wird. Überall gibt es Formen der Macht, durch die andere gedemütigt oder hineingelegt werden. Hier will ich ergänzend auf ein paar typische niederträchtige Versuche von Personen und Organisationen eingehen, die über Macht verfügen und denen es gelingt, über andere Menschen in ihrem Sinn zu bestimmen, sie zu demütigen und zu kontrollieren. Dazu gehört auch der alte Adel, der formal zwar nicht mehr über Macht verfügt, der aber daran interessiert zu sein scheint, daß alte noble Formen der Macht zumindest symbolisch im Titel weitergeführt werden.

Die Niedertracht des alten Adels

Eine besondere Niedertracht mächtiger Leute besteht seit Jahrhunderten darin, sich selbst als die besseren Menschen, die Aristoi, zu sehen und diese Vorstellung anderen aufzuzwingen. Die Mächtigen wußten als Adelige geschickt, durch Symbole, wie einen Titel oder eine bestimmte Kleidung, die nur ihnen zustand, die Höherwertigkeit ihres edlen Menschentums zu betonen. Adelig war in der alten Tradition jeder, der Macht besaß oder Zugang zur Macht hatte. Dazu gehörten diejenigen, die als Grundherrn Bauern ausbeuteten und über sie richten konnten, ebenso wie hohe Beamte am kaiserlichen, königlichen oder fürstlichen Hof. Sie alle waren durch bestimmte Privilegien und vor allem durch klingende Namen meist mit dem »von« voran aus der Masse der gewöhnlichen Menschen herausgehoben.

Industriellen mit Geld und Vermögen war es ein leichtes, in den erblichen Adelsstand erhoben zu werden. Auch dieser Adel zeigte an, daß die geadelte Person von noblerer Qualität ist als gewöhnliche

Menschen. Solange der Adel wegen großer Verdienste an die Person gebunden und nicht vererbbar ist, wie zum Beispiel in England, mag dies sinnvoll sein.

Das Problem ist jedoch der alte Erbadel, dem tatsächlich die Vorstellung von einer Zweiteilung der Menschheit innewohnt. Bürger und Bauern führten und führen schon lange einen mehr oder weniger verzweifelten Kampf gegen die Degradierung ihrer Personen. In der Revolution von 1848 schließlich forderte man mit dem Ruf nach Freiheit und Menschenwürde die Abschaffung der alten Niedertracht, wobei man sang: »Fürsten zum Land hinaus«. Die Revolution wurde niedergeschlagen und die alte Aristokratie triumphierte zunächst noch. Allerdings war es in Österreich zur Aufhebung der Grundherrschaft gekommen, der Bauer wurde frei, aber erst 1918 wurde durch das junge Parlament die Aufhebung des Adels gesetzlich festgelegt. Die Privilegien des Adels wurden abgeschafft und das Tragen von Adelsprädikaten verboten. Man ging also zu Recht von der alten niederträchtigen Vorrangstellung des Adels ab, denn Österreich war zu einer Republik geworden.

Aber dennoch versuchen Nachkommen adeliger Familien sehr schlau, diesen republikanischen Akt der Abschaffung des Adels zu umgehen, indem sie meinen, der Adelstitel gehöre zum Namen und sei daher ein Menschenrecht. In Deutschland und anderen Ländern hat man dies auch tatsächlich akzeptiert, was jedoch nicht logisch mit dem Prinzip der Republik in Einklang zu bringen ist.

Vor kurzem erschien das Buch einer Frau W. – ihre Vorfahren und wohl auch sie sahen sich als Adelige –, in dem in alter niederträchtiger Tradition auf dieses Namensrecht verwiesen wird. Die Dame wäre wohl erfreut, könnte sie in der Republik ihr Adelsprädikat weiterführen.

Daß heute noch die Heraushebung sogenannter adeliger Menschen aus der Masse gewöhnlicher Leute von einigen als richtig angesehen wird, zeigt sich in den weiterhin erscheinenden genealogischen Handbüchern, in denen Adelsfamilien penibel dargestellt sind, damit sie sich ihrer Einmaligkeit auch bewußt bleiben.

Die Niedertracht der Mächtigen

Dieser niederträchtigen Strategie bedienen sich übrigens auch feine Ganoven, die sich durch teure Autos und einen noblen Lebensstil vom gewöhnlichen Volk unterscheiden wollen. Es gelingt ihnen sogar, über Adoption zu alten Adelstiteln zu gelangen. Der Adelstitel als Symbol der Macht ist weiterhin interessant, wobei man niederträchtig über die Unlogik der Vererbung des Adelstitels hinwegsieht. Denn mit demselben Recht wie der Titel des Grafen, der zunächst ein reiner Funktionstitel war, könnte auch der Doktor- oder der Professorentitel vererbt werden.

Eitelkeit

Auf niederträchtige Weise sind Mächtige versucht, Ruhm einzuheimsen, der eigentlich ihren Untergebenen gebührt. So ist es in den Büros, in denen der Vorgesetzte von der Emsigkeit seiner Subalternen profitiert, aber auch und vor allem beim Militär. Die einfachen Soldaten müssen das Abenteuer des Kampfes wagen, und der in sicherem Versteck lauernde Befehlshaber, vielleicht ein Herr Graf, erhält die Auszeichnung.

Eine solche Geschichte erfuhr ich von Herrn Lepka aus Kuchl bei Salzburg: »Mein Vater erzählte mir viel über seine Erlebnisse im Ersten Weltkrieg. Unter diesen Erlebnissen war ein besonders niederträchtiges. Mein Vater kämpfte an der Dolomitenfront gegen Italien. Er bekam mit zwei Kameraden, sie waren alle drei Heeresbergführer, vom Kompaniechef das Angebot, mit der großen silbernen Tapferkeitsmedaille ausgezeichnet zu werden (die kleine hatten sie bereits), wenn sie eine italienische Artilleriebeobachtungsstelle erfolgreich ausheben würden. Diese Beobachtungsstelle war von den Italienern derart trickreich angelegt, daß sie das italienische Artilleriefeuer präzise in die österreichischen Stellungen und Nachschubrouten dirigieren konnten. Von der österreichischen Seite aber konnte dieser Posten unmöglich durch Beschuß ausgeschaltet werden. Nur durch eine verwegene Kletterpartie war diesem Beobachtungsstand beizukommen.

BÖSEWICHTE

Die drei Burschen wagten es, zu dem Stand hinzuklettern und führten ihre Aufgabe mit vollem Erfolg durch. Die diesen dreien für ihre Bravourleistung versprochene Auszeichnung nahm schließlich der Kompaniechef alleine in Empfang. Das wagemutige Trio hatte das Nachsehen.«

Diese Thematik ist zeitlos. Sie verweist darauf, wie geschickt Mächtige, die es überall gibt, auf Kosten der »Kleinen« für sich Ruhm und Ehre holen. Ähnlich verhält es sich an der Universität, wo Professoren bisweilen den Ruhm ihrer Assistenten einheimsen. (s. o.)

Die niederträchtige Gewalt der Machthaber

Besonders niederträchtig vermag jedoch die Macht des Staates zu sein. Eine wesentliche Form der Niedertracht eines machtvollen Staatsapparates ist die beinahe absolute Kontrolle über die Menschen und die Verfügbarkeit über sie. In gewissen Staaten, wie dem nationalsozialistischen Gewaltregime, den kommunistischen Systemen, aber auch den USA, geht die Niedertracht so weit, daß es als legitim empfunden wird, Menschen wegen krimineller Delikte zu töten. In barbarischer Weise werden so in den USA, die sich damit erbärmlich erniedrigen, Todesurteile vollzogen. (Als überzeugter Gegner der Todesstrafe haben Staaten wie die USA meine Mißachtung. Sie demonstrieren als Mächtige Niedertracht in aller Widerlichkeit.) Neben den USA läßt mich auch die Praxis in ostasiastischen Staaten, Menschen legal wegen oft eher kleiner Verbrechen zu töten, erschaudern. Das ist wahre Niedertracht.

Spitzel

Ein niederträchtiges Mittel der Mächtigen, um Menschen zu kontrollieren, ist es, ihr Tun durch sogenannte Spitzel ausspionieren zu lassen. Hochkonjunktur hatten Spitzel in Österreich in der Zeit des Vormärz bis zur Revolution von 1848, als der österreichische Staatskanzler Metternich meinte, er müsse den Menschen verbieten, Dinge zu sagen und zu tun, die die Monarchie in Frage stellten. Es dürfte die Erfahrung der Französischen Revolution und der Rebellion der deutschen Studenten nach den Napoleonischen Kriegen gewesen sein, die Metternich Angst einflößte und ihn zu einem niederträchtigen Gegner jedes Freiheitsdenkens machte. Bürger und Studenten litten unter dem Joch der Kontrolle und Bevormundung, sie revoltierten schließlich gegen Metternich und überhaupt gegen die alte Herrschaftsform des Polizeistaates, wie er auf Metternich zurückgeht. Es scheint, daß Metternichs Methoden nicht nur im Kommunismus weitergeführt wurden, sondern auch in den sich als liberal gebenden USA.

ÜBERWACHUNG UND PURITANISMUS

Besonders deutlich wurde dies in den USA, als es in den fünfziger Jahren unter dem Senator McCarthy zu einer Kommunistenverfolgung kam. Zwar ist man von dieser inzwischen abgegangen, doch die Kontrolle gegen Menschen, die nicht angepaßt sind, wird weitergeführt. Trefflich zeigt dies ein Radfahrerkollege – seine Name ist Martin Lischka –, der 1998 eine Fahrradtour durch die USA unternommen und dabei unter kleinlicher Kontrolle gelitten hat. Ich will hier teilweise seine Eindrücke wiedergeben, denn gerade als Radfahrer konnte er die amerikanische Kultur sehr direkt kennenlernen, für die die Überwachung von Menschen typisch zu sein scheint. Herr Lischka nimmt sich daher die Freiheit heraus, die USA als Polizeistaat zu bezeichnen.

Er schreibt in der Radfahrerzeitschrift »Drahtesel«: »Mit Ausnahme der Ukraine habe ich mich in keinem anderen Land derart unfrei und bevormundet gefühlt wie im Land der angeblich unbegrenzten Möglichkeiten. Wer sich erdreistet, in der Wildnis zu wandern, muß eine Erlaubnis kaufen – das ›Wilderness Permit‹. Wanderwege werden gesperrt, weil noch ein paar Stäubchen Schnee darauf liegen.

Tafeln über Tafeln stehen hier am Straßenrand. Die gängigste: ›Privateigentum – kein Zutritt‹. Oder: ›Schnall Dich an, es ist Gesetz‹. In Europa schnallt man sich an, um sein Leben zu retten, in den USA offenbar, um untertänig zu sein.« Der Autor geht schließlich noch auf das Problem Alkohol ein, denn die USA haben die calvinische Tradition anscheinend aus England übernommen, wonach nur der anständige Mensch Vollmensch und Alkohol eine Sache des Teufels ist.

Einschieben möchte ich hier eine kleine Geschichte, die mir passiert ist (vgl. dazu auch das Kapitel »Die Niedertracht der Journalisten und Fernsehleute«). Wie eben schon erwähnt, bin ich regelmäßiger Kolumnist der Wiener Radfahrerzeitung »Drahtesel«. Meine Kolumne beschließe ich jeweils damit, daß ich auf das Wohlsein irgendwelcher Radfahrer ein Glas Bier leere. Darüber haben sich bereits ein paar »anständige« Leser aufgeregt und mir unterstellt, ich wolle Leute zu Alkoholikern erziehen. Andere meinten sogar, ein echter Radfahrer dürfe kein Bier trinken. Darüber entbrannte ein Streit, den ich schließlich damit beendete, daß ich meine Kolumne nun ungefähr so schließe: »Auf das Wohlsein von XY erhebe ich ein kleines Glas mit dem isotonischen Getränk Bier.« Mit dieser Floskel scheinen auch die Puritaner unter den Radfahrern einverstanden zu sein.

Auf diesen Puritanismus geht auch Martin Lischka ein, wobei er gütigerweise auf mein bereits zuvor geschildertes Problem mit dem Bier hinweist: »Viele Restaurants bieten Alkohol erst gar nicht an. Wer auf Tour den bekannten isotonischen (!) Gerstensaft genießen will, muß sich hinter dem nächsten Baum verstecken. Denn Alkoholgenuß im Freien ist verboten. (...) Die alberne Diskussion in der ARGUS (Arbeitsgemeinschaft für umweltfreundlichen Stadtverkehr) um genau dieses Bio-Getränk des Professor Girtler (!) entspricht exakt amerikanischer Verlogenheit. Aber neudeutsch heißt dies: ›Political Correctness‹«.

Und noch etwas Wichtiges sagt Herr Lischka: »Die Scheinheiligkeit und Unmündigkeit der amerikanischen Gesellschaft wäre im Grund unbedeutend. Aber so mancher Unsinn ist schon auf Europa übergeschwappt. Und gewisse Ausländerhetzer setzen auch bei uns auf den Überwachungsstaat amerikanischen Zuschnitts (Lischka 1999, S. 17).« Der Mann hat nicht unrecht, denn tatsächlich macht sich bei uns eine Tendenz breit, die den Menschen hinsichtlich seiner Korrektheit zu kontrollieren scheint. Darauf habe ich oben schon einige Male hingewiesen. Heere von Antirauchern, Antialkoholikern und anderen Spezialisten sind unterwegs, um »lockeren« Leuten auf die Schliche zu kommen. Zu jenen, die nicht als anständig gelten, gehören bereits Raucher und Raucherinnen, aber auch freundliche Nichtstuer. Sie werden als potentielle Schädiger der Nation gesehen. Die neuen Kontrollore menschlichen Handelns haben politische Macht, dies zeigt sich gerade in den USA. Polizei und diverse Sittenhüter spielen hier mit. Es scheint, daß dieser Trend auch bei uns Einzug findet.

Erinnerungen an den klassischen Polizeistaat Metternichs, der sich in seiner ganzen Brutalität gerade im Nationalsozialismus gezeigt hat, werden auch heute wach.

Abhören

Eine besondere Strategie der Niedertracht ist in diesem Sinn das Abhören von Gesprächen privater Personen durch die Polizei. In den USA ist offensichtlich das Abhören eine gängige Methode der Niedertracht. Aber auch in der Europäischen Union denkt man – allerdings unter Ausschluß der Öffentlichkeit – darüber nach, das Abhören zu billigen. Darüber gibt ein Papier Auskunft, das mir zugespielt wurde. Übertitelt ist diese Information mit: »EU-Minister billigen Abhörplan – Enfopol wird Wirklichkeit«. Es heißt dazu :«Wie das in Auszügen vorliegende Dokument Enfopol Rev 2 beweist, haben die Innen- und Justizminister der EU die Abhörwünsche der Europolizisten akzeptiert. Ein EU-Ratsbeschluß steht unmittelbar bevor ...«. Daran schließen sich noch Auszüge aus diversen »Originaldokumenten« vom Jänner 1999 an, aus denen unter anderem hervorgeht, daß die Anforderungen zur rechtmäßigen Überwachung des Telekommunikationsverkehrs in bezug auf Netzbetreiber und Servicearbeiter auch auf neue Technologien wie Satelliten- und Internetkommunikation anzuwenden seien.

Kurzum, so lese ich diese informelle Nachricht, auch in der EU soll der Polizei die technische Möglichkeit eingeräumt werden, Menschen, die ihnen suspekt erscheinen, nicht nur telefonisch, sondern auch elektronisch zu überwachen.

Die EU scheint diese Kontrolle als wichtig zu empfinden, damit der europäische Koloß in Zukunft ohne große Probleme funktionieren kann. Die Anlehnung an die USA wird hier sichtbar. Durch Abhören der Bürger erhofft man sich wohl ein großes Wissen, das für die Regentschaft wichtig sein mag.

Aber auch ohne derartige Beschlüsse dürfte es in Österreich seit jeher üblich gewesen sein, bei Leuten, von denen man sich wertvolle Hinweise erhofft, das Telefon ohne gesetzliche Deckung abzuhören. Bestätigt wurde mir dieser Verdacht von der Niederträchtigkeit der Polizei durch folgende Geschichte. Vor einiger Zeit war ein Herr vor Gericht gestellt worden, der in Wien ein Nachtlokal besaß und dem man vorwarf, er habe Berufskiller gedungen, um einen Russen, der sich offensichtlich in Wien etablieren wollte, aus dem Weg zu räumen. Der Russe wurde nun tatsächlich ermordet und die beiden Täter ausgeforscht. Wegen Anstiftung zum Mord wurde nun der Nachtlokalbesitzer angeklagt. Die Anklage gegen ihn basierte auf seiner Äußerung, man solle den Russen »umhacken«. Dieser Ausdruck wurde vom Gericht mit »ermorden« übersetzt. Der beklagte Nachtlokalbesitzer jedoch meinte, »umhacken« würde lediglich »verhauen« oder »vertreiben« bedeuten. Da ich den Herrn von meinen Forschungen her kannte, schrieb ich für ihn ein ehrliches Gutachten, in dem ich festhielt, in der Gaunersprache würde »umhacken« eben nicht »ermorden« bedeuten, sondern etwas anderes.

Um ganz sicher in meiner Interpretation zu sein, rief ich einen Freund des Angeklagten, der ebenso aus der Welt der Nachtlokale kommt und auf einem Bauernhof in Oberösterreich residiert, an. Ich fragte ihn, ob meine Deutung des Wortes »umhacken« richtig sei und ob er es auch in meinem Sinne gebrauche. Der Herr stimmte mir zu. Bei der Gerichtsverhandlung nun wurde mein Gutachten verlesen.

Dazu meinte ein Kriminalbeamter, daß ich wegen dieses Wortes »umhacken« mit dem Bordellbesitzer X. telefonischen Kontakt gehabt hätte. Er gab also zu, mein Telefongespräch abgehört zu haben. Der Richter meinte dann noch zu dem Angeklagten, daß »der Girtler«, also ich, ihm nur darum so ein Gutachten erstellt habe, weil ich mich in seinem Bordell herumtreibe und er mich regelmäßig zu einem Séparée samt Dame einlade. Der Angeklagte war darüber entsetzt und erwiderte, daß ich, Roland Girtler, nur aus wissenschaftlichen Gründen käme und immer in Begleitung von Studenten, noch niemals sei ich aus Gründen gekommen, die der Richter in unfairer Weise vermute.

Der Herr Bordellbesitzer verteidigte also meine Ehre als Wissenschafter. Aber auch jene Herren, die meine Telefonate mit dem anderen Bordellbesitzer mitgehört hatten, konnten mir nichts Abfälliges vorwerfen.

Ich erzähle diese Geschichte deshalb etwas ausführlicher, weil sie darauf verweist, daß Leute, die Zugang zur Macht haben, vor keinem Mittel der Niedertracht zurückschrecken.

All dies erinnert an die Zeit des Staatskanzlers Metternich, der Menschen überwachen und bevormunden ließ.

Diese Macht der Niedertracht kann, wie wir gesehen haben, von Staats wegen bestehen oder aufgrund gesellschaftlicher Verhältnisse – wie eben jene Macht, die zum Beispiel in den USA von Spezialisten ausgeübt wird, um Raucher, Biertrinker und andere Bösewichte mit Niedertracht zu bedenken.

In Europa werden wir vielleicht auch bald soweit sein, daß Raucher verfolgt und harmlose Biertrinker zu kriminellen Bösewichten gestempelt werden.

9.

Die Niedertracht der Listigen

Hier geht es um Geschichten, bei der gefinkelte Leute, also Listige, andere durch geschickte Täuschung hineinlegen, um so zu einem beträchtlichen Vorteil zu gelangen.

Listen gibt es auf vielen Gebieten: es gibt Kriegslisten, es gibt Listen der Kaufleute, Listen der Ganoven, Listen von Eheleuten, um sich ehebrecherisch zu betätigen, und viele andere, denn List bestimmt das tägliche Leben.

Wesentlich für die List ist, daß sie auf Täuschung beruht. Der, der listig hineingelegt wird, soll glauben, der Listige meine es gut mit ihm und führe nichts Schlechtes gegen ihn im Schilde. Der Listige stellt sich also als jemand anderer dar, der er in Wirklichkeit ist. Der von ihm hinters Licht Geführte sieht sich schließlich als getäuscht.

Listige Politiker

List als Täuschung ist typisch für die Politiker (vgl. dazu das Kapitel »Die Niedertracht der Politiker«). Politiker sind listenreich unterwegs, um anderen klarzumachen, sie würden das Beste für die Gemeinschaft wollen, sie würden für die Rechte der Armen kämpfen oder sie würden sich für irgendwelche dubiose Gruppen besonders einsetzen. List liegt dann vor, wenn es dem Politiker tatsächlich um ganz andere Dinge geht, als er sie predigt, wenn es ihm also vorrangig um Macht und Ansehen geht und er sich dafür listig zu verstellen weiß.

Einer der Listigen in der österreichischen Geschichte war der beim Volk sehr beliebte Erzherzog Johann. Er, der Bruder von Kaiser Franz, hatte keine Chance auf die Thronfolge, suchte aber nach Lobpreisung durch das Bürgertum. Diese erhielt er auch zuhauf, als er die Tochter eines Postmeisters aus Bad Aussee heiratete.

Die Niedertracht der Listigen

Die Studenten feierten Erzherzog Johann, da sie während der Revolution von 1848 meinten, er würde die Interessen der republikanischen Rebellen vertreten. Daher wurde er auch zum Reichsverweser der Nationalversammlung des Deutschen Bundes, dem auch Österreich angehörte, gewählt. Die größten Hoffnungen lagen beim Erzherzog, und man vertraute ihm auch, da er sich mit dem schwarz-rotgoldenen Bande, dem Symbol der deutschen Republik, zeigte und abbilden ließ. Hierin bestand seine besondere List, denn es ging dem Erzherzog nicht um die deutsche Republik, sondern um die konstitutionelle Monarchie.

Heinrich Heine zeigt übrigens in einem Gedicht das wahre Gesicht von Erzherzog Johann trefflich auf. Es heißt in diesem Gedicht, daß er, der Erzherzog, hoffe, bald vor seiner Frau im Kaisergewande zu erscheinen. Heine hatte die listigen Absichten des Erzherzogs, der wohl selbst Kaiser werden wollte, richtig erkannt. Bald erkannten auch die Studenten die List des Erzherzogs, als sie im »Studenten-Courier« meinten, daß der Erzherzog, wenn es ihm mit seiner Sympathie für den Bürger ernst wäre, sich Johann Österreicher nennen müßte und nicht Johann von Österreich. Tatsächlich ließ der Erzherzog seine Nachkommen mit der Postmeisterstochter in den Adelsstand erheben. In einem Aufruf der badischen Bürger vom Juni 1849 wird der Erzherzog schließlich als »heuchlerischer Fürst« bezeichnet, der die Beschlüsse der Nationalversammlung »nur so lange vollzog, als sie den Freiheitsbestrebungen des Volkes ungünstig waren«. Die niederträchtige List des Erzherzogs zeigte sich schließlich darin, daß er keinen Finger für die zum Tode verurteilten Rebellen, wie zum Beispiel für Robert Blum, rührte, aber auch nicht für Hans Kudlich, den Bauernbefreier, der nach Amerika fliehen mußte.

Erzherzog Johann ist ein gutes Beispiel für die niederträchtige List oder Täuschung in der Politik. Dem Volk gibt man sich anders, als man tatsächlich ist.

Allerdings genießt der listenreiche Mensch wohl auch Achtung, allerdings nur bei denen, die durch die List einen Vorteil haben, wie im Falle des Erzherzogs bei deutschen Fürsten. So bedankte sich im

Der listige Unternehmer

Frühjahr 1849 der preußische König beim Erzherzog Johann für sein im Jahre 1848 gegen die Bürger gerichtetes Verhalten.

Hohes Ansehen, jedoch in anderer Weise, genießt bis heute der listenreiche Odysseus, wie er bei Homer in der Ilias und der Odyssee bezeichnet wird. Homer widmete ihm immerhin ein ganzes Buch, ihm, der nicht wegen gewaltvoller Kriegshandlungen seit der Antike bewundert wird, sondern wegen seiner Schlauheit, die andere wieder, wie zum Beispiel der einäugige Riese Polyphem, dem Odysseus ein Auge ausstach, als äußerst niederträchtig ansahen.

Der listenreiche Odysseus und seine Nachfolger

Die wildeste und im alten Griechenland hochgelobte List des Odysseus, die einen ganzen Krieg entschied, nämlich den um Troja, war die

Die Niedertracht der Listigen

mit dem berühmten Trojanischen Pferd. Ein alter lateinischer Spruch erinnert an dieses hölzerne Pferd, das die im Kampf um die Stadt Troja bis dahin erfolglosen Griechen den Trojanern »schenkten«: »Timeo Danaos et dona ferentes« – »Ich fürchte die Danaer (die Griechen) und die Geschenke, die sie bringen.«

Odysseus hatte die listige Idee zu diesem Pferd, nachdem es griechischen Helden nicht gelungen war, trotz kühnen Kampfes die Mauern der Königsstadt Troja, in Kleinasien gelegen, zu überwinden. In dem großen hölzernen Pferd, das die Griechen zimmerten, saßen verborgen griechische Helden. Dieses Pferd ließen die Griechen listig zurück, in der Hoffnung, die Trojaner würden glauben, dieses Pferd sei ein Geschenk an sie, das die Griechen vor ihrer Abfahrt zurückließen. Diese List ging auf, die Trojaner brachten das Pferd in die Stadt. Während der Nacht stiegen die Helden aus dem Pferd und brachten Troja, in das sie sonst nicht gelangt wären, Tod und Verderben, wie es bei Homer im 4. Gesang 273. Vers der Odyssee heißt.

Listig war Odysseus auch, als er, der König von Ithaka, zu seinem Königspalast, der ein großer Bauernhof war, heimkehrte. Er kam verkleidet als Bettler, um listig zu sehen, wie sich die Freier seiner Frau Penelope verhielten. Das einzige Wesen, das Odysseus erkannte, war sein Hund Argos, der in seiner Abwesenheit von den Freiern mißhandelt worden war. Als die Freier Odysseus in der Gestalt des Bettlers sahen, sparten sie nicht mit Spott und Fußtritten. Doch dann gab sich der Held zu erkennen und übte furchtbare Rache, hinter der jedoch kühne List stand.

List in der Art des Odysseus gibt es auch heute. Sie ist allerdings weniger kriegerisch und weniger gewaltsam.

So erinnert an die Kriegslist mit dem Trojanischen Pferd jene Strategie, bei denen Spezialisten in Wirtschaftsunternehmen oder Fabriken eingeschleust werden, um in niederträchtiger Weise Wissen über die Kontaktleute des Unternehmens oder Geheimnisse über die Zusammensetzung von Produkten an die Konkurrenz weiterzuleiten. Hierher gehört die sogenannte Werkspionage, die in ihren Wesenszügen der List des kühnen Odysseus gleicht.

BÖSEWICHTE

Und die List, als Bettler verkleidet, in den Palast einzudringen, findet ihre Entsprechungen in den Tricks von Leuten, die sich absichtlich als Personen minderen Standes ausgeben, um einiges über bestimmte Menschen zu erfahren. So gehört es auch zu meinen Gewohnheiten, mich gegenüber noblen Herrschaften eher als ein Vagabund, ein Mann der Straße, zu geben, um deren Verhalten zu testen. Diese List verschaffte mir bemerkenswerte Einblicke in die Seelen von Menschen. Einige Male passierte es mir, daß ich geradezu degradiert wurde, als man mich in salopper Kleidung sah. Man schenkte mir kaum einen Blick und tat so, als ob ich nicht da wäre. Erst als man erfuhr, daß ich an der Universität lehre, war man freundlicher zu mir. Einmal beschimpfte mich im Park ein Mann, dessen Hund mit meinem Dackel Ärger hatte, als »Proletenarsch« und fügte hinzu, er würde mir eine »in die Fresse hauen«, wenn ich mit meinem Hund nicht an einer anderen Stelle des Parks spaziere. Als der wilde Herr später erfuhr, daß ich doch kein »Proletenarsch« sei, war er geradezu unterwürfig freundlich zu mir.

Durch eine solche Art der Verstellung – Harun ar-Raschid war berühmt dafür – erkennt man elegant das heuchlerische Verhalten von Menschen. Ein weiser Mann hat einmal gesagt: Den wahren Charakter eines Menschen erkennt man erst dann, wenn er zum Vorgesetzten geworden ist. Ich würde den Satz etwas umändern: Den wahren Charakter eines Menschen erkennt man daran, wie er sich denen gegenüber verhält, von denen er glaubt, sie würden ihm weit unterlegen sein.

Durch List läßt sich so etwas feststellen. Auch Odysseus sah dies, als er von den Freiern, aber auch von dem schäbigen Rinderhirten beleidigt wurde. Ihm, dem Bettler, gegenüber nobel verhalten hat sich lediglich der Schweinehirt, den Odysseus auch als edlen Herrn beschrieb. Die Niedertracht der List, die eigentlich keine echte ist, verhilft also die wahre Niedertracht in ihrer menschlichen Heuchelei aufzudecken.

Die Niedertracht der Listigen

Ehebrecher

Voll der Listen ist auch die Göttergeschichte der alten Griechen, allerdings ist die Hauptzahl der beschriebenen Listen auf Ehebruchskandale der Götter und Göttinnen bezogen.

Besonders listenreich hatte Zeus vorzugehen, da er den Zorn seiner Ehegemahlin Hera fürchtete. Seine listenreiche Strategie bestand darin, sich den von ihm erwählten göttlichen und auch weltlichen Gespielinnen in jeweils anderer Gestalt zu nähern, sodaß zumindest Hera ihn nicht erkennen konnte.

So erschien Zeus der Leda als Schwan und zeugte mit ihr in ehebrecherischer Niedertracht zwei Kinder: Aphrodite und Apollo.

Der Königstochter Europa erschien er in besonders raffinierter Weise, die wohl auf seine männliche Zeugungskraft hinweisen sollte, nämlich als Stier. Zeus war, neben anderen Göttern, also listig unterwegs, um sich auf verbotene Weise geschlechtlich zu vermischen.

Diese listenreiche Tradition wird bis heute weitergeführt, wenn Ehemänner zum Beispiel getarnt in ihren Autos auf verborgenen Parkplätzen ihre Freundinnen erwarten oder wenn Ehemänner abends in absonderlicher Kleidung unterwegs sind, um Dirnen auf dem Strich anzusprechen.

Die Listen der Gauner und Wilderer

Besonders viele Listen haben sich durch die Jahrhunderte bei Gaunern und fahrendem Volk angesammelt. Von diesen kündet unter anderem der sogenannte »Liber Vagatorum« von 1510. Er dürfte aus der Gegend von Nürnberg stammen, aus einer Zeit, als mit dem aufkommenden Protestantismus die herumziehenden kleinen Ganoven samt und sonders als üble Menschen betrachtet wurden.

In diesem »Liber« sind, wie ich in einem anderen Buch bereits publiziert habe (Girtler 1998a), die listigen Tricks der Menschen auf der

Straße angeführt, die sie einsetzen, um die braven Bürger zu täuschen, damit sie ihnen etwas abgeben.

Luther schreibt übrigens im Vorwort zu diesem Buch, er wäre von diesen listenreichen Leuten »beschissen« worden (siehe dazu Girtler 1998a, S. 28f.).

Zu den Listen moderner Gauner gehört folgender Trick, den mir die Kriminalpolizei schilderte: Ein oder zwei Damen oder Herren suchen – meist gekleidet wie Monteure oder Arbeiter – alte Leute auf, denen sie erzählen, sie würden zum Beispiel vom Gasamt kommen und sie würden sie bitten, ihnen die Gasanschlüsse oder ähnliches zu zeigen. Der alte alleinstehende Mensch wird auf diese Weise etwas verwirrt und abgelenkt. Die Ablenkung nützen die Gauner, um nach Geld oder Geldtaschen zu suchen und diese zu stehlen. Die Getäuschten kommen oft erst auf die Gaunerei, wenn die Gauner schon weit des Weges sind. Ein listenreicher Gaunertrick ist auch das sogenannte »Chilfern«. Es handelt sich hier um einen Geldwechseltrick, wie ihn Wiener Ganoven heute noch listig, also niederträchtig einsetzen. Dieses Chilfern besteht darin, daß man sich als seriöser Käufer gibt, der in einem kleinen Laden etwas kaufen will. Durch Verwirrung der Verkäuferin gelingt es dem Ganoven, beim Wechseln eines hohen Geldbetrages diese derart listig hineinzulegen, daß er das Geschäft mit mehr Geld verläßt, als er es betreten hat.

Besonders listig waren unter den Gesetzlosen die sogenannten Wildschütze, die in verbotener Weise dem noblen Jagdherrn das Wild wegschossen. Eine ganze Kultur hat sich um diese Wilderer entwickelt, eine Kultur, zu der Listigkeiten gehören, um den Jagdherrn zu täuschen. Eine solche List ist, sich als harmloser Wanderer auszugeben, der allerdings in seinem Rucksack ein zerlegtes Gewehr, den sogenannten Abschrauberstutzen, mit sich führt. Eine andere ist, das Wilderergewehr bei einer Sennerin in deren Hütte in einem Krautfaß, wie es in einem Lied heißt, zu verstecken, während daneben die Jäger Karten spielen.

Eine weitere List der Wilderer besteht darin, im Winter verkehrte Absätze an die Schuhe zu nageln, damit der Jäger glauben solle, die

Die Niedertracht der Listigen

Spuren des Wilderers im Schnee würden darauf hinweisen, daß dieser in die andere Richtung marschiert ist (siehe dazu Girtler 1998b).

Ganoven und Politiker ähneln sich in vielem. Beide üben sich im Erfinden oft niederträchtiger Listen, um für sich zu großem Vorteil zu gelangen. Es erscheint daher als nicht zufällig, daß es gerade unter Politikern nicht wenige Exemplare gibt, die durch listige Geldmanipulationen, die dem Chilfern der Ganoven gleichen, beträchtliches Vermögen anzuhäufen vermögen.

Niederträchtige Listen in Form von Täuschungen durchziehen die Welt, nicht nur die der vorgeblich »bösen« Leute, wie die der gefinkelten Geldwechsler, sondern auch die der sogenannten anständigen Menschen, die ebenso über Tricks verfügen, um Freunde, brave Bürger und liebende Ehefrauen in niederträchtiger Weise zu täuschen.

10.

Die Niedertracht der Beamten

Ämter oder Organisationen, die für das Wohl der Menschen geschaffen wurden, können von großem Segen für diese sein. Sie können sich aber auch voll der Niedertracht zeigen. Unter der Niedertracht von Beamten dürfte auch mein alter Onkel, ein braver Landarzt, gelitten haben. Einer seiner letzten Wünsche war, man möge auf seinem Grabstein unter seinem Namen »Dr. Viktor Schmiedt«, so hieß der brave Mann, die Worte schreiben »Kein Beamter«. Man erfüllte ihm diesen Wunsch nicht.

Mit den Beamten hat es tatsächlich etwas Besonderes auf sich. Ihnen, die auf ein Leben in Ordnung und Frieden zu achten und wohltätige Leistungen anzubieten haben, steht ein ganzes Heer von Ansuchenden, Verlangenden, demütig Bittenden, Klienten und anderes Volk gegenüber.

Sie alle wollen freundlich, entgegenkommend und großzügig bedient und behandelt werden. Allerdings wird ihnen oft nicht in diesem Sinn begegnet.

Die Selbstherrlichkeit

Da der Beamte, anders als der Angestellte in der Privatwirtschaft, nicht abhängig ist von den Klienten, er also durch sie keinen wesentlichen Vorteil hat, sieht er sich auch nicht zu einer besonderen Zuvorkommenheit diesen gegenüber genötigt. Der Beamte verfügt grundsätzlich über Macht gegenüber der ihn begegnenden Welt. Diese Macht kann vielfältig sein, sie kann sich gegen Bürger richten, die sich nicht so verhalten, wie sie es nach dem Gesetz tun sollten, sie kann sich aber auch gegen Eindringlinge, die von den Beamten etwas erbitten wollen, wenden. Schließlich hängt es vom Wohlwollen des Beamten ab, wie die Klienten behandelt werden.

Die Niedertracht der Beamten

Eine mehr oder weniger willkürliche Behandlung des oft demütig sich dem Amt nähernden Menschen ist charakteristisch für Staatsbetriebe aller Art, sowohl in Demokratien als auch in sogenannten totalitären Staaten. Besonders kraß war es in den alten kommunistischen Staaten, wo der Beamte durch den Staatsapparat voll gedeckt war und kein besonderes Interesse hatte, sich für den Vorsprechenden einzusetzen. Die Amtswege waren oft furchtbar und die Wartezeiten für Amtsleistungen ebenso. Der Mensch befand sich in einem dauernden Zustand der Demütigung. Die Arroganz des Beamten war unglaublich. Dies zeigte sich bereits an den Grenzen zu diesen Staaten. Die Schikanen des Übertritts waren schikanös. Man pochte auf Gesetze und die Macht und ließ so die Wartenden wissen, daß sie zur Demut verpflichtet seien, um überhaupt gehört zu werden.

Als ich 1986 die Grenzstation zwischen Ost- und Westberlin zu Fuß passieren wollte, hatte ich aus irgendwelchen Gründen Ärger mit den uniformierten Grenzbeamten, darunter einigen Damen, die mit besonders strengen Blicken meine lockere Art des Umgangs mit ihnen beäugten. Es kam sogar zu einem Wortwechsel, bei dem ich höflich meinte, man könne doch großzügiger sein. Jedenfalls war man verärgert über meine Unbotmäßigkeit. Als ich am nächsten Tag die Grenzstelle erneut passierte, hatte ich einen Blumenstock bei mir, den ich den Beamtinnen mit der Bemerkung überreichen wollte, man solle sich das Leben doch nicht schwerer machen als es ohnehin ist. Ich dachte zunächst, man wäre hocherfreut über diese kleine Geste, doch ich hatte mich getäuscht: als Beamte waren sie an ihre Vorschriften gebunden, und in diesen war kein Platz für derlei Abnormitäten wie eben Blumen.

Wäre ich mit einer Bombe gekommen, so hätte man gewußt, wie man zu reagieren habe. Ich hatte die Beamten also verunsichert. Dies zeigte sich zunächst darin, daß man mich zu einem Offizier schickte. Auch der wußte nicht, was er mit mir und den Blumen tun solle. Er schickte mich nach einigem Nachdenken mit befehlsmäßigem Ton weg. Ich hatte also Mühe, die Blumen anzubringen. Schließlich erbarmte sich eine Beamtin und flüsterte mir zu, ich solle die Blumen für sie in ein verschwiegenes Eck des Dienstzimmers stellen. Dies tat ich auch. Diese Szene zeigte mir die Sturheit eines Beamtenapparates, der dem Menschen eher abhold gesinnt und für den es typisch war, daß der gewöhnliche Bürger sich dem Beamten in Demut näherte. Aber auch in den sogenannten demokratischen Staaten lebt die Selbstherrlichkeit der Beamten, und der Bürger lernt, daß er diesen mit einer gehörigen Botmäßigkeit zu begegnen habe, auch wenn es Möglichkeiten gibt, Beschwerden an eine Dienstaufsichtsbehörde einzubringen. Die Bürokratie, wie sie auch der Soziologe Max Weber beschreibt, übt Macht aus, in der sie sich bisweilen sonnt. Ich sprach darüber mit einer Dame, die im Magistrat der Gemeinde Wien in einer Stelle arbeitet, die mit sozialen Fragen zu tun hat und in der Leute deswegen vorsprechen.

Sie erzählte mir, ihre Kollegen und Kolleginnen würden nicht selten sehr schroff mit ihren Klienten umgehen, um sie auf Distanz zu halten, wodurch ihre heilige Zeit nicht durch zu viel Arbeit unterbrochen wird. Man kann so auf die Heiligkeit der eigenen Person hinweisen, aber sich auch am demütigen Verhalten anderer erfreuen. Eine derartige Demonstration der Macht stärkt das Bewußtsein von der eigenen Wichtigkeit. Die »Partei«, wie im klassischen Amtsdeutsch die vorsprechende oder bittende Person bezeichnet wird, wird sich der eigenen Unwichtigkeit durch den ihre Geschicke leitenden Beamten bewußt.

So erzählte mir die Beamtin weiter: Wenn sich zum Beispiel eine Kollegin oder ein Kollege auf Urlaub befindet und jemand bei ihr oder ihm vorsprechen will, so würde man diesem grundsätzlich keine Auskunft geben und ihn darauf verweisen, die betreffende Amtsperson sei nicht anwesend. Die Partei wird also ohne entsprechende Auskunft weggeschickt, anstatt daß einer der hiergebliebenen Kollegen oder Kolleginnen sich ihrer annimmt, wozu sie eigentlich verpflichtet wären. Man teilt der Partei lediglich mit, daß man sich nicht auskenne, sie solle wiederkommen. Die Dame fügt noch hinzu: »Manchen meiner Kollegen machen Schikanen offensichtlich Freude. Zu den Schikanen gegenüber dem Publikum gehört auch, daß Leute, die nur wenige Minuten zu spät kommen, nicht mehr beachtet werden. Sie müssen das Amt verlassen und am nächsten Tag wiederkommen.«

Die Niedertracht der Beamten

Der gestrenge Staatsdiener

Pünktlich wird das Amt geschlossen. Wenn der erstaunte Kunde ein paar Minuten zu spät kommt, hat er also keine Chance mehr, vom Beamten, der auf dem Weg zum Mittagessen ist, gehört zu werden. Ähnlich verhält es sich auch bei der Straßenbahn. Es kommt nicht selten vor, daß der Fahrer die Türen vor der Nase des herbeieilenden künftigen Passagiers schließt und sich offensichtlich an den Protestbewegungen des verhinderten Mitfahrers delektiert – eben im Sinne der Demonstration der Macht und der Niedertracht.

Das Wartenlassen

Eine der gefinkelsten niederträchtigen Strategien hinterhältiger Beamter ist das Wartenlassen. Man läßt warten, um zu zeigen, daß die Partei es mit einer wichtigen Person zu tun hat. Je länger das Warten andauert, umso mehr versinkt die wartende Person in bisweilen fatalistische Genügsamkeit. Nur in seltenen Fällen, wie eine Beamtin meinte, würde der Wartende seinem Zorn Ausdruck verleihen. Er tut dies grundsätzlich jedoch nicht, da er sich nicht noch mehr Schikanen des niederträchtigen Beamten aussetzen will. Privatgespräche des Beamten am Telefon rechtfertigen diesen sogar, die Partei warten zu lassen. Meine beamtete Gesprächspartnerin meinte noch, sie wundere sich, wieviel sich Vorsprechende gefallen lassen: »Die Partei ist gewöhnlich sehr amtsgläubig und bringt keine Beschwerde gegen den Beamten ein, auch wenn sie dies tun könnte. Man könnte vom schikanierenden Beamten sogar den Ausweis verlangen und gegen ihn vorgehen. Aber wer macht dies schon?« Der Mensch sieht sich also einem bürokratischen Machtapparat gegenüber und hofft wartend und oft auch gedemütigt auf die Huld des Beamten, von dem er sich zum Beispiel die Erledigung eines Schriftstückes erhofft.

Es gibt freilich auch jene Beamten, die sich dem Klienten mit aller Höflichkeit und Freundlichkeit widmen, doch dürften diese in der Minderzahl sein.

Polizei

Besonders deutlich wird das niederträchtige Verhalten allerdings dort, wo die staatliche Macht den Beamten besonders schützt, wie dies vor allem bei der Polizei der Fall ist. Dort steht der Polizist dem zivilen Staatsdiener gegenüber und kann oft willkürlich gegen diesen vorgehen, überhaupt wenn er glaubt, dieser könne ihm gegenüber keine Beschwerden oder ähnliches erfolgreich einbringen.

In diesem Sinn meinte ein Polizist während meiner Forschungsarbeiten bei der Wiener Polizei (siehe Girtler 1982), er würde in Wien lieber Dienst im 2. und 15. Bezirk tun, denn dort habe er es mit Prostituierten, Sandlern (Pennbrüdern) und anderem Volk zu tun; sie alle würden ihm in aller Höflichkeit und Demut begegnen. Nicht gerne würde er hingegen in Grinzing und Sievering Dienst tun, also in den noblen Weingegenden, denn dort sei er mit betrunkenen Ministerialräten, Hofräten und anderen hohen Beamten konfrontiert. Diese würden ihm laufend Schwierigkeiten machen, wenn er sie zum Beispiel wegen des Verdachts der Trunkenheit am Steuer überprüfen wolle.

Die Niedertracht der Beamten

Sie könnten zum Beispiel bei seinem Vorgesetzten anrufen und sich nicht ohne Erfolg beschweren. Gegenüber Leuten dieser Art hat es der Polizist nicht leicht.

Dazu sei eine kleine Geschichte eingefügt, die gut hierher paßt und die mir vor einigen Jahren passiert ist.

Als noch junger Universitätsassistent ging ich eines Abends zu später Stunde, bekleidet mit Jeans und Jeansjacke, durch eine Nebengasse im 7. Wiener Gemeindebezirk. Während ich so ging, blieb neben mir ein Polizeiauto stehen. Ein Polizist stieg aus, besah mich, zeigte auf eine Lache neben einem Haustor und meinte dabei, ich hätte auf den Gehsteig uriniert. Ich beteuerte, nicht der Übeltäter gewesen zu sein. Der Polizist jedoch, unterstützt von seinen Kollegen, beharrte auf seiner Behauptung und meinte, ich solle meine Übeltat nicht bestreiten. Man würde mich nun auf das Polizeikommissariat mitnehmen. Zuvor jedoch verlangte man von mir einen Ausweis. Ich zeigte ihnen meinen Universitätsausweis. Erstaunt nahmen die beiden meine Profession zur Kenntnis und gaben mir den Ausweis mit der Bemerkung zurück: »Dann waren Sie es nicht.« Mit einem freundlichen Gruß fuhren sie ab.

Offensichtlich konnte ich als Universitätsangehöriger nicht der Bösewicht sein, der den Gehsteig für die Erledigung seiner Notdurft beschmutzt hatte. Und außerdem hielt man mich wohl für fähig, nötigenfalls mit Erfolg gegen sie Beschwerde einzubringen. Um keine Schwierigkeiten zu bekommen, gab man mir den Ausweis zurück.

Dieser hatte mich vor der Niedertracht der Polizei geschützt. Ein Stadtstreicher, für den man mich zunächst vielleicht gehalten hatte, hätte es wohl schwerer gehabt, dem polizeilichen Zugriff zu entkommen.

Leicht fällt dem Polizisten ein niederträchtiges Handeln gegenüber Personen ohne soziale Macht, die daher die Heiligkeit seines Vorgehens akzeptieren müssen.

Gerade unter Polizisten finden sich historisch wahre Helden der Niedertracht, überhaupt wenn sie gemeinsam tätig sind und sie sich gegenseitig gegenüber ihren Vorgesetzten decken können. So wird von Polizeiübergriffen bei Vernehmungen und Verdächtigungen berichtet, und Prügeleien scheinen durchaus üblich zu sein. So weiß ich von einer Vernehmung, während der ein des Diebstahls verdächtiger Bursche kein Wort von sich gab, sodaß man ihm ein paar Ohrfeigen verabreichte, um ihn zum Sprechen zu bewegen. Von dieser Behandlung rührte schließlich eine Platzwunde über dem Auge. Diese Wunde begründeten die Beamten ihren Vorgesetzten gegenüber durch den Hinweis, der Bursche habe sich absichtlich von seinem Sessel zu Boden geworfen, um sich zu verletzen und so die Polizisten in Mißkredit zu bringen (siehe dazu Girtler 1982).

Niederträchtig ist das Verhalten von Polizisten bisweilen gegenüber harmlosen Verkehrsteilnehmern, denen gegenüber sie besonders leicht ihre heilige Position als Beamte zu zeigen vermögen – so glauben sie zumindest. Ein beliebtes Objekt polizeilichen Handelns scheinen Radfahrer zu sein. Ein solcher bin auch ich. Einmal fuhr ich über eine Kreuzung, die Ampel war gerade von Rot auf Rot-Gelb gesprungen und die Autos des Querverkehrs waren bereits stehengeblieben. Ich setzte mich weder einer Gefahr aus noch behinderte ich andere. Hinter mir befand sich jedoch ein Polizeiauto, in dem vier junge Polizisten saßen, die sich offensichtlich freuten, endlich einen Radfahrer bei einer gesetzwidrigen Handlung angetroffen zu haben. Sie überholten mich und zwangen mich anzuhalten. Man eröffnete mir, diese Übertretung würde mich den Betrag von 500 Schilling kosten. Ich meinte nun, eine solche Bestrafung wäre »lächerlich«, da mein Verhalten in keiner Weise jemanden gestört habe und ich doch nur knapp bevor die Ampel auf Grün sprang zur Fahrt angesetzt habe. Formal war ich wohl im Unrecht, tatsächlich hatte ich jedoch nicht gegen den Sinn der Vorschrift verstoßen, nach der niemand gefährdet werden soll.

Dieses Argument ließ die Herrn Polizisten ungerührt. Schließlich verlangte man meinen Ausweis. Nun lasen sie, daß ich an der Universität beschäftigt sei. Darauf spielten sie sich noch mehr auf, denn offensichtlich machte es ihnen nun Freude, einen Herrn der Universität bestrafen zu dürfen. Ich ärgerte mich über diese »Sturheit« der Beamten, die zwar nach dem Gesetz im Recht waren, aber nicht einsehen wollten, daß mein Fehlverhalten nur eine Bagatelle war. Nun machte ich die Polizisten meinerseits darauf aufmerksam, daß sie, während sie mit mir redeten, den Motor ihres Autos »rennen« ließen, obwohl dies nach der Straßenverkehrsordnung verboten sei. Nun waren die Herren der Polizei erst recht gegen mich aufgebracht und erstatteten Anzeige gegen mich. Ich hatte letztlich einen sehr hohen Geldbetrag zu zahlen.

Während des Gesprächs mit diesen Herren habe ich übrigens auch auf das Zitat von Goethe verwiesen, in dem es unter anderem gegen jene Leute, die sich kleinlich auf Gesetze berufen, heißt: »Es erben sich Gesetz' und Rechte wie eine ew'ge Krankheit fort, (...) Vernunft wird Unsinn, Wohltat Plage ...«. Dieses Zitat jedenfalls beeindruckte nicht, vielleicht wollten die Herren Gesetzesvertreter es auch nicht verstehen.

Behördliche Niedertracht

Das Berufen auf Rechtsnormen ist eine Spezialität der Beamten, also auch von Polizisten und Gendarmen, ohne Rücksicht darauf, ob dies sinnvoll ist oder nicht. Hier zeigt sich wahre Niedertracht, und eine solche widerfuhr mir. Darüber will ich nun erzählen.

Ich war von freundlichen Damen und Herren des Pfarrkirchenrates von St. Pankraz im südlichen Oberösterreich gebeten worden, mit ihnen eine Ausstellung über »Wilderer – Rebellen im Alpenraum« zu gestalten. Ich sagte freudig zu und bemühte mich, für die Ausstellung allerhand reizvolle Gegenstände zu erwerben; darunter befanden sich auch ungefähr zwanzig Gewehre von früheren Wildschützen. Einige dieser Gewehre waren echte Wildererwaffen, das heißt, sie waren von Wildschützen derart bearbeitet worden, daß man den Lauf abschrauben und so das ganze Gewehr leicht – zum Beispiel in einem Rucksack – verbergen konnte. Nachdem ich diese Waffen besorgt hatte, schrieb ich an die zuständige Bezirkshauptmannschaft und teilte der betreffenden Beamtin mit, daß ich Wilderergewehre für die Wilderer-Ausstellung erworben habe. Ich fragte an, was ich nun tun solle, da ich weder einen Waffenbesitzschein noch sonst eine Erlaubnis, Waffen zu führen, besitze. Ich erhielt darauf eine nichtssagende Antwort, in dem Sinn, man werde sich die Waffen »noch anschauen«. Man hatte also zunächst nichts gegen die Waffen. Diese zierten schließlich über ein halbes Jahr lang die Ausstellung.

Zu den Besuchern dieser Ausstellung, die sogar vom Landeshauptmann persönlich eröffnet wurde, zählten auch hohe Beamte des Innenministeriums und andere noble Leute. Ich dachte, von der Bezirkshauptmannschaft aus würde man einen Weg finden, die Ausstellung der Waffen »abzusegnen« beziehungsweise mir zu erklären, was ich zu tun habe, um über die Waffen verfügen zu dürfen.

Die Ausstellung wurde ein großer Erfolg. Von weither waren viele Besucher gekommen, derart viele, daß die Betreiber der Ausstellung beschlossen, diese nach ihrer Beendigung in einem nahegelegenen Gasthaus in der Form eines Museums weiterzuführen, da die Kultur der Wilderer ein spannendes Thema wäre. Der Pfarrhof, in dem die Ausstellung bis dahin untergebracht war, sollte nun anderen Zwecken dienen. Es mag sein, daß Jäger und hohe Beamte über den Erfolg der Ausstellung verärgert waren, denn schließlich waren die Wildschütze, auch wenn sie bei der »Gebirgsbevölkerung« und vor allem bei den Mädchen hohes Ansehen genossen hatten, Gesetzesbrecher. Als nun die Ausstellung Anfang November 1998 ihre Pforten schloß, kam es zu einem Akt der Niedertracht von geradezu klassischer Dimension.

Ein paar Tage nach Schließung der Ausstellung sollte ein Waffensachverständiger der Gendarmerie die Waffen sehen, dies war so vereinbart. Die Mitarbeiter an der Wildererausstellung und ich dachten, dieser Herr von der Gendarmerie würde die Waffen betrachten – schließlich waren sie im Sinne des öffentlichen Interesses von mir erstanden und ausgestellt worden – und mir oder uns mitteilen, was mit den Waffen zu geschehen hätte, damit sie weiterhin als Museumsobjekte verwendet werden können. Ich war also der Meinung, wir würden gute Ratschläge erhalten. Zu unserer Überraschung erschien offensichtlich auf Wunsch der Bezirkshauptmannschaft ein Herr

Die Niedertracht der Beamten

Sachverständiger vom Landesgendarmeriekommando mit vier Gendarmen und beschlagnahmte ungefähr 14 Gewehre. Der Großteil davon wurde konfisziert, weil diese Waffen offiziell nicht bei der Behörde gemeldet waren, und die anderen, weil sie typische Wilderergewehre waren, die wegen ihrer abschraubbaren Läufe grundsätzlich zu den verbotenen Waffen gehören. Dies alles stellte der Herr Sachverständige fest. Aber statt uns nun die entsprechenden Ratschläge zu geben, wie die Gewehre weiterhin Ausstellungsstücke bleiben könnten, befahl er den anwesenden Gendarmen, die von ihm beschlagnahmten Waffen mitzunehmen.

Von unserer Seite wurde noch versucht, dem Herrn Sachverständigen klarzumachen, daß wir doch bereit sind, auf seinen Wunsch und Rat hin die Gewehre funktionsunfähig zu machen, doch man reagierte nicht auf unseren Einwand. Einige Waffen kamen nun zur Bezirkshauptmannschaft und die verbotenen zum Bezirksgericht. Das Vorgehen der Gendarmerie, das im Einklang mit dem Bezirkshauptmann stand, war von Niedertracht bestimmt. Formal konnte man sich zwar auf entsprechende Gesetzesstellen berufen, jedoch wäre es problemlos gewesen, die Waffen, die über Monate der Öffentlichkeit präsentiert worden waren, entsprechend anzumelden, damit sie weiterhin in unserem Besitz bleiben können. Zum Zeitpunkt dieser Niederschrift, Jänner 1999, liegen die Waffen noch immer bei der Behörde, und dies obwohl ich erklärt habe, ich würde sie amtlich anmelden beziehungsweise funktionsunfähig machen. Inzwischen habe ich wegen dieser Sache, über die auch die Zeitungen schrieben, von seiten der Bevölkerung einige Sympathiebeweise erhalten. Man wundert sich über das Vorgehen der Bezirkshauptmannschaft und der Gendarmerie und beurteilt es als Beweis klassischer behördlicher Niedertracht. Man meint auch, wichtige Leute im Bezirk und hochrangige Jäger wären mit dieser Aktion hochzufrieden gewesen, da die Ausstellung ihrer Meinung nach die Wildschützen, die Helden der kleinen Leute, in nicht zu rechtfertigender Weise dem Publikum viel zu freundlich nahegebracht hat.

Allerdings besteht für mich die Möglichkeit, dieser Niedertracht zu begegnen. Im Juli 1999, nach Einschaltung des Rechtsanwaltes Mag.

Werner Tomanek und einem psychologischen Test, dem ich mich zu unterziehen hatte, erhielt ich die Gewehre zurück.

Personen jedoch, die keine soziale Macht haben und die keine Chance besitzen, wirksam gegen die Niedertracht von Behörden vorzugehen, sind schlecht dran. Zu ihnen gehören die Menschen am Rande der guten Gesellschaft, die »Lumpen von Schicksals Gnaden«. Ihnen bleibt nichts anderes übrig, als sich mit der Willkür der Behörde und ihrer Niedertracht abzufinden. So war ich einmal bei meiner Forschung über die Polizei mit Kriminalbeamten eine Nacht lang in einem Streifenauto unterwegs. Diese machten es sich mitunter gemütlich und kehrten – sie waren in Zivil – einige Male in Gasthäusern zu einem guten Schluck Bier ein.

Da sie auf diese Weise zu keinem nennenswerten polizeilichen Erfolg kamen, nahmen sie in der Früh, als ihre Dienstzeit endete, einen Sandler, also einen Stadtstreicher, unter dem Vorwand fest, er sei ein verdächtiges Subjekt und habe vielleicht etwas gestohlen. Man brachte ihn nun auf das Kommissariat, wo seine Daten aufgenommen wurden und er für einige Stunden im Arrest einsaß. Dem Herrn Stadtstreicher machte dies nichts aus, er ließ dies alles lächelnd über sich ergehen. Er wußte offensichtlich, daß er für die Polizisten eine wichtige Funktion hat, ihnen nämlich als Beweis für ihre rege Tätigkeit als Kriminalbeamte zu dienen. Die Niedertracht der Herren Beamten belustigte den Sandler, so schien es mir als Beobachter.

Versteckte Niedertracht

Aber nicht nur in Staatsämtern muß der Kunde damit rechnen, hineingelegt zu werden, sondern auch in all jenen Organisationen, in denen von Menschen ein Gewinn zu erhoffen ist: zum Beispiel bei Versicherungen, bei Banken oder bei Firmen, die Leuten, die genug Geld haben, dabei helfen, ihr Geld anzulegen. In gewisser Weise ähneln diese Angestellten den Beamten. Bei diesen Geschäften ist allerdings der Umgang mit dem Kunden nicht durch direkte Niedertracht bestimmt, sondern durch eine versteckte. Der Kunde soll das Gefühl haben, er werde hoch geachtet und man wolle das Beste für ihn.

Sieht er dies auch so, so kann man als Angestellter eines solchen Unternehmens den nächsten Schritt tun, nämlich ihn hineinlegen. Darüber sprach ich mit einer Dame, die in einem Unternehmen tätig ist, in dem Bankgeschäfte ebenso laufen wie die Vermittlung von Versicherungen und Immobilien. Es ist darauf ausgerichtet, Leuten beim Anlegen ihres Geldes zu helfen, indem eben bestimmte Geschäfte vermittelt werden. Von dieser Dame hörte ich dies: »Ich verdiene ganz gut. Oft geniere ich mich beinahe, wenn ich den Kunden etwas verkaufe und diese noch nicht wissen, was sie dann alles zahlen müssen an Zinsen und Spesen. Immer habe ich etwas Schuldgefühl, denn meine Kunst ist es ja, die Kunden davon abzubringen, direkt bei der Bank um Kredite anzusuchen. Die Kunden werden also hineingelegt. Das zeigt sich auch in unserer Sprache über die Kunden, die ist ganz lustig. So sagt mein Chef immer: ›Den Kunden drucken wir eine aufs Aug!‹ Dem Kunden gegenüber läßt man es nicht spüren, daß man sich über ihn belustigt. Ich bin immer sehr höflich und rede sie mit allen ihren Titeln an: Herr Doktor, Herr Hofrat und so weiter. Der Kunde muß das Gefühl haben, man will sein Bestes. Und selbst muß man das Gefühl haben, daß man dem Kunden überlegen ist. Sonst kann man ihm nichts verkaufen. Man muß im Gespräch mit ihm unterwürfig sein. Man muß so tun, als ob man alles für ihn machen würde. So bringt man ihn dazu, daß er seine depperte Unterschrift unter den Vertrag setzt, er also dem Kauf zustimmt.

Man muß einen guten Schmäh haben. Man muß das Produkt interessant machen. Man macht dies so, daß man sagt: ›Ich weiß nicht, ob ich Ihnen das Produkt geben kann, es ist vielleicht zu gut für Sie.‹ So macht man ihn sensibel dafür. Der Verkauf ist ein Theaterspiel. Der Verkäufer weiß immer mehr als der Kunde. Der Kunde ist ja blöd. Wichtig ist, daß man eine gute Kommunikation zum Kunden herstellt.

Man braucht drei oder vier Tage Arbeit, bis man den Kunden überzeugt hat. Man verachtet den Kunden sogar etwas. Ich wundere mich oft wirklich über sie. Da kommt ein A-Klient – das ist jemand, der bereits in einer 50prozentigen Steuerprogression drinnen ist, der also über 700.000 Schilling Einnahmen im Jahr hat. Dem drucken wir einen hinein, heißt es dann.«

Also nicht nur in Ämtern, die oft voll der Niedertracht sind, sondern auch in anderen Bereichen, wo man mit Publikum zu tun hat, wird versucht, den sein Glück Suchenden elegant hineinzulegen. Die Niedertracht ist hiebei zwar nicht so offensichtlich wie bei der Behörde, aber sie kann besonders schmerzen, weil sie als solche nicht gleich erkennbar ist.

Versteckte Niedertracht gegenüber Kunden findet sich übrigens auch in der Welt der Prostitution, in der der Kunde der Dirne abwertend und niederträchtig als »Gogl« (vgl. dazu Girtler 1995b) bezeichnet wird.

Niedertracht gegenüber Klienten, Kunden und »Gogln« ist ein weites Thema, wie ich hier zu zeigen versucht habe. Vielfältige Strategien haben sich hier entwickelt, mit denen die Bittenden und ihr Glück Suchenden sich abzufinden haben. Aber letztere entwickeln mitunter auch Gegenstrategien.

II.

Die Niedertracht in Bürokratien – Die Arschkriecherei

Niedertracht gegen Kollegen gibt es nicht nur in der Wissenschaft, sie begleitet den Menschen durch alle Institutionen, Organisationen, Büros, Schulen und Vereine; sie ist überall dort anzutreffen, wo mehrere Menschen durch eine gemeinsame Arbeit oder durch gemeinsame Ideen miteinander hierarchisch verbunden sind, also in sogenannten bürokratischen Organisationen (diesen Begriff fasse ich sehr weit), in denen es Chefs und Untergebene gibt. Als jemand, der für seinen Chef etwas leisten soll, ist der Mensch in einer bürokratischen Organisation mitunter zu einer der unangenehmsten Praktiken der Bürokratie angehalten, um einigermaßen zu überleben: nämlich zur Arschkriecherei und Heuchelei (ähnlich äußert sich auch Thompson 1968, S. 223). So wird vom einzelnen Beamten und Untergebenen geradezu erwartet, daß er sich seinem Vorgesetzten gegenüber devot verhält.

Absicht des Beamten ist es, ohne viel Ärger seine Zeit im Amt zu verbringen, gerade in Hinblick auf seine künftige Pensionierung. Besondere Spezialisten devoter Ergebenheit finden sich bei der Polizei, aber auch beim Militär. Ich habe dies selbst bei meiner Studie über die Wiener Polizei erlebt. Gegenüber den Vorgesetzten war man von geradezu kriecherischer Heuchelei, aber gegen Untergebene und kleinere Ganoven verstand man es, die Heiligkeit der eigenen Person herauszustreichen.

Niederträchtige Kollegen – Schmähungen (»Mobbing«)

Für das Leben in Büros, aber auch in ähnlichen Einrichtungen, wie in Schulen, Kasernen, Gefängnissen und anderen Bereichen, in denen

Menschen miteinander in mehr oder weniger engem Kontakt stehen, sind Schmähungen und Demütigungen durch Kollegen und Kolleginnen geradezu charakteristisch. Besonders niederträchtig sind solche Schmähungen allerdings dann, wenn vor allem in Büros so getan wird, als ob Vorgesetzte und Mitarbeiter in freundschaftlicher Weise miteinander verkehren würden.

Diese falsche Freundschaftlichkeit wird zum Beispiel dadurch angezeigt, daß man zueinander »Du« sagt und sich mit dem Vornamen anspricht. Tatsächlich jedoch bestehen strenge Hierarchien, und die »kleinen« Angestellten müssen mit Gemeinheiten der Mächtigen und Kollegen rechnen.

Es sind offene und versteckte Schmähungen, also Erniedrigungen, die in Büros und anderen Bereichen die Menschen kränken können.

Für ein solches niederträchtiges Verhalten hat ein gewisser Dr. Heinz Leymann das wenig schöne Wort »Mobbing« erfunden, das geradezu zu einem Modewort wurde. In diesem steckt das englische Wort »mob« für »Pöbel«, es läßt sich mit »anpöbeln« o. ä. übersetzen. Ich gestatte mir, anstelle des eher langweiligen Wortes »Mobbing« das Wort »Schmähung« oder »Schmähungen« zu verwenden. Und ich hoffe in aller Bescheidenheit, daß der geneigte Leser oder die geneigte Leserin diesen Begriff »Schmähung« anstelle von »Mobbing« für gut empfinden und vielleicht für sich übernehmen möge. Schließlich deutet meines Erachtens »Schmähung« in geeigneter Weise – mehr als »Mobbing« – auf die damit verbundene Niedertracht hin. Das Zeitwort »schmähen« leitet sich vom mittelhochdeutschen »smœhen« ab, was soviel bedeutet wie »verächtlich behandeln«. In ihm steckt auch das althochdeutsche Wort »smāhi« für »gering, niedrig und verächtlich«. Der Schmähende will also sein Opfer erniedrigen und demütigen (vgl. Kluge, 1960. S. 661).

Die von der Niedertracht der Schmähung betroffenen Menschen sind Leidende. Nach einer Statistik leiden Angestellte im Büro vor allem unter der Niedertracht des »Schimpfens hinter dem Rücken«. Tatsächlich sollen sich auch 96 Prozent aller Schmähungen, also »Mobbinghandlungen«, auf dieses Schimpfen beziehen. An zweiter

Die Niedertracht in Bürokratien

Der schmähende Vorgesetzte

Stelle folgen »abwertende Blicke oder Gesten« (88 Prozent), dann »Kontakt- oder Gesprächsverweigerung durch Andeutungen« (86 Prozent). Auf Rang 16 rangiert »Anschreien und lautes Schimpfen«. Eine Reihe von Krankheiten psychosomatischen Ursprungs stehen angeblich mit diesen Formen der Niedertracht am Arbeitsplatz in Verbindung (die Statistik stammt von Beckers/Mertz, 1995).

Personalvertreter, Funktionäre und vor allem Gewerkschaften versuchen jedoch, aufgrund derartiger Erkenntnisse den Schmähungen – dem »Mobbing« – zu begegnen. Allerdings ist es fraglich, ob Aktivitäten dieser Art tatsächlich von Erfolg begleitet sind (vgl. GÖD 1999, S. 24ff. u. Zapf/Knorz 1995).

NIEDERTRACHT DER VORGESETZTEN

Die besondere Niedertracht von Vorgesetzten zeigt sich dadurch, daß der Angestellte unter Druck gesetzt wird, er müsse die Organisation verlassen, wenn er nicht entsprechend »spure«, ehrerbietig sei oder krieche.

BÖSEWICHTE

Besonders übel kann in Büros die Niedertracht der Vorgesetzten gegenüber Untergebenen – ein treffliches Wort – sein. Die Untergebenen üben sich daher mitunter in der Arschkriecherei, die jedoch auch nicht immer von Nutzen ist.

Angestellte, die schwer zu kündigen sind, die der Chef jedoch »loswerden« will, überzieht dieser mit Niedertracht, damit sie freiwillig das Feld räumen. Solchen zunächst Kündigungsunwilligen wird plötzlich zum Beispiel vorgeworfen, sie seien faul, führen unerlaubt Privatgespräche und ähnliches. 37 Prozent aller Quälereien im Büro werden daher von oben nach unten geführt, meist eben mit dem Ziel, daß die betreffenden Untergebenen ihren Arbeitsplatz räumen. In der Zeitschrift »Der Spiegel« wird diese Art der Niedertracht des Vorgesetzten als »Bossing« bezeichnet. »Der Spiegel« berichtet darüber im Jahr 1995 aufgrund einer psychologischen Untersuchung, die die Berliner Diplom-Psychologin Rita Elisabeth Metzner durchführte, daß dies vor allem in den neuen Bundesländern vorkomme. Es gebe dort richtige »Rausekel-Programme«, mit denen Chefs aus dem Westen Belegschaften des Ostens abbauen. So wird von einem Versicherungsvertreter berichtet, der darüber klagte, daß er »plötzlich nur noch abgegraste Bezirke zugeteilt bekam«. Er willigte in seine Entlassung ein.

Die Bossing-Methoden reichen vom Betrugsvorwurf bis hin zum »sozialen Lynchen« – dabei wird der Betreffende solange als unfähig hingestellt, bis er den Druck nicht mehr erträgt. Die Leute sollen rausgebissen werden, dabei ist jedes Mittel recht. Man hält dem, den man weghaben will, zum Beispiel vor, er würde häufig zu spät kommen, seine Spesenabrechnungen würden nicht stimmen, seine Krankmeldungen hätten Formfehler und anderes mehr. Schikanen dieser Art sind lästig und setzen die Angestellten mitunter Situationen aus, bei denen sie sich selbst gegenseitig rausbeißen (vgl. Der Spiegel 5/1995, S. 111f.).

Besonders niederträchtig ist es also, den Mitarbeiter durch allerhand Schikanen zu provozieren, damit er das Feld räume, um einer erwünschten Person oder einem Protektionskind Platz zu machen.

Die Niedertracht in Bürokratien

Niederträchtige Entlassungen

Voll der Niedertracht sind große Wirtschaftsbetriebe, in denen es um gewaltige Gewinne, um Vorteile auf dem Markt und um angebliche Rationalität des Wirtschaftens geht – dies freilich auf Kosten der Menschlichkeit. Genau darüber beklagte sich mir gegenüber ein pensionierter Herr, der in einer großen Forstverwaltung tätig war. Diese sei heute voll der Niedertracht, meinte er und erzählte: »Die Forstverwaltung, in der ich tätig war, war vor der heutigen Globalisierungswelle ein stolzer Betrieb mit vielen Arbeitnehmern. Sie war Brotgeber für ganze Generationen. Jetzt durch die Reformen ist die Forstverwaltung zu einem bloßen Managerbetrieb geworden. Waren früher die Beschäftigten bei diesem Betrieb mit Leib und Seele Forstmänner aus Berufung, so ist heute das Jobdenken in den Vordergrund gerückt. Es geht nur mehr um Profitmaximierung. Der Wald ist geduldig, erst nach zwei Menschengenerationen merkt man die fatalen Auswirkungen. Die heutigen Manager können dann nicht mehr zur Verantwortung gezogen werden. Dann gehören sie auch schon zum Totholz.

Jetzt wurde die Belegschaft um 33 Prozent reduziert und alle Frauen über 50 und Männer über 55 aus dem Betrieb entfernt. In amerikanischer Weise wurde der Betrieb saniert, man nennt das ›Over Head-Kosten‹ oder Köpferollen. Profit und Kapitalismus diktieren nun auch bei uns die Beschäftigung mit dem Wald. Die so entstandene Arbeitslosigkeit interessiert die Manager nicht, auch nicht, daß für viele dieses Ausscheiden aus einem geliebten Berufsleben seelische Leiden schafft. Man sieht sich wertlos ins Eck gestellt. Wichtig sind für die Herren da oben die Statistiken, denn in diesen scheinen die nun Freigesetzten als Pensionisten auf und nicht als Arbeitslose. Es ist eine Niederträchtigkeit, wie mit den älteren Forstleuten, die ihren Beruf liebten und sich für ihn aufopferten, umgegangen wird. Die Vorgangsweise der Verantwortlichen des Betriebes beim Hinauswurf nach amerikanischer Art war sehr freundlich und sehr lobend nach außen, tatsächlich aber hartherzig und brutal. Es ist nun ein Klima eingekehrt, welches die Betroffenen nicht verstehen. Klare Worte fand man nicht.

Der Gipfel der Niedertracht war die Tatsache, daß viele ehemalige Forstmänner, die man nun entlassen hatte, im nachhinein schlechtgemacht wurden und ihre langjährige Tätigkeit in den Dreck gezogen wurde. Auch mir erging es so. Einer, der neu zu dem Betrieb gekommen war – nach meiner Pensionierung – kommentierte meine laufend positiven Ergebnisse an meiner Arbeitsstelle, der ich vorstand, mit folgenden hinterlistigen Worten gegenüber dem dortigen Betriebsrat so: ›Die Ergebnisse des Herrn S. sind nur durch Machenschaften (also durch Betrug u. ä.) zustande gekommen.‹ Und beweisen könne er dies ohnehin. Das ist ganz übel, was der Mann da in Umlauf gesetzt hat. Ich kann mich dagegen nicht einmal wehren. Würde ich zu Gericht gehen, niemand würde aus Feigheit dafür als Zeuge gehen.«

Der Mann ist entsetzt über die Niedertracht der obersten Herren des Betriebes, die im Vorstand sitzen und für die es nur um den Profit geht. Eine Niedertracht, die sich in einer Heuchelei gegenüber den Altgedienten äußert, denen man zunächst vorgegaukelt hat, wie wichtig für den Betrieb Änderungen in der Struktur wären. Alle würden davon profitieren. Dies teilte man den erfahrenen Forstmännern voll der Hinterlist in Konferenzen mit, die in vornehmen Hotels stattfanden. Erst später ging ihnen ein Licht auf, und sie mußten sehen, daß die Aktionen der Firmenspitze sich gegen sie richteten. Und auch mußten sie sehen, wie jüngere, offensichtlich gefügigere Kräfte eingestellt wurden, deren Praktiken nicht nur in Arschkriecherei bestanden, sondern auch in Versuchen, die langgedienten Forstmänner bei ihren früheren Untergebenen schlechtzumachen. Dies entsetzte unseren Forstmann, aber auch seine Frau, eine aus dem Kulturkreis der USA stammende liebenswürdige Dame, die übrigens den Betrachtungen ihres Mannes mir gegenüber noch hinzufügte, daß gerade in Österreich die Arroganz in derartigen Betrieben groß und die Solidarität unter den Betroffenen klein sei.

Aber über allem steht die Niedertracht, die die Leute begleitet.

Die Niedertracht in Bürokratien

Das Aufhetzen gegen angebliche Bösewichte

Die Chefs von Organisationen und Gruppen setzen also auf Strategien der Niedertracht, um mißliebige Leute hinauszuekeln und so die eigenen Machtansprüche zu sichern.

Solche Rituale der Niedertracht gibt es in Schulen und Büros, wenn Personen vor anderen durch den Lehrer oder den Chef gedemütigt werden. So war es in Klosterschulen üblich, Burschen, die den geistlichen Herren unsympathisch waren, durch allerlei Demütigungen vor der Klasse bloßzustellen. Die so Gedemütigten ahnten dann wohl, daß man sie bald aus der Schule werfen würde.

Demütigungsrituale dienen dazu, die Mehrheit gegen einzelne aufzuhetzen, sie schlechtzumachen, um selbst als geheiligte Personen unangetastet anschaffen und regieren zu können. Der Chef versucht also seine Macht dadurch zu stärken, daß er Verbündete sucht und den Gegner schlechtmacht. Der Gegner wird so zum Bösewicht, den man gemeinsam auszuradieren hat.

Eine solche Strategie ist typisch für Organisationen jeder Art; auch an der Universität geht man bisweilen dermaßen niederträchtig vor.

Niedertracht gegenüber dem Chef und dem Neuen

Wie oben schon einige Male angerissen, sind Personen, die gemeinsam an einer Sache und zumeist unter einem Dach, sei es das eines Bürogebäudes oder das einer Universität, arbeiten, besonders dafür anfällig, im Konkurrenten und Mitarbeitenden Böses zu vermuten, ihm Hinterlistigkeiten zu unterstellen oder in ihm einen bösen Zeitgenossen zu vermuten. Hiebei ist der Spott oder das Bespötteln von großer Bedeutsamkeit, vor allem im Rücken des Opfers, sodaß dieser kaum etwas vom Spott erfährt. Darüber sprach ich mit einer Dame, die im Bankgeschäft tätig ist. Sie erzählte mir über einen Chef, der ihrer und ihrer Kollegen Meinung nach nicht für seine Position geeignet ist: »Dieser Mann ist einer unserer Bosse, er gehört der ersten

BÖSEWICHTE

Ebene an. Wir wollen ihn nicht, weil er durch höhere Einflußnahme, er ist der Neffe des Bankdirektors, seinen Job bekommen hat. Er sitzt auf einem Platz, auf den er eigentlich nicht hingehört. Für die meisten von uns ist er ein Ignorant. Zum Beispiel verspricht er einem Verkäufer von uns für einen Kunden einen Rabatt. Solche Versprechen kann er aber oft nicht halten, da er sich im Haus nicht durchsetzen kann. Er verspricht also etwas und setzt es nicht durch. Offiziell wird dieser Mann nicht von irgend jemanden zur Rede gestellt. Er wird also nicht öffentlich kritisiert.

Die Kritik an ihm geht über Intrigen. Und zwar wenn wir informell zusammenkommen, reden wir über die Chefs. Wir informieren uns gegenseitig: mit dem einen Direktor kannst du gut reden, den anderen soll man eher meiden, und mit dem anderen wieder kann man nicht zusammenarbeiten, man kann höchstens zu ihm sagen: Grüß Gott, das ist alles. Bei der Weihnachtsfeier zum Beispiel kann man über die einzelnen Chefs alles mögliche erfahren. Wenn einer durch Protektion zu seinem Job gekommen ist, der ist immer verdächtig, überhaupt, wenn er unfähig ist. Es gibt viele Unfähige da oben in den Chefetagen. Es ist also nicht die Leistung, sondern die politische Protektion, die Leute zu Chefs macht. Und das ärgert die anderen. Vorgesetzte werden oft eingekauft.«

Der »eingekaufte« Vorgesetzte erscheint als gefährlich, zumal er vom Inneren das Betriebes nicht viel weiß, er ist auf Informationen der alten Mitarbeiter angewiesen. Aber diese können ihm das Leben schwermachen, wie die Dame weiter erzählt: »Man ist höflich zu einem solchen Chef, aber man gibt nicht alle Informationen an ihn weiter.«

Der Chef wird schließlich zum Gegenstand des Spottes, wenn es ihm nicht gelungen ist, die Distanz zu den Mitarbeitern abzubauen. Darüber weiß unsere Dame: »Manchmal ist der Chef der Depperte. Oft geht er schon zu Mittag, was eigentlich nicht ganz legal ist. Er sagt, er hat Termine, aber in Wirklichkeit geht er, das wissen wir inzwischen, in eine Schlosserei, dort arbeitet er, das ist sein Hobby. Wir machen uns daher lustig über ihn. Es kontrolliert ihn ja keiner.

Die Niedertracht in Bürokratien

Eigentlich ist es ganz gut, daß er weniger arbeitet, denn er macht viel Blödsinn. Ich sitze mit Kollegen auf der einen Seite einer Trennwand, auf der anderen Seite sitzt unser Chef. Wenn er drüben redet, zeigen wir uns den Vogel und äffen wir ihn nach. Wir machen uns lustig über ihn. Er bemüht sich aber um uns, da wir für ihn wichtig sind. Ohne uns könnte er nichts machen. Er ist der einzige Nichtakademiker. Wir sind etwas hinterlistig ihm gegenüber. Bei fachlichen Problemen kennen wir uns besser aus als er. Er hat daher Angst vor uns. Ich ärgere den Chef gerne, denn er hatte gewisse Pflichten zu erfüllen, was er aber nicht tut. Ich frage ihn daher öfter: ›Haben Sie das oder das schon erledigt? Ich muß das wissen, es ist wichtig für meine Arbeit.‹ Auf diese Weise ärgere ich ihn etwas. Auch mit meinen Informationen bin ich sparsam. Meine Informationen gebe ich nur selektiv weiter, man muß nicht alles sagen, was man weiß.«

Das Zurückhalten von Informationen vor allem gegenüber den Chefs ist typisch für alle Bereiche, in denen Menschen durch ein gemeinsames Tun miteinander verbunden sind und in denen es eine Über- und Unterordnung, also heilige Hierarchien, gibt.

Dies ist so in Ämtern, aber auch bei der Polizei. Als ich meine Feldforschung bei der Wiener Polizei durchführte, durfte ich auch an sogenannten »Planquadraten« teilnehmen, bei denen eine Gruppe von Polizisten einen bestimmten Bereich der Stadt genauest durchstreift und nach allerhand Übertretungen Ausschau hält. Dabei werden in bestimmten verrufenen Gasthäusern die dort weilenden Gäste »perlustriert«. Geleitet wird das Planquadrat von einem Polizeijuristen. Diese Polizeijuristen sind meist junge Leute, die »frisch« von der Universität zur Polizei kamen, denen also die Erfahrung der langdienenden »kleinen« Polizisten fehlt. Da diese Akademiker im Polizeidienst mitunter von einiger Arroganz gegenüber den Untergebenen sind, sind letztere bisweilen erfreut, wenn ihr gescheiter Vorgesetzter sich blamiert.

So war es, als ich mit den Polizisten ein Gasthaus betrat. Voran marschierte mit forschem Schritt der Polizeijurist. Er beäugte die an den Tischen sitzenden, potentiell verdächtigen Personen. Sein Auge blieb an der olivgrünen Hose eines jungen Mannes hängen. Er behauptete selbstsicher, diese Hose wäre eine Hose des Bundesheeres. Er kenne das genau. Der Bursche wurde aufgefordert, mit zum Streifenwagen zu kommen. Die »kleinen« Polizisten, die sich im Hintergrund gehalten haben, meinten leise zu mir, der Herr Polizeirat irre sich, denn Bundesheerhosen würden gänzlich anders aussehen. Ich fragte einen der Polizisten, warum er dies nicht dem Herrn Polizeijuristen mitteile. Er antwortete mir, es schade diesem nicht, wenn er »danebenhaue«. Das sei eine Lehre für ihn. Ich sah den Polizisten an, daß sie sich heimlich an dem Irrtum des Herrn Offiziers erfreuten. Und keiner dachte daran, Informationen an ihn weiterzugeben. Schließlich bemerkte der Herr Jurist mißmutig seinen Irrtum. Die beiden Polizisten nickten bloß, mit ernster, beinahe unbeteiligter Miene.

Der mißliebige Vorgesetzte wird also bisweilen hängengelassen. Das scheint den Mitarbeitern offensichtlich Freude zu machen, wie mir obige Dame erklärt: »Unsere Leistungen sind an den Umsatzziffern meßbar. Und an denen wird auch der Chef gemessen. Er braucht uns also. Irgendwie sind wir dem Chef gegenüber sadistisch. Jeder Mensch hat etwas Sadistisches in sich. Der Mensch lebt sich sadistisch aus, wenn er dazu die Chance hat und es leicht geht, wenn man sich nicht selbst schuldig deswegen macht in zu großem Maße.«

Aber nicht nur der neue Chef wird als Problem gesehen, sondern auch der neue »Mitarbeiter«, überhaupt wenn er sich gegenüber den anderen hervortun und sich nicht bescheiden einordnen will: Er wird zum Gegenstand der Niedertracht.

12.

Die Niedertracht der Verräter und Verleugner

Die klassischen Formen der Niedertracht schlechthin sind der Verrat und die Täuschung.

Die Figur des Verräters durchzieht in ihrer Niedertracht die Geschichte und ist im Alltag gegenwärtig.

Der Verräter als jemand, der Informationen über Freunde, Bekannte und Kollegen weitergibt, die diesen schaden können, oder als jemand, der die Gutgläubigkeit anderer zu seinem Vorteil nützt, ist geradezu ein Symbol der Niedertracht. Ihn findet man überall, in den Schulen, im Gefängnis und unter Kollegen.

Der Verrat hat viele Gesichter: er kann sich gegen den Freund richten, der auf die Hilfe des Freundes hofft und enttäuscht wird, gegen den Feind, dem man Gnade zugesagt hat und sie nicht hält, gegen den Freundschaftsbund, dem man die Treue nicht hält, gegen die Ehefrau, die man mit anderen Damen betrügt, gegen einen Kumpanen, dessen Geschichten ohne seine Erlaubnis weitererzählt werden, gegen Damen, die von ihrer Kaffeerunde hinterrücks »ausgerichtet« werden, gegen Mitschüler, deren Schwindeltricks dem Lehrer mitgeteilt werden, gegen Gefangene, deren Ausbruchspläne Kollegen den Aufsehern berichten, gegen den Freund, den man gegenüber anderen nicht zu kennen vorgibt, und gegen viele andere Menschen, die ihre Geheimnisse haben, um überleben zu können, oder die schlicht von anderen in Ruhe gelassen werden wollen – sei es von der Polizei oder anderen wohlmeinenden Zeitgenossen.

Die drei Formen des Verrates

Im Matthäus-Evangelium sind die vielen Formen des Verrates auf drei reduziert. Es lohnt, kurz auf sie zu verweisen. Es war nach dem letzten Abendmahl, als Jesus mit den Jüngern auf den Ölberg ging und zu ihnen sprach: »In dieser Nacht werdet Ihr alle Ärgernis nehmen an mir.« Petrus aber antwortete: »Wenn sie auch alle Ärgernis nehmen, so will ich doch niemals Ärgernis nehmen an dir.« Doch Jesus sprach zu ihm: »Wahrlich, ich sage dir: In dieser Nacht, ehe der Hahn kräht, wirst du mich dreimal verleugnen.« (Matthäus 26, 31ff.)

Nach einer Zeit »kam Judas, und mit ihm eine große Schar mit Schwertern und mit Stangen, die von den Hohepriestern und Ältesten des Volkes beauftragt war. Er trat zu Jesus und sprach: Sei gegrüßt Rabbi! Und küßte ihn.« (Matthäus 26,69) Dies ist der erste Verrat in dieser Geschichte. Judas wird für diesen Verrat bezahlt, aber er wird mit dem Verrat nicht fertig und erhängt sich. Nun wird Jesus verhaftet, jetzt verlassen ihn seine Jünger, weil sie Angst haben, daß auch ihnen etwas passiert. Das ist der zweite Verrat. Nur Petrus folgt dem Zug aus der Ferne. Während Jesus verhört wird, sitzt Petrus im Hof des Palastes. Es heißt in der Schrift: »Da trat eine Magd zu ihm und sprach: Und du warst auch mit dem Jesus aus Galiläa. Er leugnete aber vor ihnen allen und sprach: Ich weiß nicht, was du sagst.« (Matthäus 26,69) Noch zweimal wird Petrus auf Jesus angesprochen: »Da fing er an, sich zu verfluchen und zu schwören: Ich kenne den Menschen nicht. Und alsbald krähte der Hahn. Da dachte Petrus an das Wort, das Jesus zu ihm gesagt hatte. (...) Und er ging hinaus und weinte bitterlich«. (Matthäus 26,74f.) Das ist der dritte Verrat. Petrus war zwar mutiger als die anderen Jünger, aber auch er genierte sich, zuzugeben, daß er Jesus kenne.

Diese drei Formen des Verrates, die Christus erfahren hat, sind in ihrer Niedertracht charakteristisch für das menschliche Leben überhaupt.

1. Der Verrat des Judas

Der Verrat des Judas, der gegen Geld einen Menschen, den man für gefährlich hält, den Häschern ausliefert, tritt in vielfältiger Weise auf. Bei dieser Form des Verrates geht es um Macht. Um Macht ging es

Die Niedertracht der Verräter und Verleugner

den Hohepriestern im alten Jerusalem, da sie Angst vor dem Rebellen Jesus hatten. Um Macht geht es kriegsführenden Staaten, wenn sie Näheres über ihre Gegner wissen wollen, um Macht ging es auch den Nazis, die jüdische Familien ausfindig machen wollten, um Macht geht es Politikern am Balkan, die auf der Suche nach Volksfeinden sind, und um Macht ging es der katholischen Kirche, als sie Andersgläubige verbannen wollte. Um diese Macht zu festigen, bedarf es vor allem des Verrates in der Art des Judas gegen Geld, und zwar gegen schlechtes Geld. Als solches erkennt es auch Judas, der die dreißig Silberlinge, für die er Christus verraten hat, nicht mehr haben will und sie in den Tempel wirft.

Wesentlich jedoch für den Verrat des Judas ist, daß diejenigen, die verraten werden, dem Verräter zunächst vertrauen – wie eben Jesus dem Judas, seinem früheren Jünger.

Verräter in der Tradition des Judas können auch Kriegsspione sein, die durch die Weitergabe von Informationen den Tod von Menschen verschulden. Spione zählen jedoch nicht zu den Verrätern, wenn sie Menschen vor Unheil bewahren.

Beispielhaft für einen Verrat im Stile des Judas möchte ich hier auf den Verrat an den Kosaken verweisen, die 1945 von den Engländern an die Russen ausgeliefert wurden. Die Kosaken hatten guten Grund zu glauben, sie wären auf der Flucht vor den Russen bei den Engländern in Sicherheit. Und diese ließen sie zunächst auch in diesem Glauben. Im Sommer 1942 waren Zehntausende Kosaken mit Musik zu den Deutschen übergelaufen, in der Hoffnung, auf diese Weise ihre Heimat am Don vor den verhaßten Kommunisten Stalins retten zu können. Unter dem Kommando des deutschen Generals und »Obersten Feldatamann« Helmuth von Pannwitz zogen Kosakenverbände in den Kampf. Noch vor Kriegsende wurde die berittene Truppe, etwa 35.000 Mann, mit besonderen Ärmelabzeichen und Kosakenmütze zum »XV. SS-Kosaken-Kavallerie-Korps« zusammengefaßt. Die Mission der Kosaken endete in Kärnten und in Osttirol.

Im Mai 1945 wurden diese exotischen Bundesgenossen der Deutschen in St. Veit und Lienz von den Engländern interniert. Mit den kosakischen Soldaten war aus Angst vor den Russen ein ganzer Treck nach Österreich unterwegs. Kosakische Frauen, Kinder und Greise mit Haustieren im Troß kamen so nach Lienz. Dort dachten sie, vor den Russen in Sicherheit zu sein. Sie ergaben sich den Engländern, die ihnen zugesagt hatten, wenn sie ihre Waffen weglegen, würde man sich nicht an Stalins Armee ausliefern. Die Kosaken entwaffneten sich, die Engländer brachen jedoch ihr Versprechen. Sie begingen niederträchtigen Verrat und lieferten sie an die Russen aus.

Noch in letzter Minute versuchten die Verzweifelten, ihrem Schicksal durch Flucht über die reißende Drau zu entkommen. Hunderte sollen ertrunken sein. Es wird von Augenzeugen erzählt, daß kosakische Frauen sich mit ihren Säuglingen in die Drau stürzten, um der »Repatriierung« durch die Engländer zu entkommen. Es muß sich Furchtbares abgespielt haben. Mir erzählten Zeitgenossen, die Bauern um Lienz hätten, als man die Kosaken zusammentrieb, die Kirchenglocken geläutet, um diesen Verratenen solcherart Sympathie zu zeigen. Die Engländer hatten diese niederträchtige Auslieferung in einem Geheimabkommen auf Jalta zugesagt und damit das Schicksal der Kosaken besiegelt. Die Russen kannten kein Pardon mit ihnen, für sie waren sie Verräter, weil sie mit den Deutschen gekämpft hatten.

Vor einigen Jahren hatte der Historiker Graf Nikolai Tolstoy in England einen Prozeß gegen den britischen General, der sein Wort gegenüber den Kosaken gebrochen hatte, angestrengt. Vor dem obersten Zivilgericht Großbritanniens konnte sich der Ex-General erfolgreich gegen die Vorwürfe Tolstoys wehren. Letzterer wurde schließlich wegen »Verleumdung« verurteilt und mußte 1,5 Millionen Pfund Sterling Schadenersatz zahlen. Seit einiger Zeit versucht Tolstoy in London erneut, die historische Wahrheit durchzusetzen und den Verrat des früheren englischen Generals öffentlich festzustellen.

Als Verräter, die Menschen im Glauben lassen, man würde ihnen helfen, wie es im Falle des britischen Generals gegenüber dem Volk der Kosaken war, sind auch die Spitzel in der alten DDR einzustufen. Sie waren gewöhnliche Bürger, hinter denen niemand Verräter vermutete, die für die Stasi, den Staatssicherheitsdienst der DDR, arbeiteten. Nach dem Untergang der DDR wurde das Stasi-Archiv geöffnet. Die Überraschung für den »einfachen« ehemaligen Bürger der DDR war groß, als er erfahren mußte, daß »brave« Nachbarn, seriöse Kirchenleute und »kritische« Schriftsteller sich als Zuträger der Stasi entpuppten.

Plötzlich sah man, daß das alte System der DDR ähnlich wie das der Nazis auf Verrat und Bespitzelung aufgebaut war. Die Enttäuschung war groß, als man fand, daß sich sogar an der Universität verräterisches Pack gefunden hat, das sich durch die Weitergabe von Informationen über mißliebige Kollegen Vorteile zu verschaffen wußte.

Eingefügt sei jedoch, daß ich einen liebenswürdigen früheren Professor der Humboldt-Universität kenne, dem ich einiges verdanke. Er hielt sich integer und genießt als Wissenschafter auch heute noch die Achtung seiner Kollegen.

Der Tratsch

Niederträchtiger Verrat ist übrigens auch die Weitergabe von Geschichten, die einem vertrauensvoll mitgeteilt wurden. Besonders niederträchtig ist dieser Verrat, wenn es Ärzte, Rechtsanwälte oder Beamte sind, die gesetzlich zur Verschwiegenheit über Dinge, die ihre Patienten, Klienten oder Schutzbefohlenen betreffen, verpflichtet sind.

Einen solchen Verrat beging auch ein Polizist, wie in einem Zeitungsbericht zu lesen war. Dieser hatte bei Recherchen über einen Mordfall in einem Wiener Bordell eine Prostituierte kennengelernt. Sie bat ihn um ein Fahndungsfoto ihres Freundes Wolfgang, wofür sie als Gegenleistung bestimmte Informationen anbot. Die Dame vom Strich erhielt eine Kopie des Fahndungsbildes aus dem Computer und ließ es liebevoll einrahmen. Zu Weihnachten lag das Bild als Geschenk für Wolfgang unter dem Christbaum. Der Polizist hatte allerdings durch die Weitergabe des Fotos das »Amtsgeheimnis« verletzt und wurde deswegen – irgendwie fiel die Sache auf – vor Gericht gestellt. Da er beteuerte, es sei ihm nicht bewußt gewesen, daß er dadurch gegen das Datenschutzgesetz verstoßen habe, wurde er durch einen milden Richter freigesprochen.

BÖSEWICHTE

Bunt ist die Niedertracht des Verrates in den Schulen. Schüler erhoffen sich offensichtlich Vorteile bei der Notenvergabe, wenn sie Mitschüler bei Lehrern und Professoren verraten, wie zum Beispiel, jemand habe bei der Schularbeit geschwindelt oder während der Unterrichtsstunde Karten gespielt. Verrat begleitet den Schüler bis an das Ende seiner Schulzeit. Ich habe viel unter solchen Attacken von Mitschülern gelitten.

Verrat im Stile des Judas ist auch charakteristisch für die Gefängnisse, in denen Häftlinge andere »verwamsen«, um in den Genuß einer etwaigen Besserbehandlung durch die Aufseher zu gelangen. Das Wort »verwamsen« kommt von dem jiddischen »mamsen«, das eben »verraten« bedeutet. Der Verräter wird schlichtweg als »Wams« bezeichnet. In der Unterwelt ist das Wort »Wams« das wohl größte Schimpfwort. Vor dem »Wams« hat man sich in acht zu nehmen (siehe dazu auch das Kapitel »Die Niedertracht ›kleiner Leute‹; vgl. ebenso Girtler 1998a). Der Verräter im Stile des Judas, dies ist auch im Matthäus-Evangelium zu lesen, wird zwar bezahlt und hat gewisse Vorteile, aber man verachtet ihn. Es heißt: Man liebt den Verrat, aber nicht den Verräter. Judas zerbricht daran und macht seinem Leben ein Ende.

Verrat gibt es auch und nicht selten in der Wissenschaft, nämlich dann, wenn Wissenschafter ihre großartigen Ergebnisse erfunden oder gefälscht haben. Es ist bemerkenswert, daß solche betrügerischen Agitationen, wie der Kulturphilosoph Fröhlich meint, grundsätzlich nicht durch »objektive« Experten der Wissenschaft aufgedeckt wurden und werden, sondern eher durch persönliche Denunziation betrogener Ehefrauen, enttäuschter Freundinnen und sich ausgebeutet sehender Mitarbeiter (vgl. Fröhlich o. J., S. 3). Hier habe man es mit einer Form des Verrates durch Tratsch zu tun. Der Tratsch ist Teil des Alltags. Durch ihn werden nicht nur Geheimnisse weitergegeben, sondern er hat auch mit Intrigen zu tun, mit Lügengeweben, die hinterhältig gegen Menschen gesponnen werden, die man nicht will. Es gibt geradezu Künstler im Aufbau solcher Intrigen, von Geschichten, die bestimmten Zeitgenossen schaden sollen, wie zum Beispiel einem Pfarrer, über den getratscht wird, er habe sich an der Frau eines Kirchendieners vergangen.

Die Niedertracht der Verräter und Verleugner

Überall dort, wo Menschen miteinander in engem Kontakt stehen und wo sich ihre Wege kreuzen, kommt es reglmäßig zu niederträchtigem Klatsch über Abwesende. Auf das Problem des Tratschens über denjenigen, der gerade die Runde verlassen hat, bezieht sich auch der berühmte Wiener Prediger Abraham a Sancta Clara (1644–1709), wenn er einmal meinte: »Postquam permittem ab iis, impugnabant me« (als ich sie verlassen hatte, schimpften sie über mich).

Der niederträchtige Tratsch und das »Sichlustigmachen« ist auch typisch für den Bereich der Wissenschaft, wie ich aus eigener Erfahrung weiß (siehe dazu auch das Kapitel »Die Niedertracht der Rezensenten und Kritiker«). Nicht umsonst heißt es in einem Scherz: »70 Prozent seiner Zeit braucht der Wissenschafter, um Intrigen abzuwehren. 20 Prozent, um selbst welche zu spinnen. Und 10 Prozent der Zeit ist zur Arbeit da.« Es liegt etwas Wahres in diesem Scherz.

Die Niedertracht des Tratsches, gegen den sich der Abwesende nicht wehren kann, verhilft dem Intriganten zu gewissen Vorteilen, wie zu dem, daß er dem mit Niedertracht Bedachten bei einer etwaigen Bestellung zum Professor vorgezogen wird.

Grundsätzlich lebt der verräterische Tratsch in den Dörfern. Beim Einkaufen, im Wartezimmer des Arztes, beim Kirchgang, während des Wartens auf den Autobus und bei anderen Gelegenheiten kann man eine Menge über die Schlechtigkeiten anderer Menschen erfahren, über Ehebruch, über angebliche Betrügereien, über Hinterlistigkeiten des Bäckers, über das sexuelle Verhältnis der Lehrerin mit einem Ministranten und vieles mehr. Stets jedoch lebt der Tratsch von dem Verrat von Geschichten anderer und auch von der Schadenfreude, die sich mit dem Verrat verbindet. Freilich ist dem nicht so, wenn es um Tratsch über einen Trauerfall, ein äußerst beliebtes Thema, geht. Er mag aber sein, daß sich hier Schadenfreude einmischt.

Jedenfalls scheint es für die Tratschenden ein besonderer Reiz zu sein, Geheimnisse weiterzuerzählen. Es ist bemerkenswert, daß gerade die unter dem Siegel der Verschwiegenheit verbreiteten Nachrichten schnell weitergegeben werden, denn die niederträchtige Freude am Tratsch ist groß.

Das Niederträchtige des Tratsches, bei dem über eine Person Beleidigendes erzählt wird, liegt darin, daß der Betreffende sich nicht wehren kann (zum Thema des Klatsches siehe Bergmann 1987).
Auch gerade darum ist der Tratsch mit dem Verrat des Judas verwandt. Der Tratsch kann an die Seele gehen. Dies ist, wie ich bei meiner Studie über Wiens Sandler festgestellt habe, auch der Grund, daß Menschen, die einmal im Gefängnis waren oder sonstwie die Achtung anderer verloren haben, der dörflichen Gemeinschaft aus Angst vor dem Tratsch fliehen, um in der Anonymität der Städte unterzutauchen (vgl. Girtler 1980).

2. Hinterlistige Freunde

Die zweite Form des Verrates, wie er in der Schrift geschildert wird, ist der Verrat durch Freunde, die verleugnen, jemandes Freund zu sein, und ihn dadurch enttäuschen. In einem weiten Sinn gehören hierher alle die Verräter, die jemandem zunächst glauben machen, sie wären seine Freunde, ihn aber dann hineinlegen.

Über einen solchen Verräter, einen Kollegen aus der Wissenschaft, schrieb mir ein Freund: »Bei seiner Habilitationsfeier hat D. K. ein großes Buffet auffahren lassen. Als sich herausstellte, daß sehr viel davon übrigbleiben würde, hat er alle Gäste aufgefordert, Sachen vom Buffet, wie Obst, Käse und Wurst, mitzunehmen, denn es wäre doch schade, wenn davon etwas schlecht würde. Ich habe mich – glücklicherweise – dennoch nicht getraut, aber ein Kollege, dem der Gastgeber ohnehin nicht gewogen war, hat diese Aufforderung ernst genommen und eine Dauerwurst eingesteckt. Kaum war dieser zur Tür hinaus, haben sich einige der Anwesenden – darunter auch D. K. selbst – über die ›Unverschämtheit‹ dieses Kollegen aufgeregt. Dieser hat dies irgendwo erfahren und die Wurst am nächsten Tag ganz offen in das Postfach des D. K. im Geschäftszimmer des Institutes gelegt. Mir kam das alles ganz schön hinterhältig vor.« Hier liegt wahre Niedertracht im Stile des Verrates vor. Der Freund oder Kollege wird hineingelegt, indem ihm angedeutet wird, er hätte das Wohlwollen und könne zulangen. Er glaubt daran, jedoch dem Herrn Kollegen war es offensichtlich nicht ernst um sein Angebot. Das kränkte denjenigen, der sich die Dauerwurst aneignete, er fühlte sich verraten. Er erwiderte dieser Niedertracht auf heitere Weise, indem er die Dauerwurst zurückgab.

3. Der Verrat des Petrus

Die dritte Form des Verrates ist der Verrat im Stile des Petrus, er ähnelt dem vorigen, jedoch ist er noch gemeiner. Während die Jünger sich bloß von Jesus fernhalten und so auch die Umwelt täuschen, beharrt Petrus durch seine Rede auf dem Verrat, den er allerdings dann bereut, aber da ist es schon zu spät. Es handelt sich hier um den Verrat unter Freunden.

Der Verrat durch Menschen, die einem freundschaftlich verbunden sind, schmerzt. Auf einen solchen Verrat verweist der große Soziologe René König in einem Nachruf in der »Kölner Zeitschrift für Soziologie und Sozialpsychologie« auf den Soziologen Werner Ziegenfuß, erschienen 1975.

Ziegenfuß war ein Freund Königs vor dem Krieg. Er enttäuschte jedoch König, als er Nationalsozialist wurde. Nach dem Krieg flog er von der Universität, weil man ihn verdächtigte, Homosexueller zu sein. Er wurde dann Tierpfleger in einem Zoo und lebte in großem Elend, da er seine kleine Rente seiner alten Mutter überschrieben hatte. Er war ein gebrochener Mann, als er seinem Leben durch einen Sprung aus dem Fenster seiner Berliner Wohnung ein Ende setzte. In seinem Nachruf denkt René König über die Wohlanständigkeit der Bundesrepublikaner und der früheren Freunde von Ziegenfuß nach. Diese sind für ihn Verräter. Er schreibt: »In diesem Augenblick verstand ich auch, daß eine einmalige Freundschaft nicht vergehen kann, selbst wenn einer der Partner einmal enttäuscht. Darum schrieb ich diesen Nekrolog als Eulogie für einen Freund, dem jene die Treue nicht hielten, zu denen er sich bekannte (und die in der Nachkriegsperiode teilweise sehr erfolgreich wurden), um wenigstens die Stimme jener anderen hören zu lassen, die sich zu ihm bekennen, auch wenn er sie in einem früheren Leben einmal verriet ...«. (König, 1975, S. 187f.)

König zeigt an, daß die früheren Freunde von Ziegenfuß, die ebenso wie er Nationalsozialisten waren, sich von ihm distanzierten, als man ihn verdächtigte, homosexuell zu sein. Sie wollten nichts mehr von ihm wissen und verleugneten ihn – durchaus ähnlich dem Verhalten von Petrus.

Niederträchtig in diesem Sinn ist schließlich auch, wenn jemand, der das Wohlwollen eines Kollegen genossen und Vorteile durch ihn genutzt hat, sich von diesem öffentlich distanziert oder anzeigt, mit diesem nichts zu tun haben zu wollen. So ist es auch, wenn Menschen, die aus verschiedenen Parteien oder weltanschaulichen Lagern kommen, sich für ihre Kontakte zueinander genieren. Sie haben wohl Angst, wegen ihrer Kontaktnahme über die Grenze hinweg belächelt, beschimpft oder bestraft zu werden.

Etwas in dieser Richtung wurde mir erzählt: Der Chef der Lehrervereinigung einer in den Augen der anderen Parteien üblen Partei hatte einen Professor der Pädagogik in kollegialer Weise um einen Vortrag gebeten. Der Professor sagte zunächst zu, eben aus kollegialen und entgegenkommenden Gründen.

Doch nach einiger Zeit kam er dahinter, daß es für ihn doch nicht förderlich sei, vor Leuten dieser suspekten Partei zu sprechen. Man könnte ihm dies zum Nachteil auslegen. Daher sagte er seinen Vortrag mit der Begründung ab, vor Lehrern dieser berüchtigten Partei wolle er nicht reden.

Verleugnung und Schmähung
Verräterisch und niederträchtig ist es auch, wenn Studenten, die ihrem Professor einiges zu verdanken haben, mit diesem – genauso wie Petrus mit Christus – nicht mehr in Verbindung gebracht werden wollen, zum Beispiel aus politischen oder wissenschaftlichen Gründen.

Die Niedertracht der Verräter und Verleugner

So erging es mir mit einem Herrn, der bei mir eine Dissertation schrieb und dem ich in vielfältiger Weise entgegengekommen bin. Er war mir gewogen, solange er unter meiner Betreuung seinen Studien nachging, und er lobte meine Methoden. Sein Verhalten mir gegenüber änderte sich jedoch radikal, als er Assistent an einem Institut wurde, an dem Leute werken, deren Wohlwollen ich offensichtlich nicht genieße – vielleicht wegen meiner kühnen Studien. Plötzlich trat mein früherer Student in deutliche Distanz zu mir. Ich mußte froh sein, wenn er in Begleitung seiner neuen Förderer mich überhaupt grüßend wahrnahm. Einmal traf ich ihn in einem Bierlokal, wo er mit Kollegen seines Institutes war. Ich sprach ihn wegen seiner neuen Aufgaben an. Nun meinte der Heuchler niederträchtig, meine Arbeiten sowie meine Methode wären »unwissenschaftlich«. Ich war überrascht, da seine Meinung früher dazu doch eine andere war. Und schließlich ignorierte er in einer Publikation über »qualitative Sozialforschung« meine methodischen Gedanken dazu, die für ihn früher allerdings wichtig gewesen waren.

Ich schrieb ihm darauf einen Brief, in dem ich ihm mitteilte, daß er »vor nicht allzu langer Zeit noch voll des Lobes über meine Methoden« gewesen sei und er sich nun deutlich von mir »distanziere«. Ich hielt noch fest: »Langsam lerne ich meine Kollegen und sogenannten Freunde kennen. Mein Geist weitet sich.« Der Brief blieb unbeantwortet. Ich jedenfalls sah mich von dieser heuchlerischen Person verraten.

Die Tricks des niederträchtigen Verrates gegen Kollegen sind vielfältig. Eine wichtige Strategie ist es wohl, bei Vorgesetzten Nachträgliches über den unliebsam gewordenen Kollegen zu verbreiten, etwa daß er ein übler Bursche sei und sich furchtbar verhalte.

Verräterisch und niederträchtig ist es auch, wenn Studenten hinterrücks Studien ihres Professors herabwürdigen oder gar schmähen, ohne mit ihm darüber zu sprechen. Sie geben ihm dabei nicht die Chance, sich mit ihrer Schmähung zu befassen.

Andererseits nützen sie sehr wohl die Gutmütigkeit des Lehrenden für ihre Zwecke. Auch ich habe hiezu einiges erlebt. Wie schon erwähnt, fahre ich regelmäßig mit Studenten zur Feldforschung nach

Siebenbürgen, um dort die Kultur der sogenannten Landler und anderer Deutscher zu untersuchen.

1998 war auch ein älterer Student dabei (auf dessen Arbeit ich im Kapitel »Die besondere Niedertracht in der Wissenschaft – Die Macht der Magier« schon eingegangen bin), der geradezu heuchlerisch freundlich zu mir war, sich aber andererseits um meine Vorstellungen von Feldforschung kaum oder gar nicht kümmerte. Während der Forschungstage verbrachte er Abende mit Rumänen, anstatt sich an das von mir vorgegebene Forschungsprogramm zu halten. Die Arbeit, die er mir über seine Forschung, die keine war, gab, war eine Beleidigung für mich. In dieser belustigte er sich über die zu einem Dorffest zurückgekehrten deutschen Auswanderer – ganz im Gegensatz zu einem wichtigen Gebot der Feldforschung, wonach man sich als Forscher nicht als Missionar oder Richter aufspielen solle, sondern lediglich Zeuge ist. Der Mann hatte also meine Großzügigkeit – ich ließ ihn gewähren – ausgenutzt. Er zeigte dadurch, und dies empfand ich als Verrat, daß er zu meinem Forschungsprogramm und meinen Forschungsgeboten in deutliche Distanz getreten ist – ähnlich wie Petrus zu Jesus. Und schließlich behauptete er noch hinterrücks zu Studenten, meine Arbeit, die ich über die Landler in Siebenbürgen geschrieben habe, sei »substanzlos«. Diese Nachricht traf mich, da ich diesem Mann mit aller Sympathie begegnet bin. Ich sah mich verraten, lehnte jeden weiteren Kontakt zu diesem niederträchtigen Herrn ab und entzog ihm das »Du-Wort«, das ich ihm am Beginn der Forschung – ganz im Stile von Bergsteigern und Forschern – angetragen hatte.

Die Niedertracht des Verrates ist weit, sie kann Menschen in ihrem Innern treffen. Es ist nicht der bloße Verrat, nämlich die Wiedergabe von Geheimnissen, der zum Problem werden kann; auch der Tratsch hat mit Verrat zu tun, wie ich gezeigt habe. Dieser ist genauso hinterlistig. Aus diesem Grund habe ich unter meinen »10 Geboten der Feldforschung« eines, das heißt: »Du sollst nicht über jene Leute schimpfen, mit denen du Bier, Wein, Tee oder sonst etwas getrunken hast.«

13.

Die Niedertracht zwischen Frauen und Männern
– Böse Männer und unfreundliche Emanzen

Durch Niedertracht ist bisweilen auch die Beziehung zwischen Männern und Frauen bestimmt. Unter Männern und Frauen gibt es große Spezialisten in der Handhabung einfacher Wahrheiten, um das andere Geschlecht als wenig freundlich erscheinen zu lassen. Hier gleichen sich Männer und Frauen. Beiden macht es mitunter Freude, sich über die jeweils anderen zu belustigen oder sie zu ärgern. Wie schon an anderer Stelle betont, haben Männer durch Jahrhunderte Theorien entwickelt, um Frauen als Menschen zweiten Grades zu sehen, sie im Stile von Inquisitoren als Hexen zu verdammen oder sie, wie es bis heute üblich ist, zu degradieren, wenn sie ein heiteres Leben führen, mit mehreren Männern liiert sind, sich als Dirnen anbieten oder gar Freude am Alkoholgenuß haben.

Männliche Theorien von der »geborenen Dirne«

Die Frau als Dirne war lange Zeit für den sogenannten braven Bürger das Gegenstück zum »anständigen Weib«.

Daß auch die Dirne ihre Ehre besitzt, habe ich in meiner Studie über den »Strich« gezeigt (vgl. Girtler 1995a u. 1995b). Immerhin waren es Generationen von Marketenderinnen, die mit den Heereszügen früherer Jahrhunderte mitgezogen sind und müde Krieger ergötzt haben. Eigentlich sollten Männer den heutigen Dirnen, den Nachfolgerinnen der Marketenderinnen, danken, doch viele tun es nicht und distanzieren sich niederträchtig von ihnen, auch wenn sie ihre Dienste in Anspruch genommen haben.

Es gibt da die einfache Wahrheit wie das Vorurteil, daß die Begier-

BÖSEWICHTE

den gewisser Frauen ungemein groß seien. Dies behauptete schon der griechische Autor Thukidides. Nach ihm ist »die Frau schlimmer als die sturmgepeitschte Meereswoge, schlimmer als des Feuers Glut und als der Sturz des wilden Bergwassers. Daher ist der Gott, der die Frau erfand, der unselige Urheber des höchsten Übels« (Kisch 1928, Bd. 2, S. 147). Frauen hatten es also nicht leicht, da man dazu neigte, sie als Urgewalt zu sehen und sie vorrangig mit dem Animalischen in Verbindung zu bringen.

Sogar die Kriminalwissenschaft des vorigen Jahrhunderts und der Jahrhundertwende, die eine Wissenschaft der Männer war, wollte bestimmen, daß es geborene Verbrecherinnen und geborene Prostituierte gibt. Wohl hat man ähnliches auch für Männer festgestellt, doch bei Frauen zeigt sich eine offensichtlich zynischere Einschätzung. Berühmt wurde der Italiener Cesare Lombroso mit seinen kühnen Theorien über die »geborene Verbrecherin«.

Er unterscheidet die geborene Verbrecherin von der Gelegenheitsverbrecherin und die geborene Prostituierte von der Gelegenheitsprostituierten. Bei der geborenen Verbrecherin sieht Lombroso eine »Verschmelzung mit dem männlichen Typus«. Ihr Sexualtrieb sei stark, das Mitgefühl gering, und außerdem habe sie Freude an einem herumschweifenden Dasein. Sie hat Vorliebe für männlichen Sport und männliche Laster. Zu den männlichen Zügen kommen nach Lombroso noch die schlimmsten Eigentümlichkeiten der weiblichen Natur: unersättliche Rachsucht, Schlauheit, Grausamkeit, Putzsucht und Verschlagenheit (Lombroso 1894b).

Ein anderer Autor, Camille Granier, kommt zu ähnlichen Ergebnissen über das »verbrecherische Weib«. Es klingt unfreundlich und demütigend, was er schreibt: »Bei der verbrecherischen Frau ist die Stimme rauher, der Haarwuchs reichlicher und ausgedehnter, der Hals kräftiger als bei der Frau. (...) Diese Eigenschaften bringen sie dem Mann und dem Verbrechertypus näher.« (Granier o. J.)

Hier zeigt sich Niedertracht, denn die Frau wird auf rein äußerliche Merkmale, die angeblich auf ihre verbrecherische Veranlagung hindeuten, reduziert. In der von den üblichen Normen abweichenden

Ehemalige Marketenderin

Frau wird geradezu etwas Teuflisches gesehen – man nähert sich hier wieder dem alten Bild von der Hexe. Und das im vorigen Jahrhundert.

Ähnliches lese ich auch in dem Buch »Die sexuelle Untreue der Frau« von Dr. E. Heinrich Kisch: »Diese weibliche Geschlechtsuntreue findet ihren extremsten und prägnantesten Ausdruck in der Prostitution des feilen Weibes. (...) Die Vereinigung zweier sexuell differenter Individuen ist ein enorm animalischer Akt. (...) Jeder fleischliche Mischakt zwischen einer weiblichen Person und einem Manne außerhalb des ehelichen Bandes ist Prostitution.« (Kisch 1928, Bd. 2, S. 3f.)

Hier wird die Frau, und nicht der Mann, als Bösewicht gesehen, wenn außerhalb der Ehe der »fleischliche Mischakt« durchgeführt wird.

BÖSEWICHTE

Die »sündige« Frau, das uneheliche Kind und die Abtreibung

Früher hat die Kirche das Ihre dazu beigetragen, um Frauen zu reglementieren und niederträchtig zu behandeln. So durften zumindest bis zum letzten Krieg in bäuerlichen Gegenden Frauen, wenn sie geboren hatten, erst nach einiger Zeit wieder die Kirche betreten, wo sie dann »nach vorne«, zum Altar, »gesegnet« wurden. Hier scheint die Frau noch als die Sünderin, die den Mann verführt hat, der sie schließlich schwängerte. Wurde eine Frau als Unverheiratete geschwängert, so hatte sie es in früheren Zeiten nicht leicht. Besonders arm waren, wie ich in meiner Arbeit über die alte bäuerliche Kultur festgehalten habe (vgl. Girtler 1996), die Mägde der Bauern, die nicht heiraten konnten und uneheliche Kinder zur Welt brachten. Gerade auf den Bergbauernhöfen waren die Probleme mit den unehelichen Kindern groß, die zusätzliche Esser am Hof bedeuteten.

Mir erzählte dazu ein heute 70 Jahre alter Mann, der als uneheliches Kind einer Magd geboren wurde. Er meinte, als uneheliches Kind sei man in der Vorkriegszeit bei der Kirche und bei sogenannten »anständigen Leuten« ohnehin ein »Kind des Teufels« gewesen. Als er im August zur Welt kam, sei er vom »Moarknecht« des Hofes, auf dem die Mutter Magd war, als »Hurenbams« bezeichnet worden. Der Mutter wurde das Leben schwergemacht. Ein halbes Jahr später, im Winter, ging sie mit ihm, dem Säugling, zum Fluß Steyr bei Hinterstoder und wollte sich mit ihm dort ertränken. Doch ehe sie dies tat, kam eine Bettlersfrau vorbei, die damals zu Neujahr den Bauern ein »Gutes Neues Jahr« wünschte, wofür sie milde Gaben bekam. Diese Frau sah nun die Magd mit ihrem Kind und sagte ihr, sie könne in den Fluß springen, wenn sie wolle, aber das Kind nehme sie. Die Mutter übergab ihr den kleinen Buben und sah nun auch keinen Grund mehr, sich zu ertränken. Die Bettlersfrau, Zottert-Lois nannte man sie, marschierte mit dem Wickelkind zu den Bauern und fragte nach einem Platz für das Kind. Sie fand auch eine mitleidige Kleinbauernfamilie, bei der der Bub wie ein eigenes Kind aufwachsen konnte.

Die Niedertracht zwischen Frauen und Männern

Den Mägden machte man das Leben schwer. Die Väter ihrer Kinder waren oft Knechte oder auch die Bauern selbst, die in übler Weise das Abhängigkeitsverhältnis sexuell niederträchtig ausnützten (siehe dazu Girtler 1987 u. 1996).

Geschwängerte Mägde und Dienstmädchen wurden mitunter wie Ausgestoßene behandelt. Der Druck, der auf ihnen lastete, war derart groß, daß einige versuchten, das Kind abzutreiben. Dabei begaben sie sich in die Hände von sogenannten Engelmacherinnen oder versuchten selbst, mit unzulänglichen Mitteln die Leibesfrucht abzustoßen. Furchtbare Verletzungen und auch der Tod konnten die Folge sein. Es gab aber auch Mägde und andere Frauen, die aus Angst vor einer Entdeckung das unehelich geborene Kind in Panik töteten. Kam man dahinter, daß so eine Frau ihr Kind abgetrieben oder gar getötet hatte, so waren die Strafen oft grausam. Aus Achtung vor diesen geschundenen und niederträchtig behandelten Frauen kämpften wackere Damen zu Recht für die Straflosigkeit der Abtreibung. Der niederträchtige Druck auf Frauen, ihr Kind abzutreiben, war mitunter ungeheuer. Heute gibt es jedoch Frauen, die die Abtreibung vorziehen, um ein bequemes Leben nicht aufgeben zu müssen oder um mit ihrem Partner keine Schwierigkeiten zu haben, sei es, weil sie diese Kinder hinderlich finden, oder sei es, weil sie sich in ihrer Freiheit eingeengt sehen. Gerade in sogenannten fortschrittlichen Kreisen scheint man mit der Abtreibung locker umzugehen. Darüber beklagte sich der berühmte italienische Dichter, Filmregisseur, Philosoph, Kommunist und Freigeist Pier Paolo Pasolini. Pasolini, der im November 1975 ermordet wurde, schrieb zur Abtreibung etwas, das zum Nachdenken anregt: »Die legalisierte Abtreibung ist nämlich ohne Zweifel ungeheuer bequem für die Mehrheit. (...) Die Herrschaft des Konsums, der neue Faschismus, hat sich dieser – man könnte sagen, liberalen und fortschrittlichen – Forderungen nach mehr Freiheit bemächtigt, und indem er sie sich einverleibte, hat er sie zunichte gemacht, in ihrem Wesen verändert. Heute ist die sexuelle Freiheit der Mehrheit in Wirklichkeit eine allgemeine Norm, ein Muß, eine soziale Pflicht, ein gesellschaftlicher Zwang, ein unverzichtbarer Bestandteil der Lebensqualität des Konsumenten ...«. Pasolini spricht sogar von der Abtreibung als einer »neuen Form der Euthanasie« und fügt dem hinzu: »Für den Mann ist die Abtreibung zu einem Symbol seiner Emanzipation geworden; indem er bedingungslos für die Legalisierung eintritt, glaubt er sich im Besitz eines Patents für Aufgeklärtheit, Fortschrittsgeist, Vorurteilslosigkeit, Zivilcourage. Für ihn ist sie, schlicht gesagt, ein wunderschönes Spielzeug seiner Selbstbestätigung ...«. (Pasolini 1975, S. 56ff.)

Pasolini verweist mit diesen Gedanken auch auf den niederträchtigen Zwang, dem die Frau heute – auf eine andere Weise als früher – ausgesetzt ist, und zwar durch angeblich fortschrittlich denkende Männer. Für Frauen ist es schwer, sich diesem Druck zu entziehen. Es ist übrigens auch bemerkenswert, daß Pasolini seine »Freunde« von der kommunistischen Partei aufforderte, die Abtreibung zu verurteilen, »anstatt sich (mit dem Edelmut eines Don Quichotte) in zwar sehr verständliche, aber ebenso pietistische Schauergeschichten von ledigen Müttern und Feministinnen zu stürzen«.

(Ich teile die Überlegungen Pasolinis, auch ich bin ein Gegner der Abtreibung, aber auch ein Gegner der Bestrafung von Frauen deswegen.) Der Kommunist, Freidenker, Romancier und Mystiker Pasolini schreibt noch dies zur Abtreibung: »Ich betrachte sie (die Abtreibung) als Mord. In meinen Träumen, in meinem ganzen Verhalten lebt – wie bei allen Menschen – etwas von meinem Dasein vor der Geburt weiter, von einem seligen Schwimmen im Mutterleib: ich weiß, daß ich da schon gelebt habe. (...) Daß das Leben heilig ist, versteht sich von selbst, dieses Prinzip steht über dem Prinzip der Demokratie und es erübrigt sich darüber weitere Worte zu verlieren.« (a.a.O., S. 55)

Um Mißverständnisse zu vermeiden, sei noch einmal betont, daß Pasolinis Kritik an der Abtreibung sich gegen jene Niedertracht wendet, die die Frau unter Druck setzt. Zweifellos ist aber auch Pasolini ein Gegner der Bestrafung der Frau aus Gründen der Abtreibung.

Die Niedertracht, die sich gegen die Frau gewendet hat und noch wendet, ist also mitunter erbärmlich. Dies sollte hier gezeigt werden.

Niedertracht der Frauen

Es gibt aber auch unter Frauen solche, die zur Niedertracht neigen und die Männer hineinlegen.

Schon in früheren Zeiten wußte die Frau auf die Niedertracht des Mannes adäquat zu reagieren. Auch sie entwickelte Strategien der Niedertracht, um den ihr als böse erscheinenden Mann ihrerseits mit Niedertracht zu überziehen. Heitere Geschichten dieser Art finden sich zum Beispiel im »Decamerone« des Boccacio (1313–1375), der im Jahr 1348 spielt. Damals regierte in Florenz die Pest. Um dieser zu entfliehen, begaben sich sieben Damen und drei Herren auf ein Landgut bei Florenz. Und um sich die Zeit zu vertreiben, erzählten sie sich Geschichten. Jeder hatte pro Tag je eine Geschichte zu erzählen, an zehn Tagen hintereinander. Und aus diesen Geschichten, die eigentlich Novellen des Boccacio sind, besteht der »Decamerone«. Es sind heitere Geschichten aus dem Leben, die da zu lesen sind. Einige erzählen von der Niedertracht gewitzter Damen, vor allem solcher, die ihre Ehegatten auf charmante Weise mit einem Liebhaber täuschten. So wird am dritten Tag folgende Geschichte erzählt:

In Florenz lebte ein ehrlicher und reicher Mann, Pucciu di Rineri genannt. Er war auch sehr fromm, er betete seine Paternoster, hörte Predigten und fastete. Seine Gattin Elisabet, eine junge Frau von achtundzwanzig Jahren, munter, schön und rund wie ein Paradiesapfel, mußte wegen der Frömmigkeit ihres Mannes, aber auch wegen seines Alters, oft mehr als ihr lieb war, fasten. Wenn sie bei ihm schlafen oder mit ihm scherzen wollte, erzählte er ihr von Predigten. Da kam ein junger schöner Mönch aus Paris, und mit ihm schloß Puccio Freundschaft. Einige Male lud er ihn zum Abendessen ein, bei dem auch die Frau des Puccio anwesend war. Bei seinen fortgesetzten Besuchen merkte der Mönch wohl, woran es dieser munteren Dame am meisten mangelte. Darauf dachte er bei sich, er könne dem Puccio einige Mühe abnehmen. Er wechselte daher verliebte Worte mit der Frau, die diese bald erwiderte. Der junge Mönch gestand der Frau seine Leidenschaft, auch sie erzählte von ihrer, doch es fehlte an Ge-

Die schlaue Ehegemahlin

legenheit, sich außer Haus zu treffen, und im Haus sei es unmöglich, da ihr Mann niemals die Stadt verlasse. Der Mönch dachte nach, und als er Puccio wieder traf, redete er diesem ein, er müsse, wenn er wirklich selig werden wolle, sorgfältig beichten, dann fasten und sich vierzig Tage der größten Enthaltsamkeit üben. Dann müsse er an einem Ort in seinem Haus, von dem aus er während der Nacht den freien Himmel sehen könne, stehend die ganze Nacht verbringen und viele Paternoster beten. Dabei dürfe er sich nicht bewegen. Dann sei ihm der Himmel sicher.

Der Mann erzählte dies, als er heimkam, seiner Frau. Diese wußte sofort, worum es da ging. Sie sagte ihm, sie wolle, da sie für ihn nichts weiter tun könne, wenigstens mit ihm fasten. Puccio begann gleich am folgenden Sonntag mit seinen religiösen Übungen. In dieser Zeit schlich sich nun der Mönch in das Haus und vergnügte sich mit der Dame. Der Ort allerdings, an dem Puccio sich aufhielt, war nur durch eine dünne Wand vom Schlafzimmer seiner Frau getrennt. Da nun der Mönch und die Frau sich sehr lebhaft unterhielten, kam es dem Puccio, während er schon hundert Paternoster gebetet hatte, vor, als ob sich die Decke des Zimmers bewegte. Er machte eine Pause, ohne sich zu bewegen, und fragte seine Frau durch die Wand, was denn los sei.

Diese, die »soeben vielleicht den ungesattelten Esel des heiligen Benedikt ritt«, antwortete scherzhaft: »Ich, lieber Mann, werfe mich, so sehr ich kann.« Er fragte nun: »Wie wirfst du dich denn und was soll denn das Werfen bedeuten?« Lächelnd erwiderte die schlaue Frau: »Wie, Ihr wißt nicht, was das zu bedeuten hat? Ich habe es ja tausendmal von Euch gehört, daß wer am Abend nicht ißt, sich die ganze Nacht herumwerfen muß.« Puccio glaubte nun fest, daß das Fasten die Ursache für den unruhigen Schlaf und die Bewegung seiner Ehegemahlin im Bette sei.

Puccio war beruhigt, aber dennoch wechselten die Frau und der Mönch in der nächsten Nacht in ein anderes Zimmer, wo sie sich ein Bett zubereiten ließen (Boccaccio 1966, S. 126ff.).

Der Frau war es gelungen, ihren frommen Mann hineinzulegen. Sie hatte kein schlechtes Gewissen bei ihrer Niedertracht, da ihr Mann ohnehin ein Langweiler, eine Abart des Bösewichts, war. Geschichten dieser heiteren Niedertracht von Frauen werden weiterhin erzählt. Allerdings scheint diese Niedertracht – wohl auch auf der Seite des Mannes – heute um vieles unverfrorener zu sein.

Unfreundliche Emanzen

Vorab sei jedoch festgehalten, daß ich keinen Groll gegen Frauenrechtlerinnen aller Art hege, vielmehr genießen sie meine Achtung. Aber unter ihnen gibt es Aktivistinnen, die Männern das Leben schwermachen können.

Auch ich geriet einmal unter Frauen, die man als Feministinnen oder Emanzen zu bezeichnen pflegt. Ich war zu einer Diskussion über Pornographie in ein Wiener Volksbildungshaus eingeladen worden. Ich saß als Hauptdiskutant am Podium neben zwei Damen, meinen Diskussionspartnerinnen. Bevor die Diskussion begann, wurde ein

Antipornofilm über das Gewerbe der Pornodarsteller gezeigt. Als dann die Diskussion begann, gestattete ich mir zu sagen, daß dieser Antipornofilm sich von jedem Pornofilm, den ich bis dahin gesehen hatte, im wesentlichen nur dadurch unterscheide, daß bei gewissen Passagen des Films jemand im Film erklärt, wie schrecklich dies alles doch sei. Ich sagte dies heiter lächelnd. Eine humorvolle Bemerkung zu einem solchen Thema hatten sich die ungefähr dreihundert Zuhörerinnen – hauptsächlich waren Frauen im Saal – nicht erwartet. Wahrscheinlich hatten sie geglaubt, ich würde ebenso wie meine Mitdiskutanten über die Ausbeutung und die Degradierung der Frau durch solche Filme entsetzt sein und mich darüber auslassen. Diese Erwartung erfüllte ich jedoch nicht. Und das bekam mir schlecht. Ich wurde von einigen Frauen aus dem Publikum beschimpft, manche meinten: »Was will denn der da?« Zu dieser Veranstaltung war auch ein gewisser Pepi Taschner gekommen, ein alter Ganove, über den ich ein Buch geschrieben habe und der auf 25 Vorstrafen zurückblicken konnte. Dieser Mann hatte mich freundschaftlich dorthin begleitet. Als er sah, wie ich beschimpft wurde, stand Pepi Taschner auf und wollte mich verteidigen. Nach seinen ersten Sätzen wurde er niedergebrüllt, er solle schleunigst seinen Mund halten.

Irgendwie überstand ich diese Diskussion. Meine Angst vor den Frauen im Saal war jedoch groß. Nach der Veranstaltung flüchtete ich mit Pepi in ein entfernt gelegenes Gasthaus, wo wir auf unser Wohlsein und unsere Sicherheit je ein großes Glas Bier tranken. Diese kleine Geschichte habe ich bewußt hier erzählt, da sie ein schönes Beispiel dafür ist, wie Frauen, die gewisse politische Ideen haben, voll der Niedertracht sein können (man verzeihe meine Wortwahl), wenn sie ihre Interessen durchkämpfen wollen (bei Männern ist es wohl nicht anders). Und in ihrem Eifer vergessen sie den Humor, das Lächeln, das befreiend wirken kann.

Niedertracht in der Ehe – niederträchtige Sprüche

Nach den Erzählungen von Ehefrauen und Ehemännern und nach einem Blick in die Scheidungsstatistik scheint das Eheleben voll der Niedertracht zu sein.

Seit der Antike wird vor allem den Frauen vorgeworfen, sie seien in besonderer Weise niederträchtig. Diesen Vorwurf mußte sich bereits die berühmte Xanthippe, die Frau des Sokrates, gefallen lassen. Diese gute Dame dürfte es mit ihrem Gemahl allerdings nicht leicht gehabt haben, da dieser es vorzog, in den Straßen Athens und beim Weingelage, dem Symposium (was soviel heißt wie »gemeinsames Trinken«). mit seinen Freunden große Reden zu führen. Zuhause war er jedoch schweigsam, und zum gemeinsamen Haushalt dürfte er nicht viel beigetragen haben. Xanthippe hatte jedenfalls guten Grund, sich über Sokrates, der ein großer Weintrinker war, zu ärgern und ihn zu beschimpfen. Einmal soll sie einen vollen Wassereimer über ihn ausgeschüttet haben, worauf Sokrates bloß meinte: »Ich wußte, daß auf ein Donnergrollen Xanthippes früher oder später Regen folgen würde.« Als Xanthippe ihm wieder einmal ihre Meinung gesagt hatte, fragte ihn Alkibiades, der zu seinen Freunden zählte: »Wie kannst du das ertragen?« Sokrates erwiderte: »Mit einer solchen Frau zu leben, kann manchmal so nützlich sein, wie ein wildes Pferd zu zähmen: man ist dann besser gewappnet, in der Agora (dem Ratsplatz von Athen) den anderen gegenüberzutreten. Außerdem bin ich nun auch daran gewöhnt: es ist, als hörte man das unaufhörliche Geräusch einer Winde« (De Crescenzo, 1988, S. 14).

Der Ärger von Ehefrauen und Ehemännern hat also eine alte, sokratische Tradition. Ehemänner, die sich ähnlich wie Sokrates in den Gasthäusern herumtreiben und wenig Familiensinn zeigen, müssen mit Aktionen im Stile der Xanthippe rechnen. Und tatsächlich scheint mit vorrückendem Alter die Kritik der Ehefrauen an ihren Männern, wenn diese auch im Vergleich zu Sokrates harmlose Menschen sind, größer zu werden. Ein alter Spruch besagt daher: Im ersten Teil der Ehe kämpft der Mann um die Vorherrschaft, im zweiten Teil um die

Gleichberechtigung und im dritten um die nackte Existenz, also um das Überleben.

Niedertracht begleitet die Beziehung zwischen Männern und Frauen. Dies zeigt sich in alten Witzen und Sprüchen. Ein Spruch, den mein Vater in der Ordination hängen hatte, hieß: »Der Herrgott hat viel mitgemacht, viel Elend, Leid und Müh. Das Ärgste hat er nicht probiert, verheiratet war er nie.« Ein niederträchtiger alter Bauernspruch besagte: »Weibersterben ist kein Verderben – aber Roßverrecken kann den Bauern erschrecken.« Ähnliche Niedertracht kommt in dem Spruch – »Lediglich gestorben, ist auch nicht verdorben!« – zum Ausdruck, ebenso in dem Satz: »Wo die Weiber Herr sind, geht sogar der Herrgott lieber hinterm Haus vorbei.«

14.

Die Niedertracht der »kleinen Leute«

Eine Dame bemerkte mir gegenüber mit soziologischem Scharfsinn etwas, das ich hier noch einmal wiedergeben will und das in wenigen Worten viel aussagt: »Der Mensch, überhaupt wenn er nicht viel zu reden hat, neigt zu einem sadistischen Handeln, wenn dies leicht geht, man ihn läßt und er dafür nicht bestraft wird.«

Die Dame hat recht, denn tatsächlich findet sich Niedertracht gerade bei den sogenannten »kleinen Leuten«, also bei jenen, die selbst kaum Macht haben und die zu jenen gehören, die gesamtgesellschaftlich eher wenig Ansehen genießen. Es waren stets »kleine Leute«, die zum Teil mit Ergötzen zusahen, wenn andere »kleine Leute« öffentlich gepeinigt und gedemütigt wurden.

Zu den »kleinen niederträchtigen Leuten« gehören alle jene, die auf Befehl irgendeines Machthabers andere Menschen drangsalieren, demütigen und sogar töten. Manchen dürften tatsächlich solche Formen der Niedertracht »sadistische Freude« bereiten. Unter Polizisten, Soldaten, Gefängnisbeamten und anderem gehorsamem Volk gibt es glänzende Vertreter dieser niederträchtigen »kleinen Leute«. Es sind stets »kleine Leute«, wie mir der begabte Kulturwissenschafter Hubert Christian Ehalt einmal sagte, die im Namen Mächtiger andere »kleine Leute« umbringen. Der »Große« macht sich die Finger nicht dreckig.

Und es waren »kleine« gewöhnliche Soldaten, die Christus, nachdem man ihn zum Tode verurteilt hatte, einen Purpurmantel umhängten und eine Dornenkrone aufsetzten, um ihn zu verhöhnen. Sie machten dies eigenmächtig, ohne einen Befehl dazu zu haben. Und sie machten sich keine Gedanken über seine Schuld – im Gegensatz zu ihrem Befehlshaber, dem römischen Statthalter Pontius Pilatus, der in Christus einen Unschuldigen erkannt hatte. Die Soldaten kannten kein Mitleid, auch nicht, als sie Christus nach Golgatha führten.

BÖSEWICHTE

Die Niedertracht der »kleinen Leute« ist vielfältig, sie kann äußerst brutal sein, wie oben berichtet, aber auch versteckt und hinterhältig, wie zum Beispiel bei Schülern und Autofahrern. Vorrangig will ich mich hier nun mit der Niedertracht »kleiner Leute« im Alltag beschäftigen, und zwar mit Autofahrern, Schülern und Häftlingen, die als »kleine Leute« geradezu Spezialisten der Niedertracht sind. »Kleinen Leuten« macht es oft Freude, anderen auf niederträchtige Weise zu zeigen, daß auch sie so etwas wie Macht besitzen und daher wichtige Personen sind. Auf Typen dieser Art gehe ich bereits an anderen Stellen ein, hier möchte ich Ergänzendes vorbringen.

Diese niederträchtigen »kleinen« Leute können oft sehr dominierend sein, wenn es gilt, anderen das Leben schwerzumachen. Ich denke hier an die Niedertracht der bereits erwähnten kleinen Beamten, aber auch an die der Zugschaffner, Hausmeister, Parkwächter und anderer Experten. Diese verstehen es trefflich, Menschen, die etwas von ihnen wollen, warten zu lassen, sie zu verärgern oder sie zum Narren zu halten.

Er ist übrigens sprichwörtlich, daß »kleine Leute«, die unter anderen zu leiden hatten und die plötzlich eine Machtstelle einnehmen, sich besonders wild gebärden können, wie zum Beispiel Obmänner von Kleingartenvereinen, Hausbesorger, Portiere und anderes Volk. So sagt ein altes Sprichwort: Kommt ein Bettler auf den Gaul, wird er stolz wie König Saul.

Und in Shakespeares Heinrich IV., 2. Teil, 4. Szene, wird ebenso auf die Niederträchtigkeit des mächtig gewordenen »Kleinen Mannes« verwiesen: »Der Bettler, der Ritter worden, jagt sein Pferd zu Tod«.

AUTOFAHRER

Ein gerade für die »kleinen Leute« wichtiger Gegenstand, um die eigene Person als wunderbar und würdig hervorzukehren, ist das »heilige« Auto. Dieses kann trefflich dazu eingesetzt werden, den

Die Niedertracht der »kleinen Leute«

Konkurrenten auf der Straße auf niederträchtige Weise in Verlegenheit zu bringen. Zu den Strategien der Niedertracht von Autofahrern gehören unter anderem die Tricks, anderen Autofahrern den Vorrang zu nehmen, sich vor anderen in einen freien Parkplatz zu drängen, Fußgänger in Angst und Schrecken zu versetzen, diese zu beschmutzen und vor allem andere Verkehrsteilnehmer vom eigenen Auto aus zu beschimpfen. Gerade letzteres macht niederträchtigen Autofahrern eine besonders Freude.

Durch Worte und Fingerzeigen kann er den Kontrahenten beleidigen, ohne daß er Gefahr laufen muß, von dem Beschimpften zur Rechenschaft gezogen zu werden. Durch einen Tritt auf das Gaspedal kann er sich schnell von seinem Gegner lösen, der wutentbrannt in seinem Auto sitzt und nichts gegen den niederträchtigen Beleidiger unternehmen kann. Der Fußgänger dagegen wird es sich überlegen, einen anderen Fußgänger zu beschimpfen, denn dieser kann auf die Beleidigung sofort reagieren, sogar durch eine Ohrfeige. Die Feigheit des schimpfenden Autofahrers liegt also darin, daß er weiß, er kann ungestraft andere beleidigen und erniedrigen, denn der Beleidigte hat keine oder kaum eine Chance, ihn zu sanktionieren – es sei denn, beide treffen sich im Stau und das Auto des Beleidigers ist offen, sodaß der Beleidigte diesem zum Beispiel eine Ohrfeige verabreichen kann.

Aber grundsätzlich ist so etwas nicht möglich. Das Auto verhilft den »kleinen Leuten«, aber nicht nur diesen, zu freudvoller Niederträchtigkeit. Das Auto verschafft den »kleinen Leuten« – zu solchen können geistig auch Generaldirektoren gehören – so etwas wie Macht über andere. Mit dem Auto läßt sich die Heiligkeit der eigenen Person demonstrieren, eben auch die Freude daran, gegenüber anderen Zeitgenossen ungestraft niederträchtig sein zu können. Mit dieser Besonderheit des Autos, das dem einzelnen Möglichkeiten dieser Art einräumt, hängen noch andere Niederträchtigkeiten zusammen. So wird es als selbstverständlich gesehen – gerade von den »kleinen Leuten« –, daß sich alles dem Auto unterordnet. In niederträchtiger Weise werden Städte durch Autos zerstört, Autobahnen ruinieren das grüne Umfeld der Städte, und die Toten auf der Straße werden hingenommen, denn immerhin verschafft das Auto angeblich Freiheit, eben auch die Freiheit zur Niedertracht. Jedes andere Mittel, das annähernd soviel Todesopfer gefordert hat wie das Auto, hätte man schon lange verboten.

(Ich meine, man verzeihe mir meine Kühnheit, der wahre noble Mensch – ein solcher kann auch ein gewöhnlicher Vagabund sein – hat eine vornehme Distanz zum Auto, benützt es höchst selten und fährt mit dem Fahrrad. Ein feiner Mann meinte einmal zu mir: Wahrer Adel fährt am Radl.)

Schüler – Zöglinge

Ein idealer Boden für Niedertracht ist die Schule, aber auch das Gefängnis. Beide ähneln sich, denn die Schule und das Gefängnis sind Institutionen, in denen von den Schutzbefohlenen Gehorsam verlangt wird und diese sich an vorgegebene Regeln zu halten haben. Schüler und Häftlinge sind im wesentlichen »Rechtlose«. Gerade darum versucht wohl mancher von ihnen, in der jeweiligen Hierarchie der »Rechtlosen« obenauf zu sein. Dies gelingt aber nur, wenn Leute vorhanden sind, die man in niederträchtiger Weise unterdrücken kann. Als selbst durch Lehrer und Gefängnisaufseher Unterdrückter macht es wohl Freude, andere zu unterdrücken. Besonders arg ist dies, wie wir sehen werden, im Gefängnis, aber auch in den Internatsschulen, wie sie heute noch zum Teil in England zu finden sind und wie sie bei uns bis vor einiger Zeit noch bestanden haben, ehe man daran ging, alte Formen der Disziplin abzuschaffen.

Bemerkenswert ist, daß die Internatsschüler als Zöglinge bezeichnet wurden, ein Begriff, der dem des Häftlings ähnlich ist.

Ich selbst habe als Klosterschüler – als Zögling – in den fünfziger Jahren noch die alte Form der Klosterschule mit ihrer alten Strenge, aber auch mit den Niederträchtigkeiten der Kameraden erlebt. Charakteristisch für die Internatsschule war, daß Schule und Unterbringungsort der Schüler, also das Internat, unmittelbar zusammengehör-

Die Niedertracht der »kleinen Leute«

ten. Man war also mit den Mitschülern in einem dauernden Kontakt. Möglichkeiten des Rückzuges gab es nur wenige, schließlich war es nur viermal im Jahr, also zu den Ferien, erlaubt, das Internat, welches im Kloster als Konvikt – das heißt eigentlich auch soviel wie Gefängnis – bezeichnet wurde, zu verlassen. In diesen Konvikten blühte die Niedertracht der »kleinen Leute«, wie ich sie am eigenen Leib oft erfahren mußte.

Gerade in den alten klassischen Schulen – und Konvikten – lernen die »Zöglinge« schon sehr früh Strategien der Niedertracht, die vielleicht helfen mögen, mit der eigenen unglücklichen Situation fertig zu werden.

Niederträchtiges Handeln wird gefördert, wenn der niederträchtige Schüler die zumindest stillschweigende Unterstützung durch andere Schüler besitzt. Ein beliebtes Ziel der Niedertracht sind daher Mitschüler, die in der Klassengemeinschaft kein besonderes Prestige genießen und die keine Sanktionen setzen können, sei es, daß sie die Spötter nicht zu verprügeln vermögen oder sei es, daß sie keinen Schutz durch die Heroen der Klasse zu erwarten haben.

Die Strategien der Niedertracht in der Schule sind vielfältig. Sie reichen von Verspottungen wegen körperlicher Mängel bis hin zu Ritualen der Degradierung durch Schläge (vgl. das Kapitel »Die Niedertracht in der Schule«). Besonders arg waren, wie festgehalten, diese Formen der Niedertracht in den alten Klosterschulen. Jeder war in diesen der aufgezwungene Kamerad oder Freund des anderen.

In den Gefängnissen ist es wohl grundsätzlich ähnlich wie in den alten Internaten, den Konvikten. Dostojewski, der auf Gefängniserfahrung zurückblicken konnte, spricht in diesem Sinn von der »Tyrannei der Kameradschaft«. Und diese Tyrannei kann furchtbar sein. Der einzelne Zögling ist, genauso wie der Häftling, ständig den anderen ausgeliefert. Es entwickeln sich daher Hierarchien, an deren oberem Ende sich die Klassenführer befinden und an deren unterem Ende jene, die als Widerspenstige, Abweichler, Dumme oder Schwächlinge – ohne deswegen wirklich solche zu sein – angesehen werden. Erstere leiten ihre Führerposition von ihrer körperlichen

Stärke, von ihrer Wortgewalt oder auch von ihren schulischen Leistungen ab. Sie diktieren das Geschehen zwischen den Schülern. Ihr Wort gilt etwas und ihre Meinung dominiert das Gespräch. Sie bestimmen geradezu die Linie des Klassenverhaltens. Die anderen haben keine Chance ernstgenommen zu werden, sie werden belächelt und sie sind es, an denen die Mitschüler unter dem oft gezwungenen Gelächter des »Mittelteils« Mut »beweisen« können. Dieser »Mittelteil« der Klasse besteht aus den Anpassern, die einfach überleben wollen und die daher den Stärkeren zujubeln. Aber auch bei ihnen zeigt sich die oben bereits besprochene sadistische Freude beim Quälen der Degradierten der Klasse. Große Spezialisten darin sind wohl jene, deren sprachliche, körperliche oder sonstige Überlegenheit den Underdogs der Klasse keine Chance gibt. Und sie wissen auch, daß der Mittelteil ihnen zuschaut, meist zustimmend.

Auch in den heutigen Schulen ist wohl noch etwas von dieser alten Tradition der Niedertracht enthalten.

Häftlinge

Wie schon angedeutet, ähnelt die Niedertracht unter Schülern der Niedertracht in den Gefängnissen, allerdings ist diese bei weitem brutaler. Die oben zitierte Überlegung Dostojewskis von der »Tyrannei der Kameradschaft« gilt vor allem für das Gefängnis. Es lohnt, diese Niedertracht in ihrer extremen Form kurz zu beschreiben. Mein Interesse an dem Leben in den Gefängnissen rührt von meinen Studien über Wiens Unterwelt und vor allem von der Arbeit an einem Buch über einen früheren Wiener Ganoven, einem gewissen Pepi Taschner, her (vgl. Girtler 1983).

Das Gefängnis ist genauso wie das klassische Internat eine totale Institution in dem Sinn, daß der hier lebende Mensch einer gänzlichen Kontrolle unterliegt, nämlich der Kontrolle durch die Justizwache und der Kontrolle durch die Insassen. Das Feld der Niedertracht ist demnach weit. Der Gefangene ist also einer doppelten

Niedertracht ausgeliefert, der seiner Bewacher und der seiner Kollegen. Und das kann furchtbar sein, überhaupt für jene, denen es nicht gelungen ist, in der Kultur des Gefängnisses und seiner Hierarchie ein Mann von Ansehen zu werden.

Diese Gefängniskultur ist von alter Tradition, sie bietet Möglichkeiten, einigermaßen angenehm zu überleben, sie bietet aber auch viele Möglichkeiten der Niedertracht. Um mißliebige Mitgefangene im ganzen Gebäude schlechtzumachen, werden schimpfliche Nachrichten über diese an die anderen Bewohner geheim vermittelt. Sehr alt ist das Weitergeben von Nachrichten im Gefängnis durch Klopfsignale an der Mauer oder an Röhren. Zur Niedertracht, ebenso wie an Schulen, gehört die Schadenfreude, das Ärgern des Kollegen, ihn zu necken, um ihn so in Verlegenheit zu bringen. In den Schulen gibt es darin wahre Spezialisten, die sich am Schaden des angeblichen Freundes weiden, indem sie ihm zum Beispiel ein wichtiges Heft verstecken oder in dieses irgendwelche obszöne Zeichnungen anbringen. Die Gefängnisse dürften eine Hochburg dieser Niedertracht der Neckerei, der Schadenfreude sein. Ein gutes Beispiel bringt der berühmte »rasende Reporter« Egon Erwin Kisch, der während seiner Militärzeit einmal in den Arrest mußte. Dort überkam ihn das Bedürfnis, sich von einem Spezialisten im Tätowieren – solche sind in den Gefängnissen sehr gefragt – ein nettes Motiv auf seinem Rücken anbringen zu lassen.

Darüber schreibt er dies:

»Meine erste Tätowierung ist schon alt, ihr Sujet hat viel Beachtung erregt, obwohl ich an diesem unschuldig bin. Ich saß im Arrest neben einem Lithographen, der sich erbötig machte, mir ein Stilleben auf den Rücken zu tätowieren. In Wirklichkeit aber stach er mir das porträtähnliche Bild unseres Obersten ein, wie mir dieser, kopfabwärts und mit herausgestreckter Zunge, den Buckel hinunterrutscht, tief den Buckel hinunter. (...) Es war wohl meines Zellengenossen eigener Wunschtraum, den er mir da auf der Reversseite applizierte, ohne daß ich die Unterschiebung merkte. Die anderen Häftlinge lachten sich halbtot über meine Ahnungslosigkeit, sie umstanden den Graphiker und betonten unausgesetzt, wie gut die Weinflasche, der Gansbraten und die Blumenvase gelungen seien. Als das Werk fertig war, bedauerte ich, es nicht besehen zu können, leider stand kein Spiegel in unserer Zelle.

In der Nacht schwoll das Gemälde – es war mit Stiefelwichse eingestochen – dergestalt an, daß ich mich zur Marodenvisite melden mußte. Der Regimentsarzt erkannte sofort, wen das Porträt vorstelle, und erstattete die Anzeige. Die Offiziersversammlung trat zusammen, und ich mußte vor ihr das Kunstwerk enthüllen. Meiner Angabe, ich hätte nicht gewußt, was hinter meinem Rücken auf diesen gezeichnet werde, wurde kein Glauben geschenkt. Auch der Lithograph konnte nicht leugnen, daß es so sei. Der Herr Oberst selbst fand sich zum Sprechen ähnlich und war so empört, daß er einen Schlaganfall erlitt. Das Tribunal sprach mir die Eignung zum Offiziersanwärter ab und verlängerte meine Haft. Bald aber mußte ich freigelassen werden, da der Oberst gestorben war und man für die Trauerfeier ein Porträt brauchte; außer auf meinem Rücken war keines vorhanden. Ein Maler kopierte die Zeichnung, während ich auf dem Kopfe stand. Die Kopie mißlang. Und wenn die Witwe das Bild ihres Gottseligen sehen wollte, kam sie zu mir, küßte die teuren Züge und benetzte sie mit ihren Zähren.« (Kisch 1983, S. 85f.)

Kisch spürte die Niedertracht seiner Kollegen im Gefängnis, die sich über diese Geschichte erheiterten. Die Welt des Gefängnisses ist voll von solchen und anderen Ritualen der Niedertracht. Der in das Gefängnis neu hinzugekommene Häftling muß zum Beispiel eine Reihe von Degradierungsritualen über sich ergehen lassen. Durch diese wird ihm klargemacht, daß er nun ein anderer ist, neue Pflichten hat, nicht widersprechen darf und sich gänzlich einzuordnen hat. Zu diesen Ritualen der Niedertracht gehören der Kleiderwechsel und das sogenannte »Zugangsbad«, eine Art Taufe, durch die dem Gefangenen symbolisch sein neuer Status demonstriert wird.

Die Autonomie des Menschen wird gänzlich verletzt, und eine Möglichkeit des persönlichen Rückzugs gibt es nicht. Jeder ist jedes aufgezwungener Genosse, genauso wie in den Internaten und in abgeschwächter Weise in den Schulen. Allerdings sind jene Insassen im Vorteil, die aus der Berufskriminalität kommen und in dieser bereits einen »Namen« und damit Ehre haben.

Ein großer Eingriff in die Intimsphäre jedes Gefangenen ist die Benützung des Klosetts, denn er ist dabei von seinen Kollegen, wenn überhaupt, nur durch einen Vorhang getrennt. Allerdings hat sich hierin angeblich bereits einiges geändert. In den Zellen herrscht also stets ein übler Geruch, da ständig – vor allem in größeren Gemeinschaftszellen – irgend jemand auf dem Klosett sitzt. Der neu hinzukommende Gefangene braucht eine Zeit, bis er sich an diese Form der Verrichtung der Notdurft gewöhnt hat. Dabei muß er sich einige niederträchtige Worte von lästigen Kumpanen gefallen lassen, zum Beispiel, wenn er zu lange sitzt: »Scheiß schneller!« oder ähnliche Bemerkungen.

In der informellen Hierarchie des Gefängnisses genießen jene Leute höchstes Ansehen, die bei ihren Delikten mit Geld zu tun hatten. Bankeinbrecher, geschickte professionelle Betrüger und andere Ganoven besitzen demnach das meiste Prestige. Gleich nach ihnen kommen die, die als Gewalttäter mit Polizisten oder mit bekannten Männern aus der Welt der Kriminalität zu tun hatten. Am unteren Ende der sozialen Hierarchie im Gefängnis rangieren die Sittlichkeitsattentäter, diejenigen, die Frauen und Kinder vergewaltigt oder gar getötet haben. Von ihnen distanziert sich der »noble« Ganove (siehe dazu näher Girtler 1983). Diesen gegenüber dürfen Akte der Niedertracht gesetzt werden, da sie durch ihre Delikte, wie der Kinderschändung oder des Frauenmordes, jede Ehre verloren haben.

Der erwähnte Pepi Taschner, der wegen Raufhändel und Messerstechereien innerhalb der Szene Jahre im Gefängnis einsaß, aber sonst ein ganz passabler Bursche war, erzählte mir, er wäre einmal gemeinsam mit einem Kinderschänder in einer Zelle eingesperrt gewesen. Dieser Kinderschänder war ihm wegen seiner Tat derart widerlich, daß dieser unter dem Bett schlafen mußte: Pepi behandelte also diesen für ihn üblen Burschen mit größter Niedertracht. In der kleinen Welt des Gefängnisses mit seinen Ritualen der Niedertracht haben also jene gewisse Vorteile, die als Berufskriminelle mit Geld zu tun haben und die wegen Delikten einsitzen, durch die keine unschuldigen und wehrlosen Menschen zu Schaden gekommen sind. Derlei Berufskriminelle gelten demnach als »ehrenvoll«, im Gegensatz zu Kinderschändern, Frauenmördern und primitiven Mördern. Letztere müssen, wie wir gesehen haben, mit der Niedertracht ihrer Mitgefangenen rechnen. Von ihnen grenzt sich der ehrenvolle Ganove ab.

Strategien der Niedertracht in bestimmten Organisationen und vor allem in Büros ähneln in gewisser Weise denen im Gefängnis, allerdings sind ihre Methoden etwas zivilisierter und heimtückischer, aber letztlich vielleicht noch brutaler.

In diesem Kapitel wollte ich zeigen, wie Menschen, die als »kleine Leute« Macht ausüben, zu großer Niedertracht fähig sind. Dazu gehören gleicherweise die Autofahrer, »Zöglinge« und Häftlinge, aber noch viele andere, auf die ich hier nicht eingehen konnte. Für sie alle gilt das Wort Dostojewskis von der »Tyrannei der Kameradschaft« (s. o.).

Dies gilt wohl auch für die Autofahrer, schließlich spricht man nicht umsonst von der »Straßenkameradschaft«, die eine sehr bittere sein kann, ebenso wie die »Kameradschaft« in den Schulen und Gefängnissen, also überall dort, wo »kleine Leute« aufeinander angewiesen sind und die Möglichkeit haben, anderen das Leben schwer zu machen.

15.

Die Niedertracht der Nachbarn und die Bedeutung der Grenze

Die Wichtigkeit der Grenzen

Klassische Niedertracht findet sich im Kontakt zwischen Nachbarn. Der Nachbar kann der Bösewicht schlechthin sein. Ein altes Sprichwort sagt in diesem Sinn: »Es kann der Frömmste nicht in Frieden leben, wenn es dem bösen Nachbarn nicht gefällt.« Der Nachbar kann einem das Leben zur Hölle machen.

Oft geht der Streit zwischen Nachbarn um die Grenze. Grenzen gehören zum menschlichen Leben, ohne sie ist menschliche Kultur nicht vorstellbar, denn Grenzenlosigkeit widerspricht der menschlichen Anlage – ich habe darüber ein ganzes Buch geschrieben (vgl. Girtler 1992c). Bei meinen Forschungen zu diesem Buch sah ich, daß Menschen Anstrengungen unternehmen, um Grenzen aufzubauen, aber auch, um diese zu überwinden. Mit beidem kann Niedertracht verbunden sein. Menschen können es als Beleidigung auffassen, wenn jemand durch einen Zaun oder eine Mauer kundtut, daß er mit jenen Leuten, die auf der anderen Seite wohnen, nichts zu tun haben will. Und Menschen können furchtbar böse werden, wenn der andere, der Nachbar, die gemeinsame Grenze nicht respektiert. Das Nichtrespektieren der Grenze kann sich nicht bloß darin zeigen, daß man körperlich die Grenze verletzt, sondern auch durch Lärmen, Gestank und ähnliches.

Zeitungen berichten von Mord und Totschlag unter Nachbarn. Der Haß, der zwischen Nachbarn allmählich aufgebaut wird, kann furchtbar sein und mit Pistolenschüssen enden. Berüchtigt sind die Nachbarschaftsfehden in den sogenannten Schrebergarten-Siedlungen. Auf kleinen Grundstücken mit je ca. 500 Quadratmetern, auf denen sich für gewöhnlich ein Häuschen, Wasserbassin, Kinderschaukel, Apfelbäumchen, Radieschen, allerhand Blumen und Gartenzwerge befinden, ist man den wachsamen und neugierigen Augen der Nachbarsleute besonders ausgesetzt. Kleine Handbewegungen können als Zeichen der Aggression gewertet, lautes Reden als Beleidigung aufgefaßt und das Betätigen des Rasenmähers als Bosheitsakt gesehen werden. Menschen, die in enger Nähe zum Nachbarn leben, sind also einem besonderen Druck ausgesetzt, den allerdings jene Nachbarn nicht kennen, die weit auseinander wohnen, wie zum Beispiel Farmersleute in den USA oder in Australien, bei denen die Entfernung zwischen den Farmershäusern bis 50 und noch mehr Kilometer betragen kann. Hier freut man sich über den seltenen Besuch des Nachbarn und lädt ihn groß ein.

Sehr nahe nebeneinander wohnende Nachbarn neigen eher dazu, sich Wortgefechte zu liefern oder gar miteinander zu raufen. Die letzte Konsequenz ist, daß man den Nachbarn einfach nicht beachtet und an ihm grußlos vorbeigeht, um ihm dadurch zu zeigen, daß er ein mieses Individuum ist.

Die alten Wiener Bassena-Wohnungen

Der Nachbar kann also zum Problem werden, nämlich dann, wenn er sich durch die Nähe der anderen in seiner kleinen Welt belästigt sieht. Berühmt sind die Geschichten in den alten Mietshäusern der Großstädte, in denen das Klosett auf dem Gang war, aber auch die Wasserleitung. In Wien bezeichnete man derartige Wohnungen als Bassena-Wohnungen. Die Nachbarn trafen sich beim gemeinsamen Wasserhahn, der Bassena, und benützten dasselbe stille Örtchen. Ich selbst habe als Student in einer solchen Wohnung in Wien gewohnt. Der Streit wegen des Saubermachens vor den Türen und beim Wasser und wegen des Reinhaltens des Klosetts war oft übel.

Auf das Klosett nahm sich jeder das Klo-Papier selbst mit. Vergaß man es einmal und verschwand dieses, so konnte auch eine solche nie-

Die Niedertracht der Nachbarn und die Bedeutung der Grenze

derträchtige Entwendung zu einem Hader zwischen den dieses gemeinsame Klosett benützenden Personen – meist waren drei Wohnungen einem Klosett zugeordnet – ausarten. Ich bin überzeugt – oder ich war es –, daß unsere Nachbarin zum Beispiel bewußt zu lange am »Häusl« saß, um uns, mich und meine achtzig Jahre alte Zimmerfrau, zu ärgern.

Meine Zimmerfrau, Anna Zanibal hieß sie und stammte aus Zagreb, war eine liebenswürdige Wienerin. Sie hatte ihre Strategien entwickelt, um mit der Nachbarin, von der sie sich regelmäßig in ihrer kleinen Welt mit ihren Grenzen belästigt sah, fertig zu werden. Die wichtigste Strategie war wohl die, die Nachbarin einfach zu ignorieren, also so zu tun, als ob es sie nicht gebe. Da in solchen Mietshäusern der Kontakt zwischen den Parteien ein sehr enger war und die Wände allerhand Lärm durchließen, war man bemüht, dem Nachbarn zu zeigen, daß man selbst ein feiner Mensch sei – im Gegensatz zu ihm. Um sich zum Beispiel als seriöse Zimmervermieterin zu präsentieren, durfte ich als junger Student zum Beispiel keinen Damenbesuch empfangen. Ich tat es dennoch, aber das war sehr umständlich.

Man war also unter dem ständigen Druck, vor den Nachbarn als ein ordentlicher und achtbarer Mensch dazustehen.

Das Leben in diesen Häusern war durch den Tratsch bestimmt. Erfuhr eine Nachbarin Tadelnswertes über eine andere, so besuchte sie gleich eine Dritte, um ihr dies zu erzählen. Es bildeten sich dabei eigentümliche Koalitionen, die freilich wechselten. Einmal hatte man zu dieser Nachbarin einen guten Kontakt, dann wieder zu der anderen und schimpfte über den Rest der am Stock wohnenden Parteien. Streitereien konnten oft große Dimensionen annehmen.

Jeder Bewohner war der genauen Beobachtung der anderen ausgesetzt. Früher jedoch gab es an den Türen noch kein Guckloch, den »Türspion«, der die Beobachtung des Lebens am Gang sehr erleichtert hätte, daher bohrte man selbst ein kleines Loch in die Tür. Oder man schaute durch das Schlüsselloch. Dies und anderes zu diesem Thema – das möchte ich hier einfügen – erzählte mir der liebenswürdige Herr Dr. Rudolf Moser, ein begnadeter Kulturwissenschafter, den ich als meinen Studenten und Freund bezeichnen darf. Er besitzt, da er in einer solchen Bassena-Wohnung aufwuchs, treffliches Wissen über diese kleinen Welten der Mietshäuser, zumal seine Mutter selbst in heftige Gefechte am Stock verwickelt war. Ich danke hier Herrn Dr. Moser für seine Erzählungen, die mir nützlich waren.

Um zu wissen, was die Menschen im Haus taten oder wie sie lebten, blickten manche oft stundenlang vom Fenster aus auf die Gasse, oder man stand hinter dem Vorhang, um selbst nicht gesehen zu werden. Die Neugierde war groß.

In den alten Mietshäusern gab es am Dachboden eine Waschküche. Es war genau geregelt, an welchem Tag im Monat die einzelnen Wohnparteien ihren Waschtag hatten. Die gewaschene Wäsche wurde am Trockenboden aufgehängt. Neugierig schlichen sich Nachbarinnen dorthin, um zu sehen, welche Wäsche die Nachbarn trugen. Man meinte dann zum Beispiel: »Wiener Schnitzel können sie sich leisten, aber die Unterwäsche ist nichts wert.« Die Neugierde war notwendig, um in niederträchtiger Weise andere »ausrichten« zu können.

Übrigens gab es sogar Leute, die neugierig in die Mistkübel, die im Hof standen, blickten, um zu sehen, was die Nachbarn so wegwerfen. Auch das konnte Gegenstand des Tratsches werden, aber vor allem des Neides.

Eine wichtige Person in den alten Häusern war der Hausbesorger oder die Hausbesorgerin. Sie hatten einige Macht. In früheren Zeiten verfügten nur sie über den Schlüssel des Hauses. Bewohner, die erst nach der Sperrstunde in das Haus wollten, mußten dem Hausmeister oder der Hausmeisterin einen kleinen Betrag zahlen. Ihre Macht wurde jedoch eingeschränkt, als jeder im Haus einen Haustorschlüssel erhielt. Aber dennoch war die Macht der Hausmeister groß. Sie konnten den Tratsch lenken, konnten Wohnparteien, die ihnen nicht zu Gesicht standen, schikanieren, und sie konnten sogar, wenn Wohnungen leer standen, Mieter für diese nennen.

Manche Hausmeister waren Meister des Tratsches, aber auch des Neides. Neid bestimmte wohl oft die Beziehung zwischen den Nachbarn, und auch zum Hausmeister.

Die Niedertracht der Nachbarn und die Bedeutung der Grenze

GRUNDSTÜCKSNACHBARN UND DIE GRENZE: STREIT UND NIEDERTRACHT

Besonders wild, langwierig und lästig können Streitigkeiten zwischen Nachbarn sein, die ihre Häuser direkt nebeneinander haben, wenn einer der Nachbarn sich als niederträchtiges Individuum präsentiert.
  Mit einem solchen Individuum haben die liebenswürdigen Eltern eines Freundes von mir zu tun, welcher mir deren Ärgernisse mit dem Nachbarn beim Bier schilderte. Seine Eltern hatten sich in einem Randbezirk Wiens, und zwar in Eßling, ein Stück Grund gekauft, ein schönes Stück, umgeben von Feldern. Auf diesem bauten sie sich ein schmuckes Häuschen. Vor einigen Jahren erwarb nun ein Herr Berger (Name wurde auf Wunsch meines Freundes geändert) den daneben befindlichen Grund. Darauf ließ er ein Fertighaus errichten und bat die Eltern meines Freundes, die ich Schneidinger nennen möchte, eine Garage an der Grenze zu ihrem Grundstück bauen zu dürfen. Die Schneidingers hatten nichts dagegen, denn baupolizeilich muß die Garage drei Meter von ihrer Grenze entfernt sein. Die Erlaubnis erteilten sie, da sie auf gute Nachbarschaft hofften. Ihre Überraschung war groß, als der werte Herr Berger dort nicht nur eine Garage sondern auch einen Schuppen, also eine Hütte, für die keine Erlaubnis gegeben war, aufstellte. Und außerdem wurde die Garage um einiges höher, als er zunächst angegeben hatte.
  Nun begann der Streit. Die freundlichen Scheidingers teilten dem Herrn Berger höflich mit, daß sie die Garage in dieser nicht ausgemachten Form und der Schuppen störe. Herr Berger erwiderte frech, die Schneidingers sollten sich doch eine Laube bauen. Die Schneidingers hielten die Idee für gar nicht einmal so schlecht und pflanzten tatsächlich im Sinne der guten Nachbarschaft eine Laube. Der Schuppen störte jedoch weiter, zumal er hoch ist und genau vor dem Schlafzimmer der Schneidingers in die Höhe ragt.
  Doch die Schneidingers blieben noch gutmütig. Sie schnitten auch eine riesige Weide um, die auf ihrem Grund stand und deren Blätter in den Swimmingpool des Herrn Berger gefallen waren, was

diesen verärgert hatte. Herr Berger, ein Autonarr, besaß zwei schnelle teure Autos. Ein Auto stellte er stets vor dem Garten der Schneidingers ab, und zwar zwischen der Straße – einen Gehsteig gibt es dort nicht – und der Gartengrenze. Die Schneidingers störte das Auto und sie meldeten ihren Verdruß dem Herrn Nachbarn. Dieser erwiderte bloß, die beiden Schneidingers sollten sich »nichts antun«, denn dieses Stück Grund sei ohnehin ein unbegrüntes Stück. Nun setzte Herr Schneidinger am Rande des Gartens Sträucher, die derart zur Straße wuchsen, daß Herr Berger dort sein Auto nicht mehr parken konnte, ohne daß es Kratzer bekommen hätte. Das erboste Herrn Berger und er verlangte von den Schneidingers, sie sollten die Sträucher umschneiden. Herr Schneidinger meinte, er würde dies nicht machen, denn er sei froh, daß nun niemand vor seinem Haus parken könne.

Nun begann die echte Niedertracht des Herrn Berger. Immer wenn er auf seinem Grund etwas baute – und er baute viel –, leerte er den Schutt hinüber auf den Grund der Schneidingers genau vor deren Haus. Diese beklagten sich, aber Herr Berger reagierte nicht auf die Bitten der Schneidingers, sie doch mit dem Bauschutt zu verschonen. Herr Schneidinger ging nun her und schaufelte, ohne etwas zu sagen, den Schutt vor das Haus des Herrn Berger. Dies geschah, ohne daß geredet wurde. Man grüßte sich sogar noch. Herr Berger ging nun seinerseits her und schaufelte die Blätter von den Bäumen der Schneidingers, die zu ihm hinüber fielen, samt Erde hinüber zum Nachbarn. Herr Schneidinger stellte Herrn Berger deswegen zur Rede. Dieser erwiderte, er, der Herr Schneidinger, würde ja auch den Dreck vor seine Türe schaufeln. Herr Schneidinger meinte, dies wäre ja nicht sein Dreck. Herr Berger blieb uneinsichtig. Er ließ – so schien es den Schneidingers – keine Gelegenheit aus, um sie zu verärgern.

So feierte er wilde Feste am Swimmingpool, die die Schneidingers, da ihr Schlafzimmerfenster dort hinausging, nicht schlafen ließen. Die Lärmbelästigung dauerte unentwegt an, denn Herr Berger liebte es auch, laute Musik auf seiner Stereo-Anlage zu spielen. Herr Schneidinger ging zum Gegenangriff über und ließ zur wilden Schlagermu-

Die Niedertracht der Nachbarn und die Bedeutung der Grenze

sik des Herrn Berger in voller Lautstärke klassische Musik ertönen. Herr Berger ließ sich nicht beeindrucken.

Noch andere Streitfälle ergaben sich. Bald trat Herr Berger zum offenen Kampf an. Er beschimpfte Herrn Schneidinger auf offener Straße als Psychopathen. Der Streit eskalierte, als Herr Berger wiederum begann, den Bauschutt vor dem Haus der Schneidingers abzuladen. Herr Schneidinger hatte jedoch schon begonnen, den Streifen vor dem Haus zu begrünen, er säte Grassamen aus und zog mit rot-weiß-roten Fähnchen eine Grenze. Dennoch wurde der Bauschutt dort abgeladen, obwohl dieser Streifen zum Grund der Schneidingers gehörte. Herr Schneidinger gestattete sich nun, den Herrn Berger auf die Begrünung aufmerksam zu machen. Herr Berger beschimpfte drauf Herrn Schneidinger fürchterlich. Sogar vom »Arschlecken« soll er gesprochen haben. Und fügte noch hinzu: »Ich bin ein arbeitsamer Mensch und sie sind Pensionist.« Herr Schneidinger wollte sich nun an Herrn Berger rächen und hatte die Absicht, wegen des Schuppens die Baupolizei aufzusuchen. Der Herr Nachbar muß das geahnt haben und entschuldigte sich daher beim Herrn Schneidinger für die Beschimpfung. Herr Schneidinger zeigte ihn nun nicht an, aber die Beschimpfung durch Herrn Berger, die auch die Nachbarn gehört hatten, hatte ihn tief getroffen. Seit bald zwei Jahrzehnten leidet er unter den Unfreundlichkeiten des Nachbarn derart, daß er nur mit Widerwillen über diese Sache reden kann. Er ist sich bewußt, hätte er damals vor Jahren nicht die Erlaubnis zur Errichtung der Garage gegeben, daß sich vielleicht kein Streit entwickelt hätte . Die Gutmütigkeit der Schneidingers hatte letztlich die Niederträchtigkeiten des Herrn Berger zur Folge.

An dieser nachbarlichen Geschichte ist interessant, daß es hier um die Grenze geht und um die Distanz zueinander. Und diese wird bewußt dauernd verletzt. Die Niedertracht des Nachbarn eskaliert schließlich. Herr Schneidinger ist entsetzt und hofft auf nachbarliche Ruhe, die der Herr Berger ihm aber nicht zu vergönnen scheint.

Grenzen sind seit altersher klassische Streitgegenstände. Oft wurde und wird um den genauen Verlauf der Grenze mit dem Nachbarn gestritten. Wegen solcher Grenzverläufe haben sich benachbarte Bauernfamilien auf Generationen hin zerkracht und sind nicht gewillt, Frieden zu schließen. Es haben sich daher Bräuche und Rechtsregeln entwickelt, die dem Streit zwischen Nachbarn wegen der gemeinsamen Grenze vorbeugen sollen, so gut es eben geht.

Ein Brauch bei Bauern war zum Beispiel, daß man bei der Grenzsteinsetzung eine Flasche zerbrach und die Scherben unter dem Grenzstein vergrub. Sollte der Stein widerrechtlich versetzt werden, so war es doch mühevoll, auch die Scherben aus dem Boden zu suchen und zu übertragen. Im Salzkammergut gab es einen eigenartigen Brauch: Der Bauer ließ, wenn der Grenzstein gesetzt wurde, seine Söhne aufmarschieren. Der jüngste von ihnen erhielt von ihm dabei eine feste Ohrfeige, die den Burschen einerseits schmerzte, die ihn aber für sein künftiges Leben daran erinnern sollte, daß er an dieser bestimmten Stelle eine – für ihn gänzlich unerwartete – Ohrfeige erhielt.

In manchen Gegenden gab es den Brauch, daß an einem bestimmten Tag im Jahr die Grenzen des Dorfes von Honoratioren und Grundeigentümern unter Musikbegleitung und Wein oder Bier trinkend abgegangen wurden. Auf diese Weise wurde allen klargemacht, wo und wie die Grenzen verlaufen, um künftige Niedertracht zu verhindern.

Lärm über die Grenze

In der oben erzählten Geschichte von den Schneidingers spielt die Belästigung durch laute Musik eine große Rolle. Tatsächlich ist der Lärm – auch die Musik wird bisweilen als solcher empfunden – eine Quelle der Niedertracht.

Oft wird wegen des Lärms gestritten, der von einem Grundstück zum anderen hinübergetragen wird. Die Niederträchtigkeiten dabei können groß sein.

Als unzumutbaren Lärm hatten so die Anrainer eines Bauern, des sogenannten Sagmühlbauern in Niederalm bei Salzburg, es empfun-

Die Niedertracht der Nachbarn und die Bedeutung der Grenze

den, daß dieser bei seiner Arbeit pfiff. Der Bauer liebte es, Lieder zu pfeifen, wobei er den »Schneewalzer« bevorzugte. Er muß dabei derart laut und unmelodiös gepfiffen haben, daß die Nachbarn ihn aufforderten, das Gepfeife sein zu lassen, doch der Sagmühlbauer ließ sich von seiner Freude am Pfeifen nicht abbringen. Die niederträchtigen Nachbarn sammelten nun Unterschriften, die sie der Gendarmerie und der Bezirkshauptmannschaft vorlegten, damit man es dem Sagmühlbauer behördlich verbiete, bei der Arbeit Lieder zu pfeifen. Die Angelegenheit eskalierte, sogar Lärmmessungen und amtsärztliche Gutachten wollte man einbringen. Der Bezirkshauptmann setzte jedoch dem Streit ein Ende und ließ die Verfahren gegen den pfeifenden Bauern einstellen (vgl. Kurier, 11.9.1993).

Sogar über einen krähenden Hahn beklagen sich Nachbarn. Eine solche Geschichte spielte sich in Kronstorf, einem Dorf bei Steyr in Oberösterreich ab. Dort krähte der Hahn einer 56 Jahre alten Dame derart, daß die Nachbarn, ein aus Wien zugezogenes Ehepaar, sich belästigt fühlten und sich in ihrem Schlaf gestört sahen. Die Nachbarsleute brachten eine Anzeige gegen die Besitzerin des Hahnes ein. Diese verteidigte sich damit, daß sie den Hahn, der in einem Zeitungsartikel den schönen Namen Caruso erhalten hatte, erst um sechs Uhr morgens aus dem Hühnerstall lasse. Doch die Bezirkshauptmannschaft teilte ihr mit, daß sie durch das Krähen des Hahnes den Paragraph 5 Absatz 1 des oberösterreichischen Polizeistrafgesetzes verletze.

Wörtlich heißt es in der »Strafverfügung«: »Sie haben als Besitzer eines Hahnes, diesen zu ungenügend beaufsichtigt bzw. verwahrt, daß durch das Tier dritte Personen über das zumutbare Maß hinaus belästigt wurden, da der Hahn in den frühen Morgenstunden vom Stall ins Freie gelangen und durch sein Krähen das im gegenüberliegenden Haus wohnende Ehepaar [XY] über das zumutbare Maß hinaus belästigen konnte.« Als Strafe wurde über sie die Bezahlung von 300 Schilling verhängt. Als Tatzeit war 5 Uhr 30 im September 1992 angegeben. Die Krise konnte nicht einmal durch den Bürgermeister aus der Welt geschafft werden. Caruso landete im Topf, aber sein Nachfolger führt sich genauso auf, sodaß das nachbarliche Ehepaar, das

Die heitere Nachbarin am gemeinsamen Gartenzaun

keine Vorliebe für krähende Hähne zu haben scheint, wiederum Anzeige gegen die Dame mit dem Hühnerstall erstattete (vgl. Kurier (O.Ö., 17.4.1993).

Lärmen über die Grenze hinweg mag bisweilen als Niedertracht und Belästigung empfunden werden. Aber zumindest ebenso niederträchtig können die Aktivitäten von Nachbarn sein, Lärm und lärmende Musik durch Anzeigen bei Polizei und Gendarmerie zu ahnden. Besondere Spezialisten dürften darin Nachbarn in städtischen Wiener Wohnungen sein, die es manchmal zu Recht als Angriff gegen ihre Person sehen mögen, wenn in Nachbarwohnungen Studenten laute Feste feiern, laute Lieder gesungen werden und Diskussionen ausarten.

Die Niedertracht der Nachbarn und die Bedeutung der Grenze

Bäume an der Grenze und die Niedertracht

Ein geradezu alltäglicher Streit zwischen Nachbarn bezieht sich auf die Bäume an der Grenze. Darüber gibt bereits das alte Rechtsbuch, der »Sachsenspiegel«, Auskunft. Er gibt genaue Regeln an, wem zum Beispiel die Früchte der Bäume gehören, die über die Grenzen hinausragen. Aber dennoch streiten und zerstreiten sich Nachbarn wegen der Bäume an der Grenze. Über diesen ominösen »Baum an der Grenze« soll ein ganzes juristisches Buch mit Gesetzesauslegung und Kommentaren existieren, wie mir ein Rechtsgelehrter erzählt hat (ich konnte es nicht ausfindig machen).

Schwierigkeiten wegen Bäumen an der Grenze hatte auch ich. Ich habe mit meinem Bruder das Haus meiner Eltern geerbt. Die Erbteilung geschah friedlich, meine Nachbarn begannen jedoch mit einer niederträchtigen Aktion, die mich ärgern sollte. Die Nachbarin fragte mich eines Tages so nebenbei, ob sie an der Grenze einiges tun dürfte. Ich hatte dies so verstanden, daß sie Dinge, die sich direkt auf der Grenzlinie befinden, wegräumt oder Äste, die auf ihren Grund hinüberreichen, abschneidet oder ähnliches. Als einmal eine Zeitlang niemand von uns dort anwesend war, ergriff die Dame die Gelegenheit und bat einen Bauern, die ein Stück hinter der Grenze von meiner Mutter gepflanzten 56 Fichten umzuschneiden und wegzuräumen. Dafür hatte ich der Frau allerdings keine Erlaubnis gegeben. Das wußte sie auch. Meine Familie und ich waren nun sehr erbost und fragten die Nachbarin, was ihr eingefallen sei, unsere Bäume zu vernichten. Sie meinte nun, meine verstorbene Mutter hätte ihr das erlaubt. Ich erwiderte, dies stimme nicht, und auch wenn sie es ihr erlaubt hätte, so hätte sie, die Nachbarin, dennoch nicht das Recht zur Abholzung an meiner Grenze, da ja ich als Erbe der Eigentümer bin.

Die Frau beharrte in ihrer Niedertracht. Ich beauftragte eine Rechtsanwältin mit der Sache. Diese schrieb der Nachbarin einen geharnischten Brief, in dem sie sie aufforderte, ihr schriftlich zu erklären, daß sie es künftighin unterlasse, Bäume auf meinem Grundstück umzusägen und Baumwipfeln abzuschneiden. Und außerdem werde sie aufgefordert, meinen Schaden zu begleichen. Damit sie dies tun könne, werde eine Gärtnerei beauftragt, die Wiederaufforstung durchzuführen.

Es ergab sich nun ein Streit, in dem meine Familienmitglieder genauso wie die Verwandten der Dame hineingezogen wurden. Ihr Schwager meinte, ich würde mich lächerlich machen, die Sache wäre eine Bagatelle. Ich schrieb ihm, ich würde die Roheit meiner Nachbarin nicht verstehen, da wir – meine Kinder, Enkelkinder und ich – diese Bäume, die allerdings nicht direkt an der Grenze, sondern hinter dieser standen, liebgewonnen hatten. Auch mit der Tochter der Nachbarin wechselte ich Briefe. Sie hatte ebenso behauptet, meine Mutter hätte vor ihrem Tod den Baumfrevel gestattet. Ich hatte die feste Absicht, die Nachbarin zu klagen. Ich ließ jedoch davon ab, da mir Leute aus der Nachbarschaft davon abrieten und zu verstehen gaben, mir im Falle einer Klage die Freundschaft aufzukündigen, da Nachbarn sich vertragen müßten. Ich wurde sogar gemeinsam mit meinen niederträchtigen Nachbarn zu einer Geburtstagsfeier eingeladen, bei der ich mehr oder weniger gezwungen wurde, Frieden zu schließen. Ich tat dies, neue Bäume pflanzte die Nachbarin allerdings nicht.

Meine Mutter war aber schlau und hatte hinter den Fichten, die die niederträchtige Nachbarin fällen sollte, noch eine andere Reihe von Fichten gepflanzt, die zum Zeitpunkt des Streites noch jung waren. Doch jetzt, ein paar Jahre später, haben diese auch schon eine beträchtliche Höhe erreicht, was die niederträchtige Nachbarin mit Ärger wahrnimmt.

Sie hat sogar schon angefragt, ob sie nicht wenigstens die Wipfeln der jungen Fichten abschneiden dürfe. Ich gestatte ihr das nicht. Mit Vergnügen sehen wir dem Wachsen der Fichten zu. Diese Begebenheit, die mir selbst widerfahren ist, gibt farbig Einblick in die Geschichte um die Niedertracht, die wegen der Grenze bisweilen blüht.

Menschliches Leben ist durch Grenzen bestimmt. Und wo es Grenzen gibt, gibt es auch Nachbarn. Und diese können, wie man sieht, voll der Niedertracht sein.

16.

Die Niedertracht der (angeblichen) Freunde

Wie schon angedeutet, kann Niedertracht in besonders hinterhältiger Weise die Gestalt von Freundschaft annehmen, um die Schwächen anderer auszunützen und sie hineinzulegen. Das wußte auch der Philosoph Kant, der sich über die Anbiederungsversuche des sich als seinen Freund ausgebenden Johann G. Fichte ärgerte und ausrief: »Gott bewahre uns vor unseren Freunden, denn es gibt auch mißliebige auf unser Verderb ausgerichtete sogenannte Freunde, vor denen und ihren ausgelegten Schlingen man nie genug auf der Hut sein kann.«

Ähnliches besagt ein alter Spruch: »Gott schütze mich vor meinen Freunden, vor meinen Feinden schütze ich mich selbst.«

Niedertracht sogenannter Freunde kann furchtbar sein, wie ich nun zeigen werde.

Die »Gutmeinenden«

Besonders raffiniert kann sich Niedertracht unter Freunden oder besser unter sogenannten Freunden zeigen. Eine üble, geradezu klassische Form der Niedertracht ist, dem Freund zu sagen, man würde es »gut mit ihm meinen«, und daher sehe man sich auch gerechtfertigt, ihm die Wahrheit zu sagen. Diese Wahrheit schaut dabei grundsätzlich so aus, daß man dem vorgeblichen Freund irgendeine Beleidigung sagt, wie zum Beispiel, sein Verhalten sei unmöglich oder er sonst eine traurige Figur. Der, dem dies eröffnet wird, hat wenig Chancen, sich entsprechend zur Wehr zu setzen, da ja der andere ausdrücklich ankündigte, er würde es »gut meinen«. Tatsächlich jedoch aber meint er es nicht so »gut«, wie der Kamerad verbittert merken muß.

BÖSEWICHTE

Ein alter jüdischer Freund von mir sagte mir einmal:»Gott behüte mich vor jenen, die es gut mit mir meinen.« Freunde können sich problematisch auswirken. Der von einem »Freund« mit Niedertracht versehene Mensch hat es nicht leicht, denn die Worte des Freundes können stärker treffen als die Worte eines Fremden. Den Freunden widmet auch Freiherr von Knigge einige Seiten. Echte edle Freundschaft ist nach Knigge nur möglich, wenn eine Gleichheit in Grundsätzen und Empfindungen besteht, doch eine solche »findet nicht leicht Platz«. Neid und andere unedle Eigenschaften mögen die Beziehung zwischen Freunden verdunkeln. Knigge gibt dabei etwas Weises von sich:»Das sicherste Mittel, Freunde zu haben, sei – keiner Freunde zu bedürfen.«

Knigge kommt auch zu einem ähnlichen Ergebnis wie ich, wenn er meint, ein edler Freund würde bedingungslos zu seinem Freund halten, er würde nicht »mitlächeln, wenn lose Buben hinter seinem Rücken ihn höhnen«. Und weiter heißt es bei Knigge:»Mit Vorsicht und Klugheit sollst du ihm Nachricht geben von Gefahren, die ihm und seiner bürgerlichen Ehre drohen, aber nur insofern dies dazu dienen kann, dem Übel auszuweichen oder Unvorsichtigkeiten wieder gut zu machen, nicht aber, wenn er dadurch bloß eine unruhige Stunde gewinnt.« (Knigge 1984, S. 174) Es besteht also da eine Grenze, wo der Freund durch niederträchtige Bemerkungen getroffen, beunruhigt oder beleidigt werden kann.

Beleidigt war auch ich, als ein sogenannter Freund am Tag nach einer öffentlichen Diskussion, an der ich teilgenommen hatte und die er beobachten konnte, mich anrief und mir »als Freund« mitteilte, wie fürchterlich meine Art des Redens gewesen sei. Der Mann dachte wohl, dies entnahm ich seiner Stimme, ich würde seine sogenannte freundschaftliche Kritik akzeptieren und mich ärgern. Ich bin mir fast sicher, sein Anruf beruhte offensichtlich auf Neid, denn ich hatte in meiner lockeren Art, die allerdings nichts mit Sprachkünstlertum zu tun hat, gute Resonanz bei den Zuhörern gefunden. Ein »einfacher« Herr kam sogar zu mir und teilte mir freundlich mit, meine Ausführungen hätten ihm gut gefallen, schließlich hätte ich in verständlicher Weise – im Gegensatz zu den anderen – gesprochen. Dieses Kompliment erfreute mich, nicht jedoch der Anruf meines ehemaligen Freundes. Ich empfand es als ärgerlich, was er mir mitteilte, und antwortete ihm, nachdem ich ihm ein ordentliches Schimpfwort zugerufen hatte, daß ich nie wieder etwas mit ihm zu tun haben wolle. Knigge hält dazu noch etwas fest, das hierher paßt: »Der Freibrief eines Freundes, dem anderen die Wahrheit nicht zu verhehlen, berechtigt ihn aber nicht, dies mit Grobheit, mit Ungestüm, mit Zudringlichkeit zu tun, ihn durch lange Predigten zu ermüden und zu erbittern.« (!) (a.a.O., S. 177f.)

Die Schmeichler

Ebenso unangenehm ist übrigens auch jener Freund, der mit Schmeicheleien und heuchlerischen Lügen arbeitet. Dazu hält Knigge dies fest: »Jede Art von schädlicher Schmeichelei muß im Umgang unter echten Freunden wegfallen, nicht aber eine gewisse Gefälligkeit, die das Leben süß macht.« (a.a.O)

Scherzbolde und Beleidiger

Verwandt mit dieser Art der Niedertracht ist die Niedertracht durch Neckereien von Freunden, die ebenso in Wahrheit keine sind. Man meint, jemanden in heiterer, aber beleidigender Weise in Gesellschaft ärgern zu können, denn es sei ja ohnehin nur ein »Scherz«, den man sich da erlaube. Sollte derjenige, gegen den sich der Scherz richtet, sich beleidigt zeigen, so muß er mit weiteren angeblichen »Scherzen« rechnen. Unter dem Mantel der Scherzerei und des Neckens vermag man Freunde beleidigen und für längere Zeit verärgern, wobei oft »Freunde«, auch wenn sie nur Zuschauer sind, ob der Verbitterung des Geneckten laute Heiterkeit bekunden.

BÖSEWICHTE

Über solch niederträchtiges Verhalten ärgerte sich auch Hermann Buhl, der berühmte Erstbesteiger des Nanga Parbat. Über die niederträchtigen Scherze seiner Freunde schreibt er resigniert, aber trefflich: »Schwierig war es für mich, die Humorbegriffe (seiner Bergkameraden; R. G.) zu verstehen. (...) Ich versuchte trotzdem zu lachen, vielleicht wurde manchmal nur ein krampfhaftes Grinsen daraus. Ehrlich bekannt: Ich fand es gar nicht lustig, mit Bergschuhen und voller Kleidung ahnungslos in den Seefelder See geworfen zu werden. (...) Ich hätte in meiner Feldflasche auch lieber den am Abend zuvor eingefüllten Tee gefunden statt das abgeschlagene Wasser (Urin; R. G.) meiner Kumpane. Wahrscheinlich fehlte mir die nötige Objektivität für solche Scherze, die andere rasend komisch fanden ...« (vgl. Buhl 1957, S. 27).

Der Ärger Hermann Buhls über seine »Freunde« ist verstehbar. Knigge verlangt daher dies von einem Freund: »Schrecke, zerre und necke niemand, selbst Deine Freunde (!) nicht (...) mit Witzeleien (...) oder was sonst in Verlegenheit setzt.« Und weiter schreibt Knigge: »Für unschicklich halte ich es, einem Freund aus Scherz, wie es die Gewohnheit mancher Leute ist, mit selbst erfundenen erfreulichen Neuigkeiten ein kurzes Vergnügen zu machen, das nachher vereitelt wird. Das alles ist Neckerei, durch welche die Freuden des Umgangs nicht gewürzt, sondern versalzen werden ...«.

Knigge spricht hier das an, was man im Wienerischen mit »pflanzen« oder anderswo mit »zum Narren halten« oder mit »veräppeln« o. ä. bezeichnet. Der Freund oder sonst jemand soll aufs Eis geführt und hineingelegt werden, zum Gaudium anderer, die sich an der Verärgerung des Opfers erfreuen. In niederträchtiger Weise belustigt man sich über den Freund, dem nichts anderes übrigbleibt, als verbittert zu lachen, um nicht als »Spaßverderber« dazustehen, oder sich gekränkt zurückzuziehen.

Einen Ärger in dieser Richtung hatte ich, als ich mit einem früheren Freund ein Gasthaus aufsuchte. Solange wir beide alleine waren, gab es keine Probleme. Doch als sich dann zwei Herrn vom Nachbartisch zu uns setzten, begann für mich der Ärger. Als ich nach einer Zeit – es war schon spät – gehen wollte, meinte mein »Freund«, ich

Die Niedertracht der (angeblichen) Freunde

Der schlaue Freund

dürfe erst gehen, wenn ich mein volles Glas Bier ausgetrunken habe. Dieses Bier hatte mir der Mann entgegen meinem Willen bestellt. Er wollte mich also zum Trunk herausfordern. Ich erwiderte, daß ich es nicht einsehe, auf seinen Befehl hin das Bier zu trinken. Ich wollte mich nun erheben, um die Sitzbank zu verlassen, aber ich konnte nicht, denn auf der einen Seite saß mein »Freund« und an meiner anderen nun der Gast vom Nebentisch. Und beide zeigten mir an, sie würden mich erst dann gehen lassen, wenn das Bierglas leer sei. Mit scheinbar heiteren Worten »pflanzte« man mich. Mir wurde gesagt, wenn ich ein Mann sei, würde ich das Bierglas leer trinken, und als jemand, der an studentischem Brauchtum interessiert sei, müsse ich erst recht trinken. Die beiden lachten und erfreuten sich an meinem Ärger, der immer größer wurde, denn ich wollte ernstlich das Lokal verlassen. Ich wurde schließlich böse und verlangte, man möge mir doch endlich die Freiheit geben, zu gehen.

Dies ließ man mich nun auch. Jetzt zeigte sich die Maske hinter dem Scherz des einen früheren Freundes. Er sagte zu mir »Chamäleon«, was ich allerdings nicht verstand. Und als ich meinte, er solle nicht frech zu mir sein, begann er dem anderen Herren zu erzählen, welch unmöglicher Mensch ich sei, denn ich hätte seine

Schwester vor einigen Jahren als »Blunz'n« (österreichisch für: Blunze = Blutwurst) beschimpft. Ich ging dann, ich hatte genug von der Niedertracht dieses angeblichen Freundes, der mich mit boshaften Scherzworten zwingen wollte, das Bier zu trinken. Aus dem Scherz, der mich treffen sollte, war Ernst geworden.

Die Niedertracht der Einladung

Eine Niedertracht ist es auch, Freunde zu sich nach Hause einzuladen, nicht bloß, um sie fröhlich zu bewirten, sondern um ihnen Reichtum in der Art eines Schlosses oder einer noblen Ausstattung der Wohnung zu demonstrieren, was der Gast meist mit Widerwillen zur Kenntnis nimmt. Ebenso niederträchtig ist es, Leute nur darum einzuladen, um sich Vorteile von ihnen zu erhoffen, wie Hilfe bei der Karriere oder bei der Beschaffung irgendwelcher wichtigen Dinge. Solche Einladungen mögen den Gast bisweilen verärgern.

Andere ärgern wollte wohl der König und Götterfreund Tantalos, der griechische Götter zu einem Festmahl einlud und diesen das Fleisch seines eigenen Sohnes vorsetzte. Die Götter kamen dahinter und bestraften Tantalos empfindlich. An den nach ihm benannten Tantalos-Qualen hat er heute noch zu leiden.

Es wird auch von Einladungen durch Könige und andere Leute zu Festmahlen berichtet, die damit endeten, daß die Eingeladenen alle samt und sonders umgebracht wurden. So drastisch enden wohl moderne Einladungen nicht, aber es kommt schon vor, daß Gastgeber die Gelegenheit ergreifen, die eingeladenen Gäste zu demütigen.

Häufig jedoch dienen Einladungen zu einem prächtigen Abendessen dazu, den Eingeladenen vorzugaukeln, sie wären die Freunde des Gastgebers, um diese sich zu verpflichten. Dies geschieht freilich raffiniert und hinterhältig.

Niederträchtig ist es auch, aus purer Höflichkeit sogenannte Freunde beiläufig und unbestimmt zu sich nach Hause einzuladen, in der Hoffnung, daß der Eingeladene nicht erscheint. Derartige unbe-

Die Niedertracht der (angeblichen) Freunde

stimmte Einladungen werden zumeist bei Verabschiedungen im Freundeskreis ausgesprochen, und zwar gegenüber Leuten, zu denen der Kontakt ein eher loser ist und die weit entfernt vom eigenen Domizil wohnen. Man meint da zum Beispiel: »Wenn du zufällig in unsere Gegend kommst, so bist du gerne bei uns eingeladen. Ein Bett steht jederzeit für dich bereit.« Sollte nun tatsächlich jemand eine solche Einladung annehmen, so kann es zu Problemen kommen. Auch mir ging es einmal so. Die Einladenden waren entsetzt über mein Erscheinen. Seit dieser Zeit sage ich jenen freundlichen Leuten, die mich derart unbestimmt einladen: »Ich warne dich (oder: Sie), ich komme!«

Die Informanten

Als besonders niederträchtig erscheinen schließlich jene »Freunde«, die jemandem berichten, was andere hinter seinem Rücken über ihn Schlechtes erzählt hätten, welch übler Bursche er sei oder was er sonst für Untaten gesetzt habe. Auf diese Weise ist es möglich, jemandem die Freude am Augenblick zu nehmen und ihn in niederträchtiger Weise seelisch in Unruhe zu versetzen. Das eigentlich Niederträchtige an solchen Aktionen ist, daß der Berichterstatter sich als jemand ausgibt, der einen Freundschaftsdienst leistet. Tatsächlich weidet er sich jedoch am Ärger des gedemütigten Freundes. Dieser hegt nun besonderen Groll gegen jene, die angeblich Böses über ihn gesprochen haben, obwohl diese es vielleicht in einem ganz anderen Sinn, als er ihm übermittelt wurde, gemeint hatten.

Hier handelt es sich um klassische Intrigen, die auch konstruiert werden, um Menschen gegeneinander aufzubringen. Wichtig ist bei dieser Form der Niedertracht, daß der »Berichtende« geradezu als guter Mensch dasteht, der das Beste für den verärgerten Freund will.

Ebenso niederträchtig ist es, dem Freund nebulos anzudeuten, daß irgend jemand ihm Böses wolle, ohne dies zu konkretisieren. Auch darüber hat Knigge nachgedacht und dazu geschrieben: »Es gibt

BÖSEWICHTE

Menschen, welche die Gewohnheit haben, ihren Freunden mystische Wahrnehmungen hinzuwerfen als z. B.: ›Es läuft ein böses Gerücht von Ihnen herum, aber ich kann, ich darf noch nichts darüber sagen.‹« (Knigge 1984, S. 44)
Ähnlich niederträchtig gehen jene Leute vor, die dem Freund oder sonst einem Bekannten unberufen unangenehme Dinge in Erinnerung bringen, über die er eigentlich nichts wissen will, vor allem nicht in Gesellschaft. Auch darüber schrieb unser Knigge: »Oft bewegt es Leute, uns um die Beschaffenheit unserer ökonomischen und andrer verdrießlichen Sachen zu befragen, obgleich sie uns nicht helfen können, und sie zwingen uns dadurch, Gegenstände, die wir in Gesellschaften, wo wir uns aufzuheitern dachten, so gern vergessen möchten, ohne Unterlaß vor Augen zu behalten.« (a.a.O.)
Es gibt hier wahre Spezialisten, die es trefflich verstehen, Leute durch unangenehme Fragen in Verlegenheit zu bringen, und dabei tun sie so, als ob sie Anteilnahme hätten. So fand auch ich es als junger Student verletzend, wenn mich jemand im Kreise von Bekannten nach dem Fortgang meines Studiums fragte, obwohl er wissen mußte, daß der Fortgang alles andere als erfreulich war. Es geht hier also um die niederträchtige Bloßstellung von Leuten, die man als Freunde bezeichnet.

DIE SPIELVERDERBER

Verwandt mit dieser Niedertracht ist jene, bei der jemandem die Freude an der Erzählung einer Geschichte oder eines Witzes genommen wird. Dies geschieht dadurch, daß man dem Erzählenden ins Wort fällt und die Pointe vorschnell verrät. Das ärgert den Erzählenden, der nun freudlos dasteht.
Genauso ist es, wenn jemand ein Zauberkunststück vorführt und ein Zuseher erklärt, während der Zauberer am Werk ist, was hinter dem Trick steckt. Praktiken dieser Art sind von einer besonderen Niedertracht, da sie dem Erzählenden oder Vorführenden die Freude des Augenblicks nehmen.

Die Niedertracht der (angeblichen) Freunde

Die Formen der Niedertracht, um einen Freund oder einem sonst Nahestehenden zu treffen, ihn zu ärgern und zu demütigen, können vielfältig sein. Wie wir gesehen haben, gibt es geradezu Spezialisten, die geschickt – offensichtlich um sich selbst als einmalig, großartig und wundervoll zu präsentieren, aber auch aus Neid – »Freunde« bloßzustellen vermögen.

17.

Die Niedertracht gegenüber Fremden

Aus der völkerkundlichen Literatur ist bekannt, daß der eigene Stamm sich als der einzige Vertreter der Wahrheit und in der Nähe der Gottheit sieht. (Man spricht hier auch von »Ethnozentrismus«, d. h. die eigene Kultur wird als im Zentrum des Universums und als die einzig »richtige« begriffen.) Daher bezeichnen sich auch viele alte Stämme selbst als »Menschen«. So nennen sich Eskimos Inuit, was soviel heißt wie »Menschen«, und die Hottentotten reden von sich sogar als den Khoinkhoin, was »Menschen der Menschen« bedeutet. Die Menschheit endet an der Grenze des Stammes, der Sprachgruppe und manchmal sogar des Dorfes. Die anderen, die Fremden, sind die Bösewichte, man bezeichnet sie daher als »Tiere«, »Erdaffen«, »Lauseier« oder sonstwie abwertend (siehe dazu Lévi-Strauss 1972, S. 18). In Korea werden die Europäer, oder überhaupt die Weißen, als »Kotschengi« bezeichnet, was soviel heißt wie »Untermenschen mit großer Nase«. Eine Stufe unter den Europäern stehen die Orientalen, die »Kirimtschengi«, das sind die »schmutzigen Ölverkäufer«. Als »Affen« benennt man schließlich in Korea die Schwarzafrikaner (siehe dazu auch Weiler 1994).

Auch gibt es niederträchtige Sprüche über die Nachbarn. So sagt man angeblich in Thailand: »Wenn Du eine Giftschlange und einen Inder triffst, mußt du den Inder zuerst töten.« In Persien gibt es einen bösen Witz über Türken: Drei Türken machen auf drei Eseln einen Ausflug. Am Abend sagen sie: »Wir sechs haben einen schönen Tag gehabt.«

Solche Niederträchtigkeiten haben sich bis heute erhalten, obwohl die großen philosophischen und religiösen Entwürfe, wie der Buddhismus, das Christentum, der Kantianismus und auch der Marxismus, ständig gegen die falsche Vorstellung gekämpft haben, nach der

Die Niedertracht gegenüber Fremden

eine Gruppe besser als die andere sei. Aber trotz solcher Versuche und der Erklärung der Menschenrechte blieben bis heute Reste von Rassismus und Fremdenfeindlichkeit. Der Fremde, bei uns der Gastarbeiter und der Einwanderer aus dem Osten, wird für gefährlich angesehen und für soziale Mißstände, so vor allem für die Arbeitslosigkeit, verantwortlich gemacht (vgl. dazu Girtler 1995a).

Besonders zeigt sich eine Art »Fremdenfeindlichkeit« bei den Fußballfans, wie ich in meiner Studie über diese Leute festhalten konnte. »Fremde« im Sinne von Menschen zweiter Ordnung sind für die Fußballfans die Mitglieder anderer Fangruppen. Die Fußballfans sind ein gutes Beispiel dafür, wie Menschen einer Gruppe die einer anderen mit Niedertracht überziehen (vgl. dazu das Kapitel »Die Niedertracht der Sportler und ihrer Fans«).

Die »bösen« Deutschen

Viele Gruppen scheinen übrigens nicht daran interessiert zu sein, von ihren Vorurteilen gegenüber Fremden abzurücken. Sie beharren weiterhin auf einer Ablehnung des Kontaktes zu jenen, gegen die sich das Vorurteil richtet. Auch angeblich tolerante und aufgeklärte Menschen haben ihre Vorurteile gegenüber Fremden, vor allem junge Leute scheinen ihre Freude am Vorurteil zu haben.

Dazu ist interessant, was der holländische Kulturhistoriker Hermann van der Dunk von der Universität Leiden zu dem Verhältnis von Deutschen und Niederländern zu sagen hat. Er meint, es wäre traurig, daß die Mehrheit der jungen Niederländer im Alter zwischen 15 und 19 Jahren nach einer Umfrage die Deutschen für kriegslüstern, arrogant und rassistisch halte. Die niederländische Jugend würde danach sehr negativ über die Deutschen denken. Van der Dunk führt weiter erklärend dazu aus: »Ansichten der Kriegs- und Nachkriegsgeneration sind unverändert an die Enkel weitergegeben worden. Nun bilden sie negative Vorurteile, die sehr schwer zu bekämpfen sind. Mir drängt sich der Vergleich mit dem Antisemitismus auf. Da hielten sich

irrationale Vorurteile über Jahrhunderte – bei Menschen, die Juden überhaupt nicht kannten. (...) Bei den Niederländern besteht durchaus der Zwang, sich von den Deutschen abzusetzen – gerade auch, weil sie, vor allem von den Amerikanern, so oft mit den Deutschen verwechselt werden.«
Die Erlebnisse des letzten Krieges mögen hier auch einwirken, denn für die ältere Generation ist die Besatzungszeit durch die Deutschen noch immer ein wesentliches Thema. Hinsichtlich der Abhängigkeit des Vorurteils vom Grad des direkten Kontaktes zwischen jungen Niederländern und Deutschen meint van der Dunk: »Interessant ist, daß die mittlere Generation der 25- bis 50jährigen – Leute also, die mehr reisen und mehr politische Interessen haben – nicht so negativ über Deutschland denkt wie die ganz junge Generation. (...) Diese irrationalen Vorurteile der Jugend haben nichts mit dem Medienbild zu tun. Die Presse hat immer betont, Deutschland sei eine echte Demokratie, in der Hunderttausende gegen die Rechtsradikalen protestieren. Es ist traurig, daß eine Gesellschaft ohne Vorurteile nicht auskommt.«
Und schließlich meint der Kulturwissenschafter: »Für die Niederländer ist die Abneigung gegen die Deutschen eine Art – ihre Art – des Antisemitismus. (...) Wir sind ein kleines tugendhaftes Land. Daraus spricht eine ungeheure Form der Selbstgerechtigkeit, das ist eben niederländischer Nationalismus.« (Der Spiegel, 14/1993, S. 161)

Der Fremde

Der Fremde ist also grundsätzlich ein Problem, überhaupt wenn er als Wandernder unterwegs ist, wie als Händler oder sonst als Fahrender. Der Fremde kann jedoch zum Kulturträger werden, der Völker miteinander verbindet. Aber wenn er dem Einheimischen keinen Vorteil bringt, wenn er also bettelnd oder flüchtend unterwegs ist, und er als Eindringling empfunden wird, kann er zum Gegenstand der Niedertracht werden. Er kann verjagt und verspottet werden, wie es zum Bei-

Die Niedertracht gegenüber Fremden

spiel ab dem Mittelalter Juden und herumziehenden Zigeunern erging. Der wandernde Fremde kann also zum Ausgestoßenen werden. Grundsätzlich erscheint der Fremde durch sein Anderssein als gefährlich. Irgendwie ist jeder Fremde ein Bettler, denn er benötigt Gastfreundschaft, um in der Fremde einigermaßen überleben zu können. Fast in allen Kulturen gibt es aber auch Regeln, die dem Fremden helfen sollen, so zum Beispiel das Gastrecht. In manchen Kulturen konnte der fremde Bettler ein Gott selbst sein. Als Wotan trat er bei den Germanen auf und als Zeus bei den Griechen. Man empfing daher den Fremden grundsätzlich freundlich, da man sich ja nicht sicher sein konnte, daß in dem Bettelgewand nicht Wotan oder Zeus steckt. So bestand auch in Arabien eine heilige Pflicht gegenüber dem Fremden. Aber dennoch kommt er aus einer anderen Welt und kann daher auch verdächtig sein, überhaupt wenn man sich klargeworden ist, daß er kein »Heiliger« ist. So dürfte es auch mit den Zigeunern gewesen sein, deren erstes Auftreten in deutschen Landen im 15. Jahrhundert durchaus freundlich aufgenommen wurde. Man sprach sogar von einem fremden Herzog, der durch Europa unterwegs ist. Erst später beginnt die Degradierung dieser Menschen, als man sich durch sie verunsichert sieht.

Juden oder Protestanten erschienen dem Katholiken gefährlich; daher verjagte er sie oder schreckte sogar vor ihrer Vernichtung nicht zurück. Die Geschichte der Niedertracht gegenüber den Andersgläubigen ist traurig und lang.

Besonders tragisch war das Schicksal der Juden, die zum Beispiel in Deutschland und Österreich keine Fremden waren und sich stolz und sehr selbstbewußt als Deutsche sahen. Sie sahen sich auch nicht als Eingewanderte, denn bereits mit den Römern waren die ersten Juden an den Rhein gekommen. Daher ist die Meinung richtig, daß Juden eigentlich zu den ersten Deutschen gehören.

Jüdische Mitbürger empfanden es als ein furchtbares Schicksal, daß der Nationalsozialismus sie als Fremde abstempelte, sie in niederträchtiger Weise in die Konzentrationslager steckte und tötete. Über eine Wiener Jüdin habe ich zu diesem Thema ein Buch geschrieben (vgl. Girtler/Okladek 1994). Ich habe darin gezeigt, daß ihre Vorfahren sich als gute Deutsche sahen, daß ihr Vater bei einer schlagenden Verbindung war und er während seiner Emigration in England in seinem Wohnzimmer ein Bild hängen hatte, das ihn als Mitglied dieser Verbindung in vollem studentischem »Wichs« zeigte. Ein Onkel der Frau kämpfte im Deutsch-Französischen Krieg, in dem er wegen Tapferkeit hoch ausgezeichnet wurde.

Und ihre Großmutter, eine alte Wiener Jüdin, hat sich als Deutsche gefühlt und bis zu ihrem Lebensende ein schönes Deutsch gesprochen. Sie selbst, die Hauptfigur, fuhr knapp vor dem Krieg nach Holland, von wo sie bald nach Frankreich floh. In Paris gab sie sich als Holländerin aus, die gut Deutsch sprechen kann. So wurde sie in der Druckerei der Deutschen Wehrmacht in Paris eingestellt. Und da sie von zu Hause her gut singen konnte und das deutsche Liedgut beherrschte, wurde sie gebeten, im Chor der Deutschen Wehrmacht anläßlich einer Weihnachtsfeier in Notre-Dame mitzusingen. Sie sagte zu und sang vor dem deutschen Kommandanten von Paris deutsche Weihnachtslieder. Dafür wurde sie mit den anderen Mitgliedern das Chores von diesem Mann selbst belobigt. Darauf ist sie heute noch stolz, da es ihr doch gelungen war, als Jüdin in der Deutschen Wehrmacht zu singen.

Diese Geschichte zeigt die Niedertracht, unter der meine Gesprächspartnerin und vor allem ihre Eltern, die sich nie als Fremde in Wien oder in Deutschland gesehen haben, zu leiden hatten.

Landler und Zigeuner in einem siebenbürgischen Dorf

Als Fremde hat man auch mancherorts die Zigeuner gesehen, selbst wenn sie schon längere Zeit ansässig waren. Da sie ihre alte Kultur zum Teil erhalten haben, erscheinen sie mitunter als suspekt. So auch in einem kleinen Dorf in Siebenbürgen, in dem ich seit einigen Jahren mit Studenten Forschungen durchführe. Unsere Forschungen in diesem Dorf – es heißt Großpold und liegt in der Nähe von Hermannstadt –

beziehen sich auf die sogenannten Landler. Bei diesen Landlern handelt es sich, wie oben schon einmal erwähnt, um Leute, deren Vorfahren vor über zweihundert Jahren wegen ihres protestantischen Glaubens aus Österreich vertrieben worden waren. Sie sprechen eine alte österreichische Sprache (vgl. dazu Girtler 1992b u. 1997a). Die Landler sind ein Beispiel für die Niedertracht katholischer Regenten. Mit der schon seit dem 12. Jahrhundert hier siedelnden Bevölkerung gingen sie eine Symbiose ein und schufen eine bemerkenswerte deutsche Kultur. Diese Kultur konnte sich nur dadurch bis heute erhalten, daß sie sich zu den ebenfalls in dem Dorf wohnenden Rumänen und vor allem Zigeunern abgrenzen.

Ähnlich wie die Juden entwickelten auch die Landler (und Sachsen) ein diszipliniertes und intensives Gruppenleben weitab des Landes, aus dem sie gekommen waren. Der Protestantismus prägte die Dörfer der »Deutschen«, schuf peinliche Sauberkeit und ein gottgefälliges, an der Arbeit orientiertes Leben. Strenge Formen des Zusammenlebens teilen jedem seinen Platz im Gemeinschaftsgefüge zu und garantieren ihm Geborgenheit, Sicherheit und Hilfe.

Mit dem Bewahren alter Kultur hängt auch eine deutliche Distanz zu den die Landler und Sachsen umgebenden Kulturen der Rumänen und Zigeuner zusammen, jedoch vor allem zu den Zigeunern, deren Lebensweise vollkommen konträr zu der der Landler ist.

Wohl schimpfen die Landler über die Zigeuner, aber andererseits nicht die Zigeuner über die Deutschen. Wir fragten einige Zigeuner, was sie von den Deutschen hielten. Wir erhielten nur lobende Antworten. Uns wurde sogar erzählt, daß während des Krieges die Zigeuner des Dorfes hätten ausgesiedelt werden sollen, doch hätten da die Deutschen die Partei der Zigeuner ergriffen. Sie meinten, Zigeuner hätten immer hier gewohnt und man habe sich mit ihnen vertragen, sie sollten hierbleiben. Und sie blieben auch im Dorf. Es gibt sogar Zigeuner, die meinen, wenn die Deutschen gänzlich aus dem Dorf wegzögen, so würden auch sie wegziehen. Niedertracht gegenüber Zigeunern in dem Dorf ist zwar gegeben, aber sie hält sich in Grenzen. Man hat gelernt, mit diesen »Fremden« zu leben.

BÖSEWICHTE

Roma und Sinti in Deutschland

Aber nicht nur Deutsche wandern aus Rumänien nach Deutschland aus, sondern auch die Zigeuner wollen dies, doch man macht ihnen Schwierigkeiten, einzureisen. Hier wurde ein interessantes Problem offenkundig. Die in Deutschland alteingesessenen Zigeuner – Sinti, die hier zu leben gelernt und sich gute Positionen aufgebaut haben – sehen sich nun von den neuen Zigeunern aus Rumänien in Bedrängnis gebracht. Sie fürchten offensichtlich, durch die zum Teil nomadisierenden Roma selbst an Ansehen zu verlieren. Ein ähnliches Problem hatten auch die alteingesessenen Wiener Juden, die sich als stolze Wiener sahen. Durch die große Einwanderung von Ostjuden um die Jahrhundertwende fürchteten auch sie, durch diese Neueinwanderer an Ansehen zu verlieren. Daher distanzierten sich die alteingesessenen Wiener Juden von den neu hinzugekommenen Ostjuden.

Ähnliches zeigt sich auch heute bei deutschen Zigeunern, die sich hier etwas aufgebaut haben und nicht mit den neueingewanderten rumänischen oder serbischen Zigeunern in einen Topf geworfen werden wollen.

1992 erschien darüber ein Bericht im »Spiegel«. In diesem heißt es, daß einen »linken« Hamburger Zigeunersprecher die Politik des Bundesinnenministers bezüglich der rumänischen Zigeuner an das »Allerschlimmste« erinnere. »Völlig anders«, so heißt es weiter im »Spiegel«, »beurteilte der Düsseldorfer Sinti-Sprecher Hugo Franz« die Situation. »Franz, nordrhein-westfälischer Landesvorsitzender des Zentralrates Deutscher Sinti und Roma, spendete dem Bonner Innenminister zu dem zwischen Bonn und Bukarest ausgehandelten Vertrag, der die Rückführung von voraussichtlich 50.000 Asylwerbern aus Rumänien, vor allem Roma, beschleunigen sollte, öffentlich Applaus«.

Unterstützt wurde Hugo Franz durch den in Hermannstadt residierenden »internationalen König der Roma«, Ioan Cioaba, der über gewisse Roma-Sprecher meinte: »Sie sind Diebe mit Taschen voll Dollars«. (Der Spiegel 46/1992, S. 65f.)

Die Niedertracht gegenüber Fremden

Tatsache ist, daß in Rumänien Zigeuner nicht sehr angesehen sind, daß sie bisweilen in niederträchtiger Weise für die wirtschaftliche Misere dieses Landes verantwortlich gemacht werden und daß sie sich in Deutschland eine Hebung ihres Lebensstandards erhoffen. Interessant ist jedoch, was der Sinti-Sprecher Hugo Franz zu dem Problem meint: »Diesen Menschen (Roma) aus einer anders gearteten Kultur kann nur in ihrem gewohnten heimischen Umfeld, nicht aber in Deutschland geholfen werden.« (a.a.O.)

Die Zigeuner, die aus Rumänien hinaus wollen, fühlen sich dennoch niederträchtig behandelt, was die in Deutschland alteingesessenen Zigeuner offensichtlich nicht verstehen wollen.

Die »Ausländer«

Zieht der Fremde weiter, so hat er die Chance, vielleicht sogar in guter Erinnerung zu bleiben, wie die Gaukler, Händler und Zirkusleute. Der Fremde jedoch als jemand, der »heute kommt und morgen bleibt«, wie es der Kultursoziologe Georg Simmel formuliert (vgl. Simmel 1968, S. 63), läuft Gefahr, als Bösewicht abgestempelt zu werden.

Zum Bösewicht wird also jemand, der durch sein Anderssein den Absolutheitscharakter der Aufnahmegesellschaft in Frage stellt, den Menschen dieser Gesellschaft also zeigt, daß es noch andere Formen von Kulturen gibt. Was ich oben zum Thema des Fremden und die Unsicherheit, die durch ihn ausgelöst wird, geschrieben habe, gehört zum heutigen Alltag in Europa. Menschen aus anderen Teilen der Welt ziehen es vor, in sichere und liberale europäische Länder zu ziehen. Ihr Anderssein wird als gefährlich empfunden, und ihre Versuche der Anpassung werden nicht immer ernstgenommen. Die Probleme können vielfältig und der Schock für den Eingewanderten, der in das Paradies will, groß sein.

Nicht immer äußert sich der Haß gegenüber Fremden in purer Gewalt, wie beim Brand von Asylantenheimen oder in Schlägereien. Die Aktionen gegen Fremde können sehr versteckt sein, aber spürbar.

Über einen Einwanderer, der darunter leidet, handelt ein bemerkenswerter Artikel im »Spiegel«. Dieser beginnt mit diesen Sätzen: »Er kam vor 15 Monaten, ohne vernünftigen Grund. Zwar lebt sein Vater hier, und viele Verwandte wohnen in der Nähe. Aber deswegen zog es den Griechen nicht nach Deutschland: Er kam nur, weil hier alles so schön bunt ist. In Griechenland sah er stets nur blauen Himmel, weiße Häuser und schwarze Gestalten: ›Die Frauen kleiden sich immer nur schwarz, andauernd.‹ Dagegen Deutschland, das faszinierte ihn schon bei früheren Besuchen: ›Die Welt hier, diese Farben, diese bunte Welt.‹ Das hat er jetzt davon: ein Bett, einen Schrank, ein Bügelbrett, einen Kleiderständer und einen Staubsauger. Viel gibt es da nicht zu saugen. Das Zimmer hat nur acht Quadratmeter. Fotios Hatzinkolao heißt der Mann, und damit fing es schon an. Natürlich hat er versucht, eine andere Wohnstatt zu finden, aber da war gleich am Telefon Schluß: ›Ich hab' gesagt, Hatzinkolao, und die reagierten entsprechend‹. Der Mann könnte sich eine Wohnung leisten, er verdient nicht schlecht bei der Firma Bauknecht. Er wohnt in einer Kleinstadt, in der es zwar keine offene Ausländerfeindlichkeit gibt, aber Fremdenhaß zeigt sich im Verborgenen, durch kleine Beleidigungen, durch Amtspersonen und Arbeitskollegen im Alltag. Schikanen und Diskriminierung treffen unmerklich, aber er, der Grieche, spürt sie.« (Der Spiegel 14/1993, S. 70ff.)

Ihm wird versteckt klargemacht, daß er nicht hierher gehört, daß er ein Fremder ist, obwohl er voll in den Arbeitsprozeß eingegliedert ist und ein »anständiges« Leben führt. Sein Fremdsein stört die anderen und macht ihm Schwierigkeiten. Dieses Beispiel zeigt gut die Spannung auf, in der sich der Fremde befindet. Wenn die Kontakte zu den Menschen der Aufnahmegesellschaft jedoch enger werden, besteht die Chance, in die neue Welt einigermaßen eingebunden zu werden.

Zu Fremden in der eigenen Welt, zu »Ausländern«, werden auch jene Leute, die dem Arbeitsethos des braven Bürgers nicht entsprechen und die gezwungen sind, als Vagabunden ein Leben am Rande der Gesellschaft zu führen. Ihre Geschichte ist uralt und begleitet durch Verfolgung und Tod. Sie hatten es stets schwer, aber sie entwickelten durch die Jahrhunderte Tricks des Überlebens; dennoch hatten und haben sie unter der Niedertracht des braven Bürgers und der Polizei zu leiden (vgl. dazu Girtler 1998a).

Niedertracht gegenüber Fremden wird es wohl immer geben. Aber dennoch scheint die Vorstellung allmählich an Boden zu gewinnen, wonach die Kulturen gleichrangig nebeneinander stehen und jede von der anderen lernen kann, denn auf irgendeinem Gebiet ist jede meisterlich. So sind die Inder Meister der Meditation, die Österreicher Meister im Schifahren, die Zigeuner im Familienzusammenhalt, die Fußballfans Meister in der Beherrschung von Symbolen und die Vagabunden der Großstadt Meister der Freundlichkeit.

Wenn sich die einzelnen Völker und Gruppen näher kennen und ins Gespräch miteinander kommen, rücken sie vielleicht von dem Vorurteil des Bösewichtes ab und beginnen, den anderen zu akzeptieren. Die Chance besteht.

18.

Die Niedertracht in der Schule

Wohl gibt es liebenswürdige Lehrer und Schüler, die einander mit aller Güte und Freundschaft begegnen und sich gegenseitig achten, es gibt aber darunter auch äußerst niederträchtige Exemplare, wie ich als Schüler einer Klosterschule aus bester eigener Erfahrung weiß: Nämlich Lehrer, die sich als Fallensteller, Sadisten und Spötter erweisen, und Schüler, die Lehrer und Mitschüler drangsalieren. Ich habe unter beiden gelitten. Gerade die Schule ist traditionell ein Ort der Niedertracht, die jedoch nicht auf einen Personenkreis, wie den der Lehrer, einengbar ist. Auch die Schüler sind Spezialisten der Niedertracht, ebenso die Eltern der Schüler, deren Macht allerdings erst in letzter Zeit zugenommen hat.

Der Lehrer als Fallensteller und Sadist

Ehedem war die Macht der Lehrer wohl grenzenlos, gerade in bäuerlichen Kulturen am Dorf. In meinem Buch »Aschenlauge – Der Wandel der bergbäuerlichen Kultur« widmete ich ein Kapitel der Schule am Land.

Die Schule wer wesentlich bestimmt durch Disziplin, und dem Lehrer in seinen oft niederträchtigen »Erziehungsmethoden« waren keine Grenzen gesetzt. Er konnte sogar damit rechnen, daß seine Schläge, die er den Kindern verpaßte, von den Eltern akzeptiert wurden. Denn diese meinten, das Kind, vor allem der Bub – die Mädchen wurden ohnehin in Bausch und Bogen als »brav« betrachtet – würde es »sich verdienen«, vom Lehrer derart unsanft behandelt zu werden. Der Lehrer hatte bei den Leuten als »Studierter« hohes Prestige und er genoß den Respekt, den man ihm entgegenbrachte. Der Lehrer konnte also früher mit seiner Niedertracht freizügig umgehen.

Die gestrenge Lehrerin

Dazu erzählte mir ein alter Bauer: »Wir waren arme Leute. In der Schule wurde ich deswegen von den reicheren Kindern verspottet. Auch der Lehrer mochte mich nicht recht, weil wir arm waren. Der Lehrer war überhaupt ein komischer Mensch. Wenn er in die Klasse gekommen ist, hat er oft gesagt: ›Eins, zwei, drei, vier Bänke lauter Teppen‹. Oft hat er auch gesagt: ›Heute ist Montag, da sitzen die Teppen wieder angestopft mit Most und Schnaps.‹ Wir waren damals (um 1920) ungefähr dreißig Kinder in der Klasse (es war eine zweiklassige Volksschule). Auch hat der Lehrer zu mir gesagt: ›Sag deinem Vater, er soll dich mit Heu füttern, auf die Gowilalm hinauftreiben und dir eine Glocke umhängen.‹ So ein Trottel war dieser Lehrer! Mein Vater hat dasselbe mit seinem Lehrer mitgemacht. Der Lehrer meines Vaters hat zu den Kindern oft gesagt – das weiß ich von meinem Vater: ›Ihr Langohren, ihr Tagediebe, ihr Straßenräuber, ihr Diebsgesellen, schade, daß ihr auf Gottes Erdboden umwandelt. Unserem Herrgott den Tag stehlen, einen Mühlstein soll man euch um den Hals hängen und euch in die Tiefe des Meeres versenken.‹ Der Lehrer war ein angesehener Mensch. Die Kinder von reicheren Bauern hat er sehr geschätzt, denn bei denen hat er, wenn er hingekommen ist, eine Jause bekommen, und wenn der Bauer ein Schwein abgestochen hat, hat er auch meist davon etwas bekommen. Ich habe ihm nichts bringen können, da wir arme Teufel waren. Der Lehrer hat uns auch verspottet. So hat er einmal gefragt: ›Kennt ihr einen Bauern, der ein Pferd hat, bei dem man die Rippen zählen kann?‹ Er hat das gesagt, weil wir so einen alten Krampen, ein altes Pferd, gehabt haben. Ein gutes Roß konnten wir uns nicht leisten«.

Der Lehrer hatte enorme Rechte. Dies unterstreicht ein Bauer: »Bei einem Buben hat der Lehrer dem Vater Post geschickt, der Bub sei ein Rabenvieh und gehöre verdroschen. Der Vater ist in die Schule gekommen und die beiden haben den Buben gemeinsam verhauen. Schläge gab es oft für Lappalien. Die Eltern haben sich das gefallen lassen und haben höchstens gesagt: ›Recht geschieht dir, warum folgst du nicht!‹ Heute ist man zu Recht gegen das Schlagen, aber manchmal blüht den Kindern eine Ohrfeige, aber man gibt sie ihnen nicht. Heute übertreibt man auf der anderen Seite.«

Früher konnten sich die Lehrer in der Klasse wahrlich aufführen, wie sie wollten. Die Kinder hatten unter ihrer Niedertracht empfindlich zu leiden. Und die Eltern meinten, dem Kind würden die Schläge des Lehrers nicht schaden. Meine Mutter, eine gütige Ärztin, sagte oft zu meinen Lehrern – auch später dann in der Klosterschule, in die man mich steckte –, sie sollten »streng« zu mir sein, da ich angeblich ein großer »Lausbub« war, und eine Ohrfeige würde mir auch nicht schaden. Meine Mutter meinte dies gewiß nicht böse, sie dachte wohl, sie würde durch solche Äußerungen dem Lehrer eine Freude bereiten. Allerdings fühlten sich die Lehrer durch solche »Vollmachten« in ihrer Niedertracht, die bisweilen ziemlich sadistisch sein konnte, bestätigt.

Schließlich galt der Spruch, auf den auch ich von meinem Lateinprofessor aufmerksam gemacht wurde: »»Wer seinen Sohn liebt, spart die Rute nicht!« Der Lehrer glaubte vielleicht, dem Schüler etwas Gutes zu tun, wenn er ihm eine Ohrfeige verpaßte. Als ich in die erste Klasse des Gymnasiums ging, lebte ich im sogenannten Konvikt, wo wir Burschen einer strengen Hausordnung unterlagen. Verstöße

Die Niedertracht in der Schule

gegen diese konnten furchtbar geahndet werden. Ich gehörte eher zu den Schlimmen meiner Klasse und zu denen, die im Unterricht faul waren. Wohl deswegen holte mich eines Tages unser Präfekt, der erziehungsbevollmächtige Aufpasser über uns, zu sich und teilte mir mit Tränen in den Augen mit, daß er mir nun, da er es gut mit mir meine und da aus mir doch »etwas werden« solle, mit dem Stock, dem sogenannten Spanischen, ein paar auf den Hintern verabreichen werde. Er packte mich und zog mir ein paar über. Es schmerzte. Der gute Mann glaubte nun, daß ich fortan ein braver Schüler sein werde. Darin hatte er sich allerdings getäuscht.

Diese alten Erziehungsmethoden, von denen man in den sechziger und siebziger Jahren allmählich abrückte, hatten allerdings einen Vorteil: es gab klare Grenzen. Für uns war auf der einen Seite der »gute« Schüler und auf der anderen der »böse« Lehrer. Der Lehrer war der Feind, und daher fanden wir auch nichts dabei, diesen Herrn durch allerhand Streiche zu verärgern, schließlich hatten wir unter ihm und seinesgleichen genug zu leiden. So freute es uns, wenn der Lehrer sich zum Beispiel auf den nassen Schwamm setzte, den wir ihm vorher auf den Sessel gelegt hatten.

Ein schlechtes Gewissen hatten wir nicht, wenn der Lehrer voll der Wut war, schließlich war er unser »böser« Gegner. Wir waren also erfreut, diesen Mann und seine Kollegen hineingelegt zu haben. Die alten Grenzen erleichterten unser Handeln. Heute sieht die Sache anders aus: heute soll der Lehrer den Kameraden oder etwas Ähnliches spielen.

Pädagogische Theorien sind an die alte klare Grenze getreten. Allerdings gibt es schon zu viele von diesen Theorien. Sie verwirren die Lehrer, die es im Unterricht nicht immer leicht haben, weil sie nicht wissen, welche dieser Theorien die richtige ist. Diese Verwirrung gab es in der alten Schule nicht. Die Grenzen waren klar. Wir haben zwar viel und unnötig gelitten, aber wir kannten uns aus. Es gab also zwei Gruppen von Menschen: eben die »bösen« Lehrer und die »guten« Schüler.

Die Niedertracht der alten Lehrer war groß, aber es gibt sie auch heute, sie sieht nur anders aus. Es wird zwar nicht mehr geschlagen – dem Himmel sei Dank –, aber niederträchtige Lehrer werden weiterhin gefürchtet. Die Niedertracht ist freilich subtiler und versteckter. Sie zeigt sich aber unter anderem noch immer darin, daß man durch schlechte Noten oder knifflige Schularbeiten die Schüler in Angst und Schrecken versetzt. Aber dennoch haben es die heutigen Lehrer schwerer.

Mir erzählte eine Lehrerin, sie würde bewußt freundlich-niederträchtig gegen jene Schüler vorgehen, die sie nicht mehr in die nächste Klasse mitnehmen wolle. Sie wiege sie zum Beispiel in Sicherheit, indem sie sie anlächle und meine, vielleicht würden sie doch noch durchkommen. Bei der entscheidenden Prüfung dann würde sie die betreffenden Schüler jedoch durchfallen lassen.

Die Strategien der Niedertracht bei Lehrern sind weiterhin vielfältig.

Moderner Kampf der Eltern gegen Lehrer

Eine wichtige Rolle spielen heute die Eltern der Schüler. Sie sind zu einer Kontrollinstanz, die segensreich sein kann, geworden.

Ehedem haben sich Eltern dem niederträchtigen Spruch des Lehrers oder der Lehrerin gebeugt, heute können Eltern Beschwerden einbringen und den Instanzenweg gehen. Aber auch dahinter steckt Niedertracht.

Ich weiß von einem Vater im südlichen Niederösterreich, der sich wegen seiner Tochter auf einen Streit mit der Lehrerschaft einließ. Darüber liegt ein Aktenberg vor, den mir der geplagte Vater in liebenswürdiger Weise zur Verfügung gestellt hat. Das Problem beginnt damit, daß die Tochter dieses Mannes im Jahreszeugnis (1998) der sechsten Klasse eines Bundesrealgymnasiums in fünf Gegenständen mit »nicht genügend« abgeschlossen hat. Die junge Dame hätte nun die Klasse wiederholen müssen, damit jedoch war der Vater nicht einverstanden und tat nun etwas, das früher undenkbar gewesen wäre: er brachte einen »Einspruch« gegen die Beurteilungen bei der Direktion des Gymnasiums ein. Der Einspruch wurde damit begründet, daß das

Die Niedertracht in der Schule

Mädchen diese Klasse nun schon zum zweitenmal absolviert habe, wobei sie im Zeugnis des letzten Jahres in drei Gegenständen, in denen sie jetzt negativ beurteilt wurde, positiv abgeschlossen habe. Die Unterlagen zeigen, daß man die junge Dame loswerden wollte. Dazu diente der niederträchtige Trick, sie psychisch unter Druck zu setzen. Dadurch, daß mehrere Lehrer und Lehrerinnen sie negativ beurteilten, wurde das Mädchen als »schlecht« und »unbelehrbar« abgestempelt. Niedertracht wird hier deutlich. Eltern treten also mitunter zum Kampf gegen die Lehrer an, wobei sich die Niedertracht gleichmäßig zu verteilen scheint.

NIEDERTRÄCHTIGE ELTERN

Eltern können also auch niederträchtig sein. Eltern neigen heute dann zur Niedertracht in ihrer vollen Breite, wenn sie ihr Kind ungerecht behandelt sehen. Eine solche Niedertracht mußte auch eine liebenswürdige Direktorin einer Volksschule im 7. Wiener Gemeindebezirk spüren. Die Elternsprecherin hatte bei einem Besuch der Schule festgestellt, daß die Sessel im Klassenzimmer ihres Sohnes Schulpatina, also Dreck, aus vielen Jahren tragen. Da diese Dame der Meinung war, ihr Sohn solle auf sauberen Möbeln sitzen, schnappte sie den Sessel, auf dem der werte Herr Sohn zu sitzen pflegte, um ihn zu Hause über das Wochenende zu reinigen. Davon erfuhr die Direktorin, die die resolute Dame anrief und ihr mitteilte, daß der Sessel sich im Eigentum der Schule befinde und sie diesen nicht aus dem Schulgebäude hätte entfernen dürfen. Dennoch wurde der Sessel von der Frau Elternsprecherin auf Hochglanz poliert. Am Montag befand er sich wieder im Klassenzimmer, sich durch seinen Glanz von den anderen Artgenossen hervorhebend. Da die Kinder während des Unterrichtes immer wieder woanders sitzen, ließ die um die Sauberkeit ihres kleinen Lieblings besorgte Mutter durch diesen bei der Frau Direktor anfragen, ob er beim Sitzwechsel »seinen« sauberen Sessel mitnehmen dürfe. Die Frau Direktor verbot dies, indem sie auf eine Besprechung mit ihren Kolleginnen verwies, die alle meinten, dadurch, daß der Bub nun seinen eigenen reinen Sessel habe, sei dies eine »soziale Besserstellung«. Eine solche wolle man aber nicht zulassen, jeder Schüler und jede Schülerin solle weiterhin auf den bewährten Sesseln der Schule sitzen, auch der Sohn der auf Reinlichkeit bedachten Elternsprecherin. Der »reine« Sessel solle demnach auch anderen Kindern zugute kommen. Das verärgerte die Mutter, die ihren Sohn vor dem Dreck der Schule in Sicherheit bringen wollte, derart, daß sie diese Geschichte einer Zeitung erzählte und diese eine böse Kolumne mit dem Titel »Grindige (= schmutzige; R. G.) Angelegenheit« gegen die allseits beliebte Direktorin verfaßte (vgl. Kurier, 14.4.1994).

Dieses Beispiel verweist beispielhaft auf die Niedertracht von Eltern, die Aktivitäten gegen Lehrer setzen und ihrerseits Niedertracht auf der Seite der Lehrer vermuten.

Niedertracht der Schüler

Niedertracht findet sich aber ebenso auf seiten der Schüler. Auch diese Niedertracht hat Tradition. In früheren Zeiten – zuweilen auch heute, aber eher selten – äußerte sich die Niedertracht darin, daß Kinder andere Kinder regelrecht verprügelten.

Auch darüber weiß der oben zu Wort gekommene alte Bauer zu erzählen: »Zu mir hat der Lehrer einmal gesagt, nachdem ich von anderen Buben verdroschen worden bin: ›Du Goaßbock (Ziegenbock; R. G.) du! Du wärst schon bald hin (tot; R. G.) gewesen, du Luder, du. Es wär eh kein Schaden um dich gewesen.‹ Solche Lehrer gibt es Gottseidank heute nicht mehr! Ich bin in den ersten Klassen von den anderen geschlagen worden. Wenn ich mich gewehrt habe, habe ich noch mehr abbekommen. Die haben gegen mich zusammengeholfen. Man geht immer auf den Schwachen los. Das ist wie bei den Viechern, vor allem bei den Hühnern. Wenn eine Henne krank ist, pecken die anderen auf sie ein. Das ist so im Leben.«

Die Niedertracht in der Schule

Hier spricht der Mann eine tiefe Weisheit aus. Allerdings scheinen heute Prügeleien zwischen Schülern eher die Ausnahme zu sein. Die Erniedrigung von Kindern durch andere, wie ich schon an einer anderen Stelle geschrieben habe, ist jedoch geblieben, ebenso der Spott. Es gab und gibt wahre Spezialisten in jeder Klasse – sie gehören für gewöhnlich zu den Anführern –, die irgendwelche Äußerlichkeiten anderer Kinder, wie eine große Nase, mißgebildete Zähne, eine sonderbare Haarfarbe, einen kleinen Wuchs, einen Sprachfehler, einen humpelnden Gang oder ähnliches, zum Anlaß nehmen, um diese dem Spott auszusetzen, in den dann auch die anderen einfallen. Vor allem Kinder, die sich gegen solche Niederträchtigkeiten nur schwer wehren können, sind ein beliebtes Ziel solcher Aktionen, die manchmal zu richtigen Hetzjagden werden können – über solche wußte der alte Bauer gut zu berichten und nachzudenken.

Die Tradition der Disziplin

Niedertracht der Schüler richtet sich aber auch gegen den Lehrer, den zu ärgern Freude bereiten kann. Auch hier sind es die eher schwachen Lehrer, die wenig Disziplin zu verlangen vermögen, die zum Gegenstand des niederträchtigen Scherzes und Spottes werden.

Ich erinnere mich an unseren Englischprofessor am Klostergymnasium. Er war ein »Weltlicher«, der uns viel durchgehen ließ und der auf Witze unsererseits mit Güte reagierte. Diesen Mann haben wir ausgelacht, wir belustigten uns über ihn. Bei den anderen Professoren hätten wir nicht gewagt, uns zu rühren, bei diesem jedoch konnten wir uns in unserer Niedertracht austoben.

Die heutigen Schulen lassen übrigens den Kindern bedeutend mehr Freiheiten als die früheren, in denen Disziplinlosigkeit streng geahndet wurde. Folgsame Schüler scheint man heute nur mehr in den Schulen Siebenbürgens und anderer Länder des Ostens zu finden.

Darauf geht auch ein Artikel im »Spiegel« aus dem Jahre 1992 ein, also nicht lange nach der berühmten »Wende«. In diesem wird geschildert, wie Schüler einer Schule aus Hagen im Westen Deutschlands eine solche im Osten, und zwar in Finsterwalde, besuchten, und umgekehrt. Auch die Lehrer erlebten jeweils den Unterricht im anderen Teil Deutschlands.

Beeindruckt waren die Schüler aus dem Westen vor allem von der Disziplin der Schüler im Osten. In der Hagener Schülerzeitung hieß es dazu: »Die Kinder aus Finsterwalde sind noch lange nicht so ›frech‹ wie wir aus Hagen.« Und ein Lehrer aus dem Westen berichtete über seine Lehrerfahrungen im Osten: »Im Osten sagen die Schüler: ›Wir wissen zu wenig, um etwas sagen zu können‹. Im Westen wissen sie nichts, aber reden gleich los.«

Den Ost-Schülern bereitete daher ein freierer, weniger lehrerzentrierter Unterricht Probleme. Bis zur Wende hatten sie einen Unterricht genossen, den West-Lehrer so beschrieben: »Dort herrscht Autorität wie bei uns in den fünfziger Jahren. Die Schüler stehen auf, wenn der Lehrer die Klasse betritt.« (Der Spiegel 47/1992, S. 112)

Die Schüler aus dem Osten wieder waren überrascht über den lockeren Umgang der West-Schüler mit ihren Lehrern und der Art des Unterrichts, der weniger in Monologen des Lehrers als in Diskussionen besteht. Eine Ost-Schülerin meinte allerdings, solche Diskussionen seien »verlorene Zeit«, weil dadurch »weniger auf den Stoff, die Fakten, eingegangen« werde. Sie diskutiere zwar gern, will aber keine vom Lehrer »verordnete Diskussionen«. Für West-Lehrer ist es daher auch nicht so einfach, die klassische Distanz, die zwischen Lehrern und Schülern traditionell üblich war, abzubauen (a.a.O.).

Im Osten Deutschlands hatte sich also ein Schulsystem, das auf alte Traditionen aufbaut, zumindest bis zum Beginn der neunziger Jahre erhalten. Für die liberalen Lehrer des Westens war es, wie wir gesehen haben, überraschend, daß die Schüler sich von ihren Plätzen erhoben, wenn sie, die Lehrer, die Klasse betraten.

Dieses alte System, in dem der Lehrer seine Niedertracht zeigen konnte, in dem Kinder aber auch so etwas wie Höflichkeit gegenüber Eltern und Lehrer lernten, verschwand und verschwindet allmählich, auch im Osten.

Die Niedertracht in der Schule

In den liberalen Schulen des Westens – besonders in den USA – agieren die Schüler bisweilen hemmungslos, derart, daß Lehrer Angst vor dem Unterricht haben. Die Niedertracht der Schüler kennt heute keine Grenzen, sie überragt noch die des Lehrers. Ich selbst war erstaunt über die Art des heutigen Unterrichts im Vergleich zu dem, den ich noch genossen habe. Kam ein Vortragender an unsere Schule, so nahmen wir Schüler in einem Saal Platz und verhielten uns während des Vortrages diszipliniert. Darauf achteten unsere Lehrer.

Auch ich bin des öfteren zu Vorträgen in Schulen eingeladen gewesen und erlebte Unerquickliches – nun weigere ich mich grundsätzlich, in Schulen aufzutreten. In einer Schule betrachteten die ungefähr fünfzehnjährigen Schüler und Schülerinnen mich während meines Vortrages mit zur Schau gestellter Langeweile. Einige lehnten irgendwo am Fensterrand, ein Pärchen lag fast am Boden und küßte sich ungeniert.

In einer anderen Schule machte ein älterer Schüler blöde Bemerkungen über mich. Ich war froh, als ich diese Schule wieder verlassen konnte. Die einzigen, die mir in dieser Schule mit aller Höflichkeit begegneten, waren junge Türkinnen, die wohl von ihren Eltern gehört hatten, daß man Lehrenden mit Respekt zu begegnen habe.

Schüler ohne Disziplin

Wie wild es in Schulen zugehen kann, darüber gibt ein Protokoll über wohl einzigartige Schulstunden in einer Hauptschule einer oberösterreichischen Kleinstadt Auskunft, das mir der Lehrer freundlicherweise zukommen ließ.

Es handelt sich hier um vierzehn- bis fünfzehnjährige Schüler und Schülerinnen, für die es das letzte Schuljahr ist und die daher wenig Interesse an dem zeigen, was ihnen der Lehrer erzählt. Der Lehrer ist für sie eher eine unnötige Figur, über die man sich belustigen kann. Die Sanktionen des Lehrers sind sehr eingeschränkt, denn schlechte Noten scheinen Schüler und Schülerinnen egal zu sein. Aus diesem

Protokoll will ich hier auszugsweise ein paar Passagen wiedergeben, denn sie sind ein gutes Beispiel für die Niedertracht der Schüler:

»Ich (der Lehrer; R. G.) teile korrigierte Arbeitsblätter aus – Österreich nach dem 1. Weltkrieg – Die ›Scheiß-Zettel‹ brauchen wir nicht. Franz K. schießt mit dem Schwamm. Ebenso Hans S. Franz K. fällt vom Stuhl – rollt lachend am Boden ... Franz K. schreit: ›So ein Wixkind!‹ und wirft sich auf Gerhard D. ... Ich sage, nun hätten wir noch Zeit, den vorgesehenen Film ›Zeitgeschichte II« (1938–1945) uns anzusehen. Ich bestimme vier Schüler zum Holen der Geräte. Sechs laufen mit. Endlich erscheinen sie. Der Apparat wird aufgestellt, die Schüler setzen sich an die Rückwand des Klassenraums – trotz meiner Aufforderung, sich weiter nach vorne zu begeben.

Der Film beginnt – nach einleitenden Worten meinerseits – mit der Besetzung Österreichs – ein Teil des Deutschlandliedes wird im Kontext eingespielt – die Schüler grölen mit und strecken die rechte Hand aus. Gerhard D. schreit dauernd irgendwelche undefinierbaren Laute heraus. Ich sage, dies wäre ein wichtiger Film, bei diesem solle man nicht stören. Doch Gerhard D. schreit weiter und kugelt am Boden herum.

Franz K. schreit von hinten alle möglichen Beschimpfungen. Nach einiger Zeit – im Film läuft gerade die Goebbels-Rede ›Wollt ihr den totalen Krieg?‹ – springen alle geschlossen auf, strecken die rechte Hand nach vorn und brüllen im Chor: ›Heil Hitler!‹ Der Film ist noch nicht zu Ende, bei allen demonstrativen Szenen mit Jubelgeheul der Bevölkerung (z. B. am Heldenplatz) grölen die Schüler mit und schreien ›Heil Hitler‹. Irgendwann geht der Film zu Ende ...

Haben eine kurze Besprechung im Konferenzzimmer – komme nach ca. 5 Minuten in die Klasse. Alle Fenster sind offen. Drei Schüler sitzen vermummt mit Jacken und Mützen. Ein Schneeball fällt auf den Katheder, auf meine Unterlagen und das Klassenbuch. Ich rede Hans S. an, was er sich erlaube. Dieser schreit: ›Ja. spinnst du ... Immer ich, immer ich. Dir muß man alles zweimal sagen! Da hat es jemanden das Zipfl (Penis) abgefroren.‹ ...

Die Niedertracht in der Schule

Hans S. schreit (es geht um Parteien): ›Nieder mit der Schule, zu der Partei geh ich sofort!‹ ...
Hans S. zu Irmgard A.: ›Was ist der Unterschied zwischen dir und K. (ein Ort in Oberösterreich)‹? ... ›K. ist ein Nebelloch und du bist ein Arschloch ...‹« (Dieses Protokoll verdanke ich Herrn Th. M. Munninger, einem jungen Lehrer, der seinen Schülern und Schülerinnen mit Idealismus begegnet ist und schließlich resigniert hat.)

Der Lehrer, dem es um seine Arbeit ernst ist und der die Kinder bilden will, hat hier wenig Chancen. Die Schüler und Schülerinnen belustigen sich über den gütigen Lehrer, der sich redlich um sie bemüht. Seiner Güte steht die Niedertracht der Klasse gegenüber. Dieses Beispiel aus einer Schule ist wohl ein extremes, es deutet aber darauf hin, daß Schüler es sehr schnell lernen, Lehrer mit Niedertracht zu überziehen. Aber noch etwas zeigt das Protokoll, nämlich daß Kinder, die als harmlos erscheinen, von anderen in übler Weise behandelt werden können, wie in diesem Fall Irmgard A., die als »Arschloch« (man verzeihe mir die Wiedergabe dieses Ausdrucks) bezeichnet wird.

Bemerkenswert ist übrigens, daß die Schüler Naziparolen grölen. Sie tun dies offensichtlich nicht, weil sie mit Nazis sympathisieren, sondern weil sie wissen, mit solchen Sachen kann man den Lehrer entsetzen und verunsichern.

Der Nationalsozialismus erscheint wohl als einziges Tabu, das den Lehrer wirklich aufzuregen vermag, da andere Tabus, wie das der freien Liebe, allmählich gefallen sind. Schließlich können die Schüler durch einen solchen Tabubruch, der wohl ein niederträchtiger ist, zeigen, daß sie anders sind und sich so von »braven Schülern« absetzen können. Eine solche Provokation macht Freude und ärgert in ihrer Niedertracht den Lehrer.

Die Niedertracht in der Schule ist vielfältig, dies sollte hier beispielhaft gezeigt werden. Ihre Geschichte ist lang, und trotz der Versuche gütiger Lehrer und braver Eltern ist sie nicht aus dem Schulalltag zu verbannen. Sie gehört irgendwie dazu.

19.

Die Niedertracht der Sportler und ihrer Fans

Für gewöhnlich wird Sport – und speziell der Fußballsport – mit so ehrenwerten Eigenschaften wie Fairneß und Ritterlichkeit verknüpft. Dem gestatte ich mir jedoch zu widersprechen, da es mit solchen edlen Werten wahrlich nicht sehr weit her ist, beruht doch der Wettsport auf alter kriegerischer Kultur. Eben darum hat er mehr mit Niedertracht zu tun als mit edlem Tun (vgl. Girtler 1989, S. 351ff. u. Veblen 1986).

Das Vorgaukeln von Fairness

Fairneß wird grundsätzlich nur vorgegaukelt, denn jeder Sportler oder jede Sportlerin ist höchst erfreut, wenn der Konkurrent oder die Konkurrentin während des Rennens zusammenbricht und ihm oder ihr den Sieg überlassen muß. Wohl wird zum Beispiel bei internationalen Schirennen durch wortgewaltige Reporter so getan, als ob die Rennläufer der eigenen Nation gemeinsam an einem Sieg aus ihren Reihen interessiert wären: egal wer siegt, Hauptsache, es ist ein Österreicher oder ein Deutscher oder sonst jemand. Dem aufmerksamen Beobachter fällt jedoch auf, daß dem nicht so ist, daß man vielmehr neidvoll auf den Sieger aus den eigenen Reihen schaut und beglückt ist, wenn man selbst alle anderen übertrumpft.

Denn gerade der Neid als eine Form der Niedertracht ist für den Sport typisch. Dies wollte auch ein Reporter herausbekommen. Er befragte während der Schi-Weltmeisterschaft in Vail 1999 deswegen einige Heroen und beobachtete ihr Treiben. Dabei fiel ihm auf, daß sich einige Schifahrer ärgerten, wenn ihr Mannschaftskollege Hermann Maier wieder einmal einen Sieg errang. Eine prächtige Schifahrerin erzählte offen: »Wenn ich Zweite werde, ärgere ich mich über den Erfolg meiner Teamkolleginnen.«

Die Niedertracht der Sportler und ihrer Fans

Der Neid diktiert, so deutet der Reporter an, die Kontakte zwischen den Rennläufern, daher seien sie eine »schrecklich nette Familie«. (Kronen Zeitung, 10.2.1999) Und er hat recht. Aber auch die Fans tun da mit, und durch Geschrei versuchen sie, ihre Helden während der Fahrt anzufeuern und ihre Gegner zu verunsichern. Gerade der Fußball, bei dem viel von Fairneß gesprochen wird, ist voll der Niedertracht. Versteckte Fouls sind ebenso regelmäßig wie Übervorteilungen am grünen Tisch. Für gewöhnlich ist mit dem Sport auch Gewalt verbunden. Davon weiß schon Homer zu berichten.

NIEDERTRACHT IM FUSSBALLKAMPF ALS STAMMESRITUAL

Fußball ist nicht bloß irgendeine Sportart, Fußball erinnert vielmehr an kultische Opferungen, hat mit Ritualen zu tun und ist bisweilen – eben durch die Aktionen der Fans – von urgeschichtlicher, homerischer Wildheit. Fußball ähnelt dem alten Ballspiel der Azteken, bei dem die verlierende Partei damit rechnen mußte, von den Siegern und ihren Anhängern rituell verprügelt und manchmal sogar getötet zu werden.

Fußball steht als Sport wohl in einer interessanten, homerischen Tradition, hat jedoch eine Besonderheit, denn im Gegensatz zu anderen Sportarten befeuert er Anhänger, sich rituell und kriegerisch – manchmal blutig – zu begegnen. Meines Erachtens sind derartig motivierte und kämpferische Anhänger vorrangig nur bei einem Sport möglich, der Spannung bietet und bei dem Mannschaften nach bestimmten Kriegsregeln versuchen, den Gegner zu besiegen. Und schließlich ist eine Fußballmannschaft von ihrer Aufstellung, ihrem Spielplan und ihren Spielzügen durchaus mit einer Kriegsarmee zu vergleichen. Ihr Ziel ist es, die gegnerische Mannschaft auszutricksen und über sie zu triumphieren. Dies hat eine gewisse Faszination.

Der Fußballsport bietet für seine Anhänger eine glänzende Möglichkeit, sich nach dem Vorbild einer (kriegerischen) Mannschaft zu

BÖSEWICHTE

organisieren und heldenhaft, aber auch niederträchtig, gegen die andere Partei vorzugehen.

Typische Wörter, wie Fußballschlacht, Schlachtenbummler, Stürmer, Verteidiger und Antreten (zum »Elfer«) beziehen sich tatsächlich auch auf Krieg und Kampf.

DIE GESCHICHTE DES FUSSBALLSPORTS ALS GESCHICHTE DER NIEDERTRACHT

Ein Einblick in die Geschichte des Fußballsports in seinem Mutterland England verweist auf eine lange Tradition niederträchtiger Kampfhandlungen, vor allem seiner Anhänger. Bereits im 13. Jahrhundert scheint es beim Fußballspiel (oder dem, was man so bezeichnete) wild zugegangen zu sein. Dies läßt sich aus einem Beschluß der Synode von Exeter 1287 ableiten. In diesem werden Tanzen, Raufen und andere unziemliche Sportarten, wozu das Fußballspiel zählte, auf dem Hof vor der Kirche verboten. Anlaß für dieses Verbot dürfte die Tötung eines Fußballspielers mit einem Messer während eines Spiels auf einem Kirchhof in Manchester gewesen sein. Und 1349 drohte Edward III. alle diejenigen einzusperren, die das brutale Fußballspiel dem gentlemanwürdigen und militärisch nützlichen Bogenschießen vorziehen würden. Als »teuflischen Zeitvertreib« beschrieb man 1583 das Fußballspiel, denn es würde Anlaß für Raufereien, Blutvergießen und Mord bieten. Seit dieser Zeit wird Fußball immer wieder mit Niedertracht, Raufhandel und Verwüstungen in Verbindung gebracht. Dies geht bis in unsere Tage. So endete im April 1890 das Länderspiel England gegen Schottland mit der Verwüstung des Fußballplatzes. Abgrenzungen wurden niedergerissen und das Feld ruiniert. Auch daß Gegenstände von aufgeregten Anhängern in niederträchtiger Weise auf Spieler und Schiedsrichter geworfen wurden, wird häufig berichtet. 100 Personen wurden 1906 im schottischen Cup zwischen Glasgow Rangers und Celtic Glasgow bei einer Rauferei verletzt.

Die Niedertracht der Sportler und ihrer Fans

Es scheint, daß der Fußballsport als Mannschaftssport eben wegen seiner kampfmäßigen Spielzüge und der leichten Überschaubarkeit, die beim Handball oder Basketball nicht in diesem Maße gegeben ist, eine besondere Attraktivität genießt. Niedertracht und Degradierung des Gegners verschaffen intensive Gemeinschaftserlebnisse. Der Fan vermag sich mit einer Gruppe zu identifizieren. Eigentlich mit zwei Gruppen – einmal mit der Mannschaft und dann mit den Anhängern.

KRIEGSSYMBOLE UND NIEDERTRACHT DER FANS

Die den Fans gemeinsamen Symbole sind das Team und seine Farben. Die Spieler werden zu Kriegshelden und zu kühnen Helden, welche man aus der Ferne umjubelt und verehrt, ähnlich Halbgöttern, für die man sogar das Leben einzusetzen bereit ist.

Schlachtgesänge, Fahnen, Schals, Mützen, bestickte Jacken mit diversen furchterregenden Emblemen (wie einem Totenkopf) und T-Shirts in den grün-weißen, violetten oder anderen Vereinsfarben werden zu kämpferischen Symbolen, die die Fans aneinander binden, die aber auf die gegnerischen Fans auch drohend wirken sollen, wie eben die Gesichtsbemalungen, die so etwas sind wie Kriegsbemalungen.

Typisch für Kriegerkasten, die die Fans eigentlich sind, ist ein eigentümliches Treuegebot gegenüber den Mitstreitern und der ganzen Gruppe. In diesem Sinn ist jede Beleidigung oder Tätlichkeit, begangen an einem Stammesmitglied, zu rächen. Rache ist nicht nur für den kühnen Krieger, sondern auch für den Fan ein wichtiger Grund zur Betätigung. Rachefeldzüge bestimmen das Leben der Kriegergesellschaft und der edlen Fans. Provokationen durch den Gegner – oft erhofft und erwünscht – werden beinhart beantwortet. Kommt es zu einer Verletzung eines Kumpanen, so ist es wahrscheinlich, daß Feldzüge geplant und durchgeführt werden. Vergeltungsaktionen richten sich dabei gegen einzelne Mitglieder der gegnerischen Truppe. Dies führt zu Gegenmaßnahmen, was in einem Teufelskreis von oft wahllosen Vergeltungsaktionen enden mag. Am Schluß bleiben Verletzte am Kampfplatz. Als Waffen bedienen sich der Stamm und die Fangruppe der Dinge, derer sie habhaft werden können: dazu gehören die klassischen Stöcke und Steine sowie die neuzeitlichen Flaschen (die allerdings vorsichtshalber nicht mehr offiziell ausgegeben werden).

Die Gegner der eigenen Helden werden verteufelt, beschimpft und sogar als Nichtmenschen degradiert. In den Schlachtgesängen der Fans wird dies deutlich, wenn z. B. gesungen wird:»Zieht den Tirolern die Lederhosen aus!« Oder:»Schlagt den Linzern die Schädeldecken ein.« (Originalzitate!)

Der gegnerische Fan wird mit der gegnerischen Mannschaft identifiziert und so zum Gegenstand des Angriffes. Zorn und Wut über ein verlorenes Spiel oder über Regelverfehlungen richten sich stellvertretend für die Mannschaft an die Fans. Und das kann bitter werden. Der Kampf am Platz durch die Spieler setzt sich auf den Rängen oder vor dem Stadion fort, allerdings mit anderen Mitteln. Die Gegner werden in übler Niedertracht als wilde Bestien, hinterhältig und feig beschimpft (siehe dazu Girtler 1995a).

Krieger am Fussballplatz

Anfang der 70er Jahre breitete sich von England kommend über die Fußballplätze Europas eine Kriegergemeinschaft von Fußballanhängern aus, deren Gebaren durch gezielt aggressive Akte bestimmt war und es zum Teil auch noch ist. Beispielhaft möchte ich auf diese Krieger eingehen, zumal sie einiges Aufsehen in den Medien erregt haben.

Eine Vielzahl von Symbolen und Ritualen umgab diese Fans. Ihr wohl auffälligstes Symbol war eine spezifische Haartracht. Sie ließen sich die Haare millimeterkurz scheren, was das Bild ihrer Aggressionsbereitschaft rituell verstärkte. Sie krempelten sich ihre Jeans hoch, damit man ihre hochgeschnürten Doc Martens-Stiefel, die Stiefel der Werftarbeiter, bewundern konnte. Außerdem trugen sie die Hosen-

Die Niedertracht der Sportler und ihrer Fans

Der sportliche Wettkämpfer
mit Auszeichnungen

träger offen über dem Hemd. Sie symbolisierten damit ihren Stolz auf die Herkunft aus dem Arbeitermilieu.

In den einzelnen Wohnvierteln bildeten sich Gruppen, die sich häufig nach dem Anführer, z. B. Smithy's Team, oder nach der Gegend, z. B. die Burschen von Somers Town, benannten. Diese Skinheads, wie sie sich selbst nannten, waren (und sind) Fußballfanatiker höchsten Ranges. Sie dominierten die Ränge in einigen Fußballstadien so sehr, daß bestimmte Ecken in den Stadien zum Synonym für den Skinhead-Anhang wurden wie etwa Chelsea's Shed. Binnen kurzer Zeit waren diese Burschen ob ihrer Aggressivitäten und ihres lautstarken Auftretens bekannt und gefürchtet. Ihr demonstrierter Fanatismus entsetzte die Umwelt.

Ziel ihrer niederträchtigen Angriffe waren nicht nur andere Fans, sondern auch asiatische Einwanderer und »Typen«, die als unmännlich angesehen wurden. Zu letzteren gehörten die Hippies, denen man nicht nur vorwarf, dreckig zu sein, sondern auch arbeitsscheu. Pakistani, Hippies und auch Homosexuelle, für die Skinheads die besonderen Symbole der Unmännlichkeit, wurden regelmäßig von ihnen verprügelt, eine niederträchtige Aktivität, die bald zum beliebten Freizeitsport wurde. Die Presse brandmarkte die Skinheads ob ihres Rassismus, eines Rassismus, der für England und auch das übrige Europa nichts Ungewöhnliches ist. Die Skinheads fanden daher stille Sympathisanten, denen es gefiel, daß sie mit Pakistani Raufereien anzettelten und auch sonst Fremde erniedrigten. Die konservativ-reaktionären Werte der Unterschicht waren den Skinheads wichtig. Die Hippies bezeichneten sie als faule und ungewaschene Existenzen, beklagten sich über den Schmutz der Immigranten und bekämpften die Verderbtheit der Schwulen. Sie gaben sich betont kriegerisch, und ihr Kampfplatz, ihre Arena, wo sie ihre kriegerischen Aktionen durchführen konnten, waren und sind die Fußballplätze. Allerdings ist nicht jeder Skinhead ein Rassist, sondern auch unter ihnen entwickelten sich verschiedene Richtungen, die schließlich auf das Festland und auch nach Österreich übergriffen.

Obwohl es um die Skinheads zu Beginn der 70er Jahre wieder ruhig geworden ist, tauchten sie 10 Jahre später erneut gewaltsam auf; auch heute noch diktieren sie bzw. Nachfolgegruppen mitunter das Geschehen der Fans.

Die Fußballfans, die zwar Farbe in die Stadien bringen, neigen, wie ich hier auszuführen versucht habe, gegenüber der gegnerischen Mannschaft und deren Fans zur Niedertracht. Deren Strategien können, wie wir gesehen haben, vielfältig sein. (Einige Gedanken, die mich inspiriert haben, stammen aus Gesprächen mit Wolfgang Kühn, dessen Diplomarbeit über das Rowdytum auf Fußballplätzen ich betreuen durfte. Ihm sei hier gedankt.)

20.

Die Niedertracht bei Erbschaften

Es gibt freundliche Erblasser und Erben, aber es gibt auch höchst niederträchtige Leute unter ihnen, vor allem unter letzteren. Dies werde ich hier zeigen.

DER NIEDERTRÄCHTIGE ERBLASSER

Die Niedertracht von Erblassern mag sich darin zeigen, daß sie den größten Teil ihres Vermögens, das sie auf Erden zurücklassen, nicht Nachkommen und anderen Verwandten vermachen, sondern der Kirche, einem wohltätigen Verein oder gar einem Hundeheim oder sonst jemandem. Besondere Einnahmen machen, wie mir auch ein Pfarrer erzählte, vor allem die einzelnen Pfarren mit Erbschaften von braven, im Schutz der Kirche altgewordenen Kirchenbesuchern – zum Ärger von deren Verwandten, falls sie solche haben.

Niederträchtig handelte auch der Wiener Bürger Jakob Hahner, der im Jahre 1824 das Haus Kirchberggasse 24 erbauen ließ (in diesem Haus habe ich die Ehre zu wohnen). Sein Testament von 1845, das auf mich gekommen ist, beinhaltet eine bemerkenswerte Niedertracht gegenüber seiner Frau.

Es beginnt mit den Worten: »Im Namen der Allerheiligsten Dreifaltigkeit ...«. Und nach dem Hinweis, daß nach seinem Tode zum Heile seiner Seele drei Messen gelesen werden sollen, heißt es: »Ernenne ich die Kinder der Anna Jester, Schuhmachers-Gattin zu Rhodaun ... zu meinen einzigen Universalerben ...«. Und an seine geschiedene Gattin richtet er den 5. Punkt des Testamentes: »Verordne ich, um meiner Gattin, ungeachtet sie solches wegen ihrer bösen Launen, die mir mein Leben so sehr verbitterten, nicht verdiente, einen weiteren Beweis meiner Achtung zu geben, daß meine Universalerben die sämtliche vorhandene Leibskleidung, Wäsche und Einrichtung als ein Eigenthum meiner Gattin anerkennen ...«. Die frühere Gattin des Erblassers wird hier niederträchtig auf ihr übles Verhalten als Ehefrau hingewiesen und mit Nebensächlichkeiten wie Kleidung und Wäsche geradezu höhnisch abgetan. Hier dient das Testament dem Herrn Hahner dazu, seine Frau noch einmal wissen zu lassen, daß er nichts von ihr halte.

Streit um die Erbfolge

Niederträchtigkeiten dieser Art dürften nicht selten sein, sie erscheinen jedoch harmlos gegenüber den Niederträchtigkeiten der Erben. Dies zeigt auch die Geschichte der Herrscherhäuser: nicht selten kam es nach dem Tod von Königen und Kaisern zu wüsten Streitereien und großen Kriegen, denn die Gier nach Macht und Geld war stets groß. Wild ging es zum Beispiel im Spanischen Erbfolgekrieg (1701–1714) zu, als man um das Erbe des letzten spanischen Habsburgers Karl II. (1665–1700) stritt. Dieser Streit wurde zu einem europäischen Krieg, da sowohl der französische König Ludwig XIV. als auch Kaiser Leopold I. den spanischen Besitz wollten.

Der eine für seinen Enkel Philipp von Anjou, den auch Karl II. als seinen Erben eingesetzt hatte, und der andere für seinen Sohn Erzherzog Karl. Leopold I. leitete seinen Anspruch von seiner Heirat mit der jüngeren Schwester Karls ab. Er argumentierte außerdem hinterlistig damit, daß die Frau von Ludwig XIV., die ältere Schwester Karls, Maria Theresia, offiziell auf ihr Erbe verzichtet hatte. Es kam zu einem europäischen Durcheinander: wegen ihrer eigenen niederträchtigen Interessen schlossen sich England und Holland mit Kaiser Leopold I. gegen Frankreich zusammen. Auch Preußen, das Reich, Portugal und Savoyen traten diesem Kriegsbündnis bei. Auf der Seite Ludwigs XIV. standen Kurbayern und Kurköln. Letztlich wurde Philipp als Philipp V. Nachfolger Karls II. und spanischer König. Im Friedensvertrag wurde das Erbe aufgeteilt, jeder wollte mit-

Die Niedertracht bei Erbschaften

naschen, so kam Gibraltar an Großbritannien und Mantua an Österreich. Ähnlich ging es im österreichischen Erbfolgekrieg zu, der von 1740 bis 1748 dauerte. Hier stritt man um das Erbe von Karl VI., vor allem um die österreichischen Erblande, die er seiner Tochter Maria Theresia vermacht hatte. Doch Bayern, Sachsen und Spanien anerkannten die Erbfolge Maria Theresias nicht, obwohl Karl VI. für Österreich in der sogenannten Pragmatischen Sanktion die weibliche Erbfolge festgelegt hatte. Frankreich unterstützte niederträchtig die Gegner Österreichs, während Großbritannien und die Niederlande auf Österreichs Seite standen, wobei auch sie sich etwas erhofften. Außerdem erhob Preußen Ansprüche auf Schlesien. Hier zeigte sich ebenso ein furchtbares Durcheinander der Niedertracht. So marschierte Bayern hinterhältig in Oberösterreich und Böhmen ein, wo Kurfürst Karl Albert sich zum böhmischen König krönen ließ. Er starb 1745. Sein Sohn verzichtete jedoch freundlicherweise auf die Ansprüche der Bayern. Der Krieg wurde dann, als Sardinien sich Österreich anschloß, vor allem in der Lombardei und den österreichischen Niederlanden geführt. Im Frieden zu Aachen 1748 wurde schließlich die weibliche Erbfolge in Österreich akzeptiert. Österreich mußte aber Parma und Piacenza an eine Nebenlinie der spanischen Bourbonen abtreten.

Was sich bei diesen Erbfolgekriegen im großen abspielte, spielt sich beinahe täglich bei den üblichen Erbschaftsstreitigkeiten ab: plötzlich tauchen, überhaupt wenn es sich um eine fette Erbschaft handelt, irgendwelche fernen Verwandten auf und behaupten, rechtmäßige Erben zu sein; man verschafft sich Vorteile, indem Testamente negiert werden (was auch Leopold I. tat); oder man versucht, auf andere Weise Miterben hineinzulegen. Dies geschieht zwar heute nicht handgreiflich auf dem Kriegspfad, sondern eher auf heimliche Weise, zum Beispiel durch Betrug, indem man sich einfach als Erbe ausgibt, ohne ein solcher zu sein.

Ist der Tote oder die Tote unter der Erde, beginnt der niederträchtige Kampf um die hinterlassenen Dinge. Statt der Länder und

Königreiche sind es bei den »kleinen Leuten« Grund und Boden, Geld, Schmuckstücke, Antiquitäten und ähnliches, wegen derer man den Streit ansagt. Die Gier ist allgemein dieselbe.

Der niederträchtige Kampf um die künftige Erbschaft

Manchmal kündigen Erbschaftsstreitigkeiten sich schon vorher an, nämlich dann, wenn die künftigen Erben gemeinsam in einem Betrieb – einem Bauernhof, einer Steuerberatungskanzlei oder sonstwo – arbeiten. Hiebei kann es sein, daß einer oder eine der voraussichtlichen Erben sich bereits vor dem ersehnten Tod des Erblassers als künftiges Oberhaupt aufspielt.

Darüber erzählte mir ein freundlicher Herr, dessen Frau als Erbin in einen Strudel der Niedertracht hineingezogen wurde. Sein Schwiegervater besaß eine gutgehende Steuerberatungskanzlei, in der sein Sohn und seine Tochter sich einzuarbeiten hatten. Beide heirateten, wobei deren Ehepartner Beschäftigung in der Kanzlei fanden. Die Frau des Sohnes jedoch war eine besonders Gierige, sie nahm es als sicher an, daß ihr Mann die Kanzlei einmal übernehmen werde. Als der Schwiegervater schon ein erhebliches Alter erreicht hatte und sie selbst schon über fünfzig war, neigte sie dazu, sich gegenüber dem Personal im Stile der künftigen Chefin zu präsentieren. Dabei kam es zu Machtritualen ihrerseits, wie zum Beispiel, daß sie in einem Brief die Angestellten wissen ließ, daß der Seniorchef sich zu Jahresende aus der Kanzlei zurückziehen werde. Der Brief war so gehalten, als ob der Chef den Brief tatsächlich selbst verfaßt und unterschrieben hätte.

Als der Chef dahinterkam, wies er die Angestellten darauf hin, daß dies nicht stimme. Darauf beschimpfte ihn die Schwiegertochter, die wohl alleine in dieser gutgehenden Kanzlei mit zehn Angestellten das Ruder führen wollte. Der Alte, der durch diese Frau eingeschüchtert war, soll einmal zu einer Angestellten gesagt haben: »Wenn ich einmal tot bin, werdet ihr es schwer haben bei der Schwiegertochter.« Zu den niederträchtigen Strategien dieser Frau zählte auch, vor den An-

Die Niedertracht bei Erbschaften

Hoffnungsvolle Erbengemeinschaft

gestellten über ihren Schwiegervater zu schimpfen, ihn also schlechtzumachen. Die Bösartigkeit dieser Frau färbte im Laufe der Zeit auch auf den Sohn des Chefs ab. Ihre Stimme soll besitzergreifend und eisig gewesen sein. War sie nicht im Büro, so sei ihr Mann aufgeblüht.
Als nun der Vater gestorben war, gab der Sohn eine Steuererklärung mit 70:30 zu seinem Vorteile an. Er behauptete niederträchtig, der Vater hätte das Testament derart geändert, allerdings mündlich, was aber nicht nachzuweisen war und auch nicht stimmte. Jetzt ergab sich ein Erbschaftsstreit ganz im Stile der alten Erbfolgekriege. Dieser Streit führte schließlich dazu, daß die Frau Tochter durch die Kriegslisten ihres Bruders und ihrer niederträchtigen Schwägerin derart eingeschüchtert war, daß sie kapitulierte.
Sie war seelisch am Boden, und die Prozeßkosten waren inzwischen zu einer enormen Höhe angewachsen. Ein Trick der Niedertracht, um die Schwester unter Druck zu setzen, war, ihren liebenswürdigen Herrn Gemahl aus der Firma hinauszuekeln. Dieser wurde schließlich fristlos entlassen. Der alte Chef hatte anscheinend geahnt, daß man

seiner Tochter nach seinem Tode Schwierigkeiten machen werde, daher vermachte er ihr sein schönes Haus in einem schönen Stadtteil Wiens. Er verlangte auch, sein Sohn möge unterschreiben, daß er das Testament wegen des Hauses nicht anfechten wolle. Doch dieses Ansinnen soll der Sohn als »Blödsinn« abgetan haben.

Niedertrachten dieser Art bestimmten die weiteren Aktionen dieses Krieges zwischen Geschwistern und deren Ehepartnern, wobei der eine Teil sich auf die Niederträchtigkeiten des anderen hin schließlich gezwungen sah, sich zurückzuziehen. Diese Geschichte veranschaulicht, wie (künftige) Erben und Erbinnen alles daransetzen, um die Macht über einen Bereich, den sie beherrschen wollen, zu erhalten. So ein Bereich kann ein ganzes Königreich sein oder eben eine Kanzlei.

Das gemeinsame Haus

Erbschaften vermögen ganze Familien zu entzweien. Darüber gibt auch eine andere Geschichte Auskunft, die ich in einer deutschen Zeitung gelesen habe. Dort heißt es, daß zwei Schwestern – beide stammen aus Halle an der Saale – gemeinsam ein Haus geerbt hatten. Wegen des Hauses waren sie in Streit geraten.

Die eine Schwester war schon zu DDR-Zeiten nach dem Westen, und zwar nach Hannover, ausgewandert, die andere war in dem elterlichen Haus geblieben. Nun meinte letztere, sie habe sich ihre Schwester »aus dem Herzen gerissen«. Diese, die im Westen stets in »guten Verhältnissen« gewohnt hat, wollte »so schnell als möglich« den finanziellen Anteil an dem gemeinsam geerbten Haus erhalten. Doch die Schwester, die weiterhin in dem Haus wohnen wollte, hatte das Geld nicht und bot eine Ratenzahlung an. Doch mit dieser war die niederträchtige Schwester nicht einverstanden und betrieb die Zwangsversteigerung des Hauses, um zu ihrem Geld zu kommen.

Das kränkte ihre Schwester, die darauf beharrt: »Das verzeihe ich ihr nie.« Aus dem Familienalbum entfernte sie alle Bilder mit der hinterhältigen Schwester. »Ich habe das alles nicht für möglich gehalten«,

Die Niedertracht bei Erbschaften

meint die 49jährige. Daß sie heute noch im Haus ihrer verstorbenen Eltern wohnt, verdankt sie ihren Kindern, die einen Kredit von über 60.000 Mark aufnahmen, um die Tante aus Hannover auszuzahlen (vgl. Mitteldeutsche Zeitung, 5. April 1995, S. 3). Niederträchtige Ärgernisse dieser Art wegen Erbschaftssachen sind häufig. Von besonderer Heftigkeit und Unverschämtheit waren sie, wie die vorige Geschichte zeigt, wohl nach der sogenannten »Wende«, als im Westen lebende Erben von Liegenschaften rücksichtslos Zwangsvollstreckungen durchführen ließen, um zu Bargeld zu gelangen. Das Leid von Leuten, die dort die DDR-Zeit hindurch gelebt hatten, war ihnen gleichgültig. Man bediente sich da allerhand niederträchtiger Tricks.

Es gilt aber auch von Fällen zu berichten, bei denen Leute aus dem Westen nicht mit Niedertracht ans Werk gingen. Ein solcher Fall soll hier noch erzählt werden, um zu zeigen, daß es auch »gute« Erben gibt. Diese sind allerdings in der Minderzahl. So erzählte eine Leipziger Rentnerin, die in einem großen Haus in einer noblen Leipziger Gegend wohnte, daß es eines Tages bei ihr geklingelt habe. Ein Herr mittleren Alters stand vor der Tür und fragte höflich, ob er sich ihre Wohnung ansehen dürfe, seine Großeltern hätten hier früher einmal gewohnt, sie seien die Hauseigentümer gewesen. Die Rentnerin erschrak, als sie dies hörte und dachte, jetzt käme jemand aus dem Westen, wolle das Haus wieder zurückhaben und es zu Geld machen. Das würde bedeuten, daß sie ausziehen müsse. Sie meinte: »Man hört ja wenig Gutes über die früheren Besitzer.« Aber der überraschende Besuch wollte wirklich nur »gucken«. »Schön haben Sie es hier«, habe der Mann auf der Veranda gesagt und sich höflich bedankt, daß er sich dies alles ansehen durfte. »Bange Wochen« folgten für die Rentnerin, täglich fürchtete sie, einen Brief von einem Anwalt zu bekommen. Stattdessen erhielt sie einen »persönlichen« Brief des Herrn, der sie besucht hatte. In diesem teilte er ihr mit, daß die Erbengemeinschaft sich geeinigt habe: »Alles soll so bleiben wie es ist. Wir sind hier (im Westen) verwurzelt und Sie dort.« Er fügte noch hinzu: »Übrigens Ihr Tee war vorzüglich.« (a.a.O.) Es ist zu hoffen, daß solche Fälle häufiger vorkommen.

BÖSEWICHTE

Zwangsversteigerungen zum Nachteil von Erben sind nicht selten und treffen diese in ihrer Seele, überhaupt wenn es um die von den Eltern geerbten Häuser geht, in denen noch einer der Nachkommen wohnt. So wird von einer solchen Zwangsversteigerung eines Hauses in Hannover berichtet, das zwei Brüdern gehörte, von denen einer in dem Haus des Vaters wohnte und auch weiterhin dort wohnen wollte. Doch der niederträchtige Bruder hatte anderes im Sinn. Die beiden gerieten in einen unversöhnlichen Streit. Schließlich wurde das Haus versteigert. Der in dem Haus wohnende Bruder wollte es ersteigern, doch sein Bruder konnte über Strohmänner den Preis derart in die Höhe treiben, daß ersterer aufgeben mußte. Als dieser »ausstieg«, legte der niederträchtige Bruder lächelnd ein paar Tausender drauf und steigerte seinem Bruder »praktisch das Haus unter dem Hintern weg. Höhnend ließ er dann gleich noch den Räumungsbescheid nachreichen«. (a.a.O.)
Streitigkeiten um das Erbe können Familienbande zerreißen. Die Niedertracht feiert dabei immer wieder fröhliche Urständ.

Die Unversöhnlichkeit der Erben

Die Niedertracht, die mit Erbschaften verbunden ist, kann vielfältig sein. Der Streit um ein Erbe ist oft derart heftig, daß die Erben unversöhnlich auseinandergehen. So weiß ich von einem Brüderpaar, das gemeinsam seine Eltern beerbt hat und bei der Erbteilung, bei der es um beträchtliche Grundstücke in K. ging, derart in Streit geraten war, daß beide bis zu ihrem Lebensende nicht einmal mehr miteinander sprachen. Wenn die Brüder einander zufällig begegneten, gingen sie grußlos aneinander vorbei.

Streit gab es auch in meiner Familie. Auch darüber will ich kurz erzählen. Mein gütiger Großvater, früherer Professor an der »Deutschen technischen Hochschule« in Brünn und ein Herr von natürlichem Adel, lebte nach dem Krieg alleine in Windischgarsten. Er war ein gebrochener Mann, denn seine Frau, meine Großmutter, war

Die Niedertracht bei Erbschaften

durch amerikanische Bomben in Wien getötet worden, und mein Onkel, der Bruder meines Vaters, war in Rußland gefallen. Bevor mein Onkel in den Krieg gezogen war, hatte er eine Dame vom Land, eine Wirtshaustochter geheiratet. Mein Großvater meinte, dies wäre gut so, so käme ländliches Blut in die Familie. Eingefügt sei, daß die Familie dieser Dame äußerst liebenswürdig ist, und ich gute Kontakte zu ihr pflege. Mein Großvater besaß eine prächtige Wohnung in Wien-Döbling. In dieser befanden sich kostbare und schöne Familienstücke. Als mein Großvater nun starb, kam es, wie mir meine Eltern erzählten, trotz Testament zu einigen niederträchtigen Aktivitäten der Dame. Sie habe Sachen, die für meinen Vater von sehr persönlichem Wert gewesen sind, »verschwinden« lassen und sich angeeignet. Wertgegenstände, die meiner Familie zugestanden wären, gingen schnell in ihren Besitz über, schließlich war sie die erste, die nach dem Tode des Großvaters dessen Wohnung aufgesucht und nach Wertvollem abgesucht hatte. Mein Vater kränkte sich über die Niederträchtigkeit seiner Schwägerin und ihre Maßlosigkeit. Ein Verwandter von uns versuchte noch, über das Gericht die Hinterlist der Dame unter Kontrolle zu bekommen. Doch dies gelang nicht.

Dieser Erbfolgestreit endete damit, daß meine Eltern beschlossen, diese Schwägerin fortan zu ignorieren und ihren Namen nicht mehr auszusprechen, um so wenigstens ihren Seelenfrieden zu haben. Mußte aber dennoch einmal über diese Dame gesprochen werden, so nannten wir sie nicht beim Namen, sondern sprachen bloß von »der Person«. Wenn also das Gespräch auf »die Person« kam, wußten alle, wer gemeint war. Mit dieser Bezeichnung als »Person« sollte angezeigt werden, daß meine Familie durch diese Dame zutiefst gekränkt war und sie sich selbst als übler Mensch dargetan hat. Die volle Verachtung sollte sie treffen, indem man ihr den Namen nahm – zumindest in meiner Familie.

Erbschaften, dies sollte hier gezeigt werden, können Familien entzweien. Dies meinte auch ein freundlicher Herr, dem ich erzählt hatte, daß ich mich mit meinen Geschwistern gut verstehe und sie schätze. Er erwiderte bloß: »Warten Sie nur, wenn Sie einmal gemeinsam erben!« Daran dachte ich, als vor einigen Jahren meine Eltern starben. Zumindest mein Bruder und ich versuchten, die Sache nobel zu bereinigen. Unserer Schwester, die an einigen schönen Stücken aus dem Nachlaß interessiert war, begegneten wir großzügig, schließlich hatte sie meine Eltern in ihren letzten Jahren freundlich betreut. Mein Bruder und ich, die wir gemeinsam das Haus der Eltern geerbt hatten – meine Schwester wurde von uns beiden »ausbezahlt« –, regelten die Teilung des Hauses durch Berufung auf den »Sachsenspiegel« des 12. Jahrhunderts. In diesem heißt es: »Der Ältere soll teilen und der Jüngere küren (wählen).« Ich nahm als älterer die Teilung des Hauses vor, und mein Bruder als der jüngere suchte sich den Teil aus, der ihm am besten gefiel. Damit war jeder einverstanden. Platz für Niedertracht gab es somit keinen mehr.

Gemeinsam zu erben, ist, wie wir sahen, eine schwierige Angelegenheit, sie bedarf der Großzügigkeit und eines weiten Herzens. Schnell bietet sich Niedertracht an, um den anderen hineinzulegen. Die Fälle einträchtigen Erbens scheinen selten zu sein, überhaupt wenn es um Macht und große Vermögen geht.

Dies bestätigen die eingangs kurz beschriebenen Erbfolgekriege, bei denen sich alle möglichen Fürsten, Könige und Kaiser einmischten, um Ländereien zu erwerben. Spezialisten darin dürften die Habsburger gewesen sein, die ähnliche Strategien einbrachten wie früher die Bauern, die daran interessiert waren, durch Erbschaften Wiesen und Äcker zu erwerben. Auch dabei ging es oft wild und blutig zu, die Niedertracht blühte – und Familienbande zerrissen. Leute, die nebeneinander wohnen, sprechen nicht mehr miteinander, sie gehen aneinander vorbei, so als ob sie sich nicht kennen würden. Und erzählen, wie niederträchtig sich der andere bei einer gemeinsamen Erbschaft verhalten habe.

21.

Die Niedertracht der Verwandten

Hier handelt es sich um ein weites Thema, das schon in anderen Kapiteln, wie zum Beispiel in dem über Erbschaft, angesprochen wurde. Gerade bei Erbschaften stehen sich Verwandte hinsichtlich des Erbes im Wege, wie wir gesehen haben. Hier soll dem noch einiges hinzugefügt werden.

NEID UND EIFERSUCHT

Nicht nur bei Erbschaften ist die Beziehung zwischen Verwandten durch Neid und Eifersucht bestimmt, sondern oft auch dann, wenn es um irgendwelche Vorteile innerhalb der Verwandtschaft geht, wie bei der Bevorzugung eines Sohnes durch einen anderen, oder bei der Besetzung von Firmenposten und von hierarchischen Positionen innerhalb von Familien, so zum Beispiel bei der Familie von Richard Wagner. Intrigen und Kämpfe zwischen Verwandten sind ein beliebter Gegenstand von Dramen; so auch in denen von Shakespeare, wo vergiftet, gemordet und intrigiert wird zwischen Königen, ihren Frauen, Kindern und anderen Verwandten. Niedertracht zwischen Verwandten ist allgegenwärtig, wenn es um Neid – wie bei Erbschaften –, Eifersucht, Eitelkeit, Bequemlichkeit und darum geht, daß einer Schande über die Familie bringt. Wohl eine klassische verwandtschaftliche Niedertracht besteht darin, sich mißliebiger Verwandter zu entledigen. Auf den Königshöfen geschah dies zum Beispiel durch Vergiftung, wie Shakespeare beschreibt, oder bloß durch Absetzung. So erging es dem österreichischen Kaiser Ferdinand im Jahre 1848. Als es zum Ausbruch der Revolution kam, soll er wegen der rebellierenden Bürger gefragt haben: »Dürfen sie denn das?« Die Verwandtschaft des Kaisers Ferdinand – den die Wiener statt Ferdinand den

Gütigen Gütinand den Fertigen nannten – wechselten ihn bald durch Franz Joseph aus.

Das Verschwindenlassen von Verwandten

Es ist eine beliebte Strategie, Verwandte verschwinden zu lassen, wenn man einen Vorteil wittert. Während man früher Vergiftungen und ähnliche Praktiken vorzog, scheint es später beim Adel Mode geworden zu sein, vor allem weibliche Verwandte, die unverheiratet geblieben sind und als solche nicht viel »taugten«, in Klöstern unterzubringen, wo sie es immerhin bis zu Äbtissinnen bringen konnten. In moderner Zeit sind es psychiatrische Kliniken und ähnliche Heimstätten, in die man lästige Verwandte einliefern läßt. Ist jemand einmal in eine solche Klinik eingeliefert, so ist es für ihn nicht leicht, der Niedertracht seiner Verwandten zu begegnen und aus der geschlossenen Abteilung einer solchen Klinik zu entkommen. Es bedarf guter Kontakte zu wohlmeinenden Verwandten und freundlichen Ärzten.

Ich kenne den Fall einer älteren Dame, die ihr Mann nach einem hysterischen Streit in die Psychiatrie bringen konnte. Dort wurde die Unglückliche durch Spritzen beruhigt, da sie sich ja begreiflicherweise aufregte, und unter Kontrolle gestellt. Erst nach langer Zeit und nach Intervention ihrer Schwestern wurde sie entlassen.

Ähnlich erging es einem Herrn aus meiner Bekanntschaft, der mit Frau und Sohn in Streit lag und den man nach einem ausgiebigen Familienkrach, bei dem er aus dem Fenster – das zum Glück im Parterre lag – sprang, in eine psychiatrische Klinik verfrachten konnte. Seine Schwester, eine Ärztin, befreite ihn, der ein »normaler« Mensch war, sich aber ständig über seine Frau ärgerte, aus seiner Kasernierung.

Wie eine Spezialistin für verhaltensauffällige Kinder mir erzählte, soll es Eltern geben, die ihre Kinder, mit denen sie erzieherisch nicht fertig werden, aus Bequemlichkeit in derartige psychiatrische Heime abschieben. Ist einmal jemand als Patient mit der Psychiatrie in Verbindung gebracht worden, so hat er es nicht leicht, dieses Stigma abzuschütteln, wie eben solche Kinder.

Das Abschieben der Alten

Aus Bequemlichkeit werden in neuerer Zeit auch die älteren Familienmitglieder in Altenheime untergebracht, wo man sie »alle heiligen Zeiten« auch besucht. Die Verwandten haben so ihre Ruhe von den oft pflegebedürftigen Familienalten. In der vergangenen bäuerlichen Kultur war dies etwas anders. Dort mußten sich die Kinder um ihre Eltern bis zu deren Tod kümmern, wie ich es in meinem Buch »Aschenlauge – Der Wandel der bäuerlichen Kultur« aufgezeigt habe. Die Alten wurden nicht der Familie entzogen. Sie bekamen ihre eigene kleine Wohnung am Hof, das sogenannte »Auszugsstüberl«, wie es heute in Siebenbürgen bei den deutschen Bauern noch üblich ist. Allerdings bedeuteten auf kleineren Bauernhöfen, die nicht viel hergaben, die Alten auch eine Belastung, sodaß man froh war, wenn diese starben. Manchmal soll man dem sogar etwas nachgeholfen haben. Hatten die Alten einmal ihren Hof den Jüngeren, also dem Sohn und seiner Familie, übergeben, so hatten sie allerdings nicht mehr viel mitzureden. Daher weigerten sich manche alten Bauern, den Hof frühzeitig zu übergeben. Und wenn sie ihn übergaben, handelten sie ihre Rechte als Alte aus, so zum Beispiel, daß sie weiterhin auf der Bank vor dem Haus sitzen dürfen. Der Spruch »Übergeben, nimmer leben« hatte seine Berechtigung.

Verwandtschaftliche Niedertracht kann also furchtbar sein.

Eine andere Form der verwandtschaftlichen Niedertracht besteht darin, daß man entgegen dem Gebot des familiären Zusammenhaltes Onkel, Tante, Mutter, Vater oder ein Geschwisterteil verleumdet und verrät, um des eigenen Vorteils willen. Auch darüber gibt die Geschichte Auskunft.

22.

Die Niedertracht gegenüber Toten

Niederträchtig behandelte Menschen haben die Chance, sich gegen die Niedertracht zu wehren. Diese Chance ist dem Verblichenen genommen. Hat der Dahingegangene jedoch machtvolle Freunde oder gar eine politische Interessengruppe hinter sich, so wird es für dessen Feinde nicht leicht sein, ihn öffentlich anzuprangern. Tun diese es dennoch, so müssen sie damit rechnen, von den Freunden des teuren Toten angegriffen und beschimpft zu werden. Sollte jedoch der Verblichene mächtige Feinde haben und keiner seiner Freunde mehr am Leben sein, der ihn oder seine Ideen verteidigt, so ist es nicht allzu schwer für Übelwollende, den Toten zum Bösewicht zu erklären, Erinnerungen an diesen zu schänden oder gar auszulöschen.

Die Schändung Toter

Ähnlich verhält es sich auch mit der Verunglimpfung und Massakrierung toter Körper von mächtigen und verhaßten Menschen, wenn diese dem Schutz ihrer Freunde entzogen und der Gewalt ihrer Feinde ausgeliefert sind.

Niederträchtig in diesem Sinn handelte wohl auch Achill, als er den toten Hektor, den er in der Schlacht um Troja erschlagen hat, mit seinem Pferd um Troja schleifte. Er schmähte auf diese Weise Hektor, da dieser zuvor Patroklos, den Freund des Achill, getötet hatte.

Ähnlich geschändet wurde auch der Leichnam des österreichischen Kriegsministers Latour im Revolutionsjahr 1848 in Wien. Aufgebrachte Wiener Arbeiter hatten Latour erschlagen, weil er den Abmarsch einer Heereseinheit nach Ungarn befohlen hatte, um den

Die Niedertracht gegenüber Toten

dortigen Aufstand niederzuschlagen. Den geschändeten Leichnam Latours hängte man an eine Laterne und verspottete ihn.

Besonders schändlich und niederträchtig ist das Verhalten eines Gendarmeriebeamten, von dem mir Herr Lepka aus Kuchl im Salzburgischen erzählte. Dieser Gendarmeriebeamte rühmte sich, daß er 1944 während der Nazi-Zeit bei seinen dienstlichen Kontrollgängen stets eine Kombinationszange mitführte, um Leichen, die er fand, die Goldzähne auszubrechen, mit denen er dann Geschäfte machte. Bei den Leichen handelt es sich zumeist um KZ-Insassen, auf der Flucht erschossene Fahnenflüchtige und andere gejagte Menschen. Der Mann hatte bei seiner Leichenfledderei kein schlechtes Gewissen, da er in niederträchtiger Weise die Toten als Feinde und Untermenschen sah.

Zu Schändungen Toter kommt es auch regelmäßig in der Folge von Kriegen, wenn die einfallenden Soldaten als »Übeltäter« gesehen werden, die jedes Recht auf Schonung verloren haben.

Derart entstellte Körper, die der Öffentlichkeit gezeigt wurden, sollten nicht nur als Zeichen der Beleidigung, sondern auch als solches der Warnung vor einer zu allem fähigen Bevölkerung aufgefaßt werden.

SCHMÄHUNG VON GEDENKSTÄTTEN

Eine andere Form der Niedertracht gegenüber Toten zeigt sich in der Schmähung und Schändung von Stätten der Erinnerung an Tote, wie eben von Grabmälern. Niederträchtig ist so das oft berichtete Beschmutzen und Umwerfen von jüdischen Grabsteinen durch üble Antisemiten und Rechtsradikale.

Grabsteine wurden 1996 auch im Friedhof des Landlerdorfes Großpolt in Siebenbürgen von Unbekannten umgestoßen. Offensichtlich wollten dadurch einheimische Rumänen zeigen, daß die Landler, von denen bis dahin schon viele ausgewandert waren, politisch ohnmächtig sind, sich nicht wehren können und ihr altes Ansehen verloren haben. Diese Grabsteinschändung demonstriert wohl die scheinbare Überlegenheit einer Gruppe gegenüber einer anderen, der sie mit Skepsis, aber vielleicht auch voll Neid gegenübersteht. Gräber feindlicher Gruppen dürften schon seit langem Ziel der Schändung sein. Auch Gedenkstätten, die an tote Krieger oder tote Geistesheroen erinnern sollen, können Gegenstand der Niedertracht sein, indem sie beschmiert oder gar zerstört werden. Derartige Gedänkstätten für Gefallene haben eine alte Tradition. Bereits im alten Griechenland kannte man sie. Besonders verehrt wurden die Sieger von Marathon, die 480 v. Chr. das persische Heer geschlagen haben. Von Aischylos, dem berühmten griechischen Tragödiendichter, wird erzählt, daß er auf seinem Grabstein nicht festgehalten wissen wollte, daß er große Dramen verfaßt hat, sondern bloß: »Er kämpfte mit bei Marathon.«

Kein Problem mit solchen ehrenhaften Erinnerungen dürfte es geben, wenn diejenigen, für die das Ehrenmal errichtet wurde, zu den Siegern gehören. Erinnerungsstätten für Besiegte können jedoch sehr leicht von den Siegern geschmäht und zerstört werden. Angedeutet wird ein solches schmähliches Verhalten in der Bibel im »zweiten Buch der Chronik«, in dem von Nebokudnezar erzählt wird, daß er das Haus Gottes verbrennen und auch alles andere vernichten ließ.

Ähnlich der Schmähung von Grabstätten ist, daß man Besiegte, um sie und die ihren zu erniedrigen, nicht einmal eines Begräbnisses für wert erachtet, sondern sie, wie es im 2. Buch der Makkabäer (9,15) heißt, den Raubvögeln vorwirft.

Grabstätten und Ehrenmale für tote Heroen haben eine lange Tradition, und deren Schändung gilt als Beleidigung.

Im Altertum wurde den Siegern klargemacht, daß es »süß sei, für das Vaterland zu sterben«. Der Kampf für das Vaterland und der Tod für dieses wäre eine Sache der Ehre. So verstand auch Aischylos seine Teilnahme an der Schlacht bei Marathon.

Vor diesem Hintergrund ist auch zu verstehen, daß Ehrenmäler für gefallene Krieger in allen Kulturen eine besondere Achtung genießen und deren Schändung als Schmähung aufgefaßt wird.

In diesem Sinn wurde es auch als Affront gesehen, als Studenten, die sich wohl als zeitkritisch verstanden, im März 1995 den sogenannten »Siegfriedkopf« in der Aula der Wiener Universität schändeten. Dieser »Siegfriedkopf« wurde nach dem Ersten Weltkrieg von der Wiener »Deutschen Studentenschaft« zur Erinnerung an die gefallenen Angehörigen der Universität errichtet. Dieses Denkmal wurde 1923 im Stile der damaligen Zeit, in der das deutschnationale Element – auch die Sozialdemokraten sahen sich damals in dieser Tradition – überwog, feierlich eingeweiht. An dieser Einweihung nahmen auch die deutsch-freiheitlichen Studenten teil, nämlich jene Studenten, die sich gegen den Antisemitismus wehrten und die in ihren Reihen auch jüdische Studenten aufnahmen. Dieses Denkmal wurde nun 1995 geschändet, und zwar dadurch, daß ihm ein Sauschädel aufgesetzt wurde mit dem Hinweis, dieser »Siegfriedkopf« sei ein »Symbol für akademischen Faschismus«. Andere Studenten machten dem pietätlosen Akt jedoch ein Ende.

Dazu schrieb in der Zeitung »Die Presse« der Redakteur Hans Werner Scheidl unter der Überschrift »Der Sauschädel«: »Die Plattform gegen R. sah sich gestern bemüßigt, ein besonderes Bubenstück zu probieren. Dem Denkmal in der Aula der Wiener Universität, das an alle Gefallenen der beiden Weltkriege erinnert, wollte man einen Sauschädel aufsetzen (...) Die Herren Studiosi seien aufgefordert, die hauseigene Bibliothek besser zu nutzen. Das zahlt sich aus ... Dort können sie sich erkundigen, daß dieses Denkmal – der ›Siegfriedkopf‹ – von allen Studenten aller Fraktionen (selbstverständlich auch von den jüdischen) nach dem 1. Weltkrieg zum Andenken an die gefallenen Kommilitonen gestiftet wurde. Aber so genau wollen es die Herren mit ihrem Sauschädel offensichtlich gar nicht wissen.«

Bemerkenswert zu dieser Geschichte um den »Siegfriedkopf« ist, daß der ehemalige Vorsitzende der Österreichischen Hochschülerschaft, Manfred Macholdt, 1965 im Rahmen der 600-Jahr-Feier der Universität Wien dies sagte: »Wenn auch wir Studenten der Toten unserer Alma mater gedenken und uns in Ehrfurcht vor ihnen neigen, dann tun wir dies zum Gedächtnis an die vielen unbekannten Verstorbenen. (...) So sind diese Minuten des Innehaltens nicht nur ein Akt schuldiger Pietät gegenüber den Toten der Geschichte, sondern auch der Trauer über den Verlust eines lieben Menschen, der uns persönlich nahestand. Ihnen allen sei dieser schlichte Kranz gewidmet.«

In der geschilderten schänderischen Aktion, aber auch in der Rede des Herrn Studenten wird der hohe symbolische Gehalt derartiger Totenmale demonstriert. Niederträchtiges Handeln, wie das mit dem Sauschädel, hat seine besondere Symbolik.

Umbenennung von Strassen und Plätzen

Zur Niedertracht gegenüber mißliebigen Toten gehört also, daß die Erinnerung an sie ausgelöscht oder geschmäht wird. Auch das hat eine alte Geschichte.

Niedertracht dieser Art richtete sich bereits gegen den ägyptischen Pharao Amenophis IV., der sich selbst Echnaton nannte und von 1375 bis 1358 v. Chr. regierte. Sein Verbrechen war, daß er an Stelle der alten ägyptischen Religion die Verehrung der Sonne als einzige Gottheit einführte.

Echnaton, dessen Name sich von »Aton«, dem Wort für Sonne, ableitet, gilt als der erste große Anhänger des Eingottglaubens, des Monotheismus. Als er starb, tauchten die Priester der alten Religion wieder auf und verdammten Echnaton. Dessen Anhänger wurden verfolgt und die Erinnerungen an ihn getilgt. Es gibt übrigens guten Grund zu glauben, daß zu den Priestern des Echnaton Moses gehörte, der nach dem Tod des Pharaos mit dessen Anhängern aus Ägypten fliehen mußte.

Die Angst vor Echnaton und seinem Eingottglauben muß derart groß gewesen sein, daß nichts an sie erinnern sollte. Daher wurde der Name Echnaton aus allen möglichen Tafeln und Stelen entfernt, also herausgemeißelt.

Diese Art, Erinnerungen an wenig geliebte Menschen zu verwischen, hat also eine lange Tradition. Heute zeigt sich dieses Vernichten von Erinnerungen an verhaßte Leute darin, daß deren Denkmäler

Die Niedertracht gegenüber Toten

gestürzt und die nach ihnen benannten Straßen und Plätze umbenannt werden. Bei gewissen Herrschaften mag dies wohl seine tiefe Berechtigung haben.

Problematisch sind aber Umbenennungen dort, wo es sich um Namen von Personen handelt, die sich redlich mühten und die als Kinder ihrer Zeit zu begreifen sind. So ein Schicksal widerfuhr dem 1848 im slowenischen Marburg geborenen Bergpriester Ottokar Kernstock, der für die damalige Zeit höchst achtenswerte Gedichte verfaßt hat. Er ist auch der Verfasser der österreichischen Bundeshymne der Ersten Republik. Er beging allerdings einen Fehler, er dichtete 1923 auf Wunsch der Fürstenfelder Nationalsozialisten, die es damals schon gab, ein »Hakenkreuz-Gedicht«.

Kernstock, der 1928 starb, soll sich jedoch gegen die Vereinnahmung durch die Nationalsozialisten gewehrt haben. Von den damaligen Sozialdemokraten wurde Kernstock sogar als Friedensdichter verehrt. Als ein solcher schrieb er ein Gedicht mit dem Titel »Das Rote Kreuz«, in dem er den Krieg und die Erniedrigung von Menschen verdammt. Dieser Kernstock wurde 1996 zum Angriffsziel von Umbenennern. Ihnen gelang es, daß der Kernstock-Platz im 16. Bezirk in Wien durch Beschluß zum Familien-Platz wurde. Ähnliches spielte sich auch in Wels ab. Hätte Kernstock eine mächtige Partei hinter sich gehabt, wie die seinerzeitigen Sozialdemokraten, so wäre eine derartige Umbenennung, die eigentlich niederträchtig ist, wohl nicht möglich gewesen.

So ist es auch zu verstehen, daß der zweite Wiener Gemeindebezirk noch immer Leopoldstadt heißt, obwohl Kaiser Leopold I., nach dem dieser Bezirk benannt ist, ein übler Antisemit war, der die Juden im 17. Jahrhundert aus dieser Gegend vertreiben ließ. Aus Dankbarkeit dafür erhielt der Bezirk seinen Namen.

Hier zeigt sich, daß es kaum jemand wagt, einen Antrag bei der Stadt Wien um Umbenennung der »Leopoldstadt« einzubringen.

Niedertracht gegen Tote, dies sollte damit angedeutet werden, ist, wie die Beispiele Kernstock und Leopold I. zeigen, erst dann möglich, wenn auch entsprechende politische Macht dahintersteckt, die zu Überreaktionen führen mag.

23.

Die Niedertracht gegenüber Tieren

Meinen Darlegungen zur Niedertracht möchte ich noch ein paar Gedanken zur Niedertracht gegenüber Tieren anführen. Ich tue dies nur sehr skizzenhaft, denn ein genaueres Eingehen auf dieses Thema wäre hier auch nicht am Platz.

Ich beziehe mich hier auf mein Buch »Sommergetreide – Vom Untergang der bäuerlichen Kultur«, in dem ich unter anderem versucht habe zu zeigen, wie die Beziehung des Menschen zum Tier mit dem Niedergang der alten bäuerlichen Kultur einen wesentlichen Wandel erfahren hat. In früheren Zeiten, wie ich sie noch als Kind von Landärzten erlebt habe, gehörten die Tiere, wie Pferde, Kühe, Schweine und Hühner, zum Bauernhof, und es bestand eine enge Beziehung zwischen dem Bauern und seinen Leuten zum Tier. Diese Beziehung änderte sich radikal mit dem Aufkommen sogenannter rationaler Techniken der Viehhaltung. Wohl wurde früher das Tier geschunden, ähnlich wie der Dienstbote, aber es war einbezogen in das bäuerliche Leben und daher auch Gegenstand der Achtung. Im Gegensatz zu jenem Rindvieh heute, das in engen Boxen darauf wartet, geschlachtet oder sonstwie benutzt zu werden.

Die Massentierhaltung, bei der Schweine, Kälber und Hühner auf engem Raum gehalten werden und kaum das Tageslicht sehen, entspricht der modernen Vorstellung von Wirtschaften. Die moderne Rationalität des Wirtschaftens hat das Tier zu einem reinen Produkt werden lassen – und hierin liegt die Niedertracht. Man spricht heute von der Fleischproduktion und den Fleischprodukten. Das Tier erfuhr eine Erniedrigung, die es nicht verdient hat. Diese Beleidigung des Tieres zeigt sich bereits darin, daß Bauern, die von der »Milchproduktion« leben, das Kalb sofort nach der Geburt der Mutterkuh wegnehmen und in eine enge Box verfrachten, wo es mit speziellen künstlichen Flüssigkeiten gefüttert wird. Der Kuh wird nicht einmal erlaubt, ihr Kalb abzuschlecken.

BÖSEWICHTE

Ich sprach darüber mit einem Tierarzt, der mit Kühen zu tun hat. Auch er bedauerte dies. Früher – in Siebenbürgen ist es heute noch so – blieb das Kalb eine Zeit bei der Mutterkuh. Diese wurde erst gemolken, wenn das Kalb getrunken hatte. Die Molkerei verlangt es heute anders.

Dies steht in krassem Gegensatz zu der klassischen bäuerlichen Kultur, als die Kühe noch mit den Händen gemolken wurden. Heute sieht die Kuh das Kalb höchstens aus der Entfernung. Es hat sich also viel verändert in der Beziehung zum Tier. Der Bauer wurde zum Spezialisten für Viehzucht und Milch. Die alte Autarkie, zu der auch der Getreideanbau gehörte, gibt es nicht mehr, und ihre Aufgabe hat dazu geführt, daß der Bauer danach trachten muß, mit dem Vieh Geschäfte zu machen, um überleben zu können. Der Bauer steht also unter einem gewaltigen Druck, der ihn allerdings auch belastet. In folgenden Sätzen, die mir mein leider schon verstorbener Freund Hans Reitmayer schrieb, der von Bauern abstammte, zeigt sich dieser Wandel in eindringlicher Weise: »So sehr die Tiere früher beansprucht wurden, sei es als Arbeitstier oder als Nahrung, so war gerade bei den Bergbauern die Achtung vor der Kreatur nicht zu übersehen. Dies kam darin zum Ausdruck, daß alle Tiere rundum versorgt werden mußten, ehe sich die Menschen an den Tisch setzten und sich sättigten oder ausruhten.«

Auch die Art des Futters hat sich wesentlich geändert. Während es früher frisches Gras und getrocknetes Heu waren, die das Vieh fraß, sind es heute eher unerfreuliche Dinge, die den Tieren vorgelegt werden, wie derselbe Herr erzählt: »Der Bauer achtete früher darauf, daß das Gras- oder Trockenfutter wohlschmeckend war und gerne angenommen wurde. Heute bei der industrialisierten Viehwirtschaft fressen die Rinder stinkende Silage oder gar schimmelndes Preßheu.«

Das Tier hatte früher die Chance, höher geachtet zu werden als heute. Dies meinte auch obiger Herr: »Eine besondere Ehrung der Tiere kam auch darin zum Ausdruck, daß vor dem Zubettgehen Bauer oder Bäuerin mit der sogenannten ›Mäugab‹ (Maulgabe) aus Kleie oder anderem noch einmal durch den Stall gingen und nachsahen, ob alles in Ordnung war und jedem Rind einen solchen Kleieknödel gaben. War das Vieh auf der Weide, ging man mit dieser Gabe zu ihm hinaus. Daß das Tier sich darüber freute, sah man daran, daß es schon von weitem angelaufen kam.«

Und das Vieh war auch eingebunden in die Feste des Bauern; so ging man am Heiligen Abend mit Weihrauch und Weihwasser durch den Stall und segnete mit einem Getreidebündel, das man in das Weihwasser tauchte, das Vieh. Und bei manchen Bauern reichte man den Kühen dann noch ein in Schnaps getauchtes Kletzenbrot. Angeblich soll dies, wie mir erzählt wurde, das jüngste Kind getan haben, um in ihm die Liebe zum Tier zu erwecken.

Die Beziehung von Bauersleuten und dem Vieh zeigte sich bei einigen Bauern auch in folgendem Brauch: Wenn der Bauer oder die Bäuerin starben, ging man, bevor sie zum Friedhof gebracht wurden, in den Stall, um den Tieren von ihrem Ableben mitzuteilen. Bei anderen wieder waren es die Bienen, denen man Mitteilung vom Tod des Bauern machte. Angeblich sollen Bräuche dieser Art bis auf die Kelten zurückgehen. Heute jedenfalls haben Bräuche dieser Art für den Bauern an Bedeutung verloren, sie sind uninteressant, schließlich nehmen sie Zeit weg.

Das Vieh, dies will ich damit andeuten, gehörte zum Leben des Bauern, aber auch zum Leben im Dorf bis weit in die fünfziger Jahre. Der Bauer kann heute in einem großen Wirtschaftsraum mit Billigangeboten aus anderen Ländern oft nicht mehr mithalten. Interessant ist, was ein älterer Bauer über die heutige Abhängigkeit und die alten Viehhändler erzählte; er selbst lebt von der Viehzucht, er mästet Stiere: »Irgendwie ist es schade um die alten Bauern. Vielleicht müssen wir wieder so anfangen. Man wird immer mehr abhängig. Wenn man früher Vieh verkaufen wollte, ist der Händler gekommen. Das war bis in die siebziger Jahre. Der Händler hat gefragt: ›Was verlangst du?‹ Der Bauer hat seinen Preis gesagt. Darauf hat der Händler wieder gesagt: ›Das ist mir weit zu viel.‹ So ist es weiter gegangen. Mein Schwiegervater war ein leidenschaftlicher Viehhändler. Er hat mit den Bauern oft eine ganze Nacht gehandelt. Oft war ich beim Handeln dabei. Ich habe mich gewundert, daß die zusammengekommen sind.

Und dabei ist getrunken worden! Durch den Schnaps hat man sich leichter geredet. Wenn man sich über den Preis geeinigt hat, gab man sich die Hand. Dieser Handschlag war wie ein Vertrag. Heute ist das alles nicht mehr so. Heute wird nicht mehr gehandelt. Heute kommt der Lastwagen von einer Großschlächterei. Vorige Woche erst haben wir zwei Stiere hergegeben. Mit dem Lastwagen wurden sie in die Schlächterei gebracht und dort geschlagen und gewogen. Beim Wägen ist man nicht mehr dabei. Und dann bekommt man das Geld. Der Fleischpreis steht schon vorher fest. Es gibt kein Handeln mehr. Heute heißt es bloß: ›Das zahle ich dir!‹

Auf den Preis hat man keinen Einfluß mehr, im Gegensatz zu früher, als man direkt dem Fleischhacker verkauft hat.«

Als ich ihn darauf ansprach, daß das Vieh früher mehr geachtet wurde, meinte er: »Unbedingt. Heute haben wir die Stiere in den Boxen. Schlecht geht es ihnen nicht, aber früher waren sie freier (auf der Weide).«

Früher war der Leidensweg der Tiere kurz, immerhin marschierte oft der Bauer selbst oder sein Knecht mit dem verkauften Rind zum Fleischhauer in das Dorf. Den Weg zu seiner Bestimmung konnte das Vieh noch genießen. Heute ist der Weg zur Schlachtung oft qualvoll, überhaupt wenn Kälber in andere Länder gebracht werden.

Eine frühere Bäuerin meinte dazu: »Diese Viehtransporte kann man sich nicht anschauen. Diese Vieher sind wirklich arm. Das ist Tierquälerei. Was die Tiere mitmachen, bis sie zum Beispiel nach Spanien gelangen. Früher waren die Tiere besser dran.« Ähnlich dreckig wie den Kälbern geht es auch den Schweinen, wenn sie zur Schlachtbank gebracht werden.

Allerdings gibt es sehr wohl Bauern, die sich bemühen, ihr zum Verkauf bestimmtes Vieh möglichst menschlich zu behandeln. So auch ein aus altem Bauernadel stammender Freund, der festhält: »Mich wundert, daß man heute eine solche Massentierhaltung, bei der die Tiere auf engstem Raum beisammen sind, zuläßt. Bei uns können die Vieher frei im Stall herumlaufen, wir haben nämlich einen Laufstall. Leider ist heute alles nur auf den Konsumenten ausgerichtet. Es muß möglichst viel und billig erzeugt werden. Darum ist man ja auf die Masttierhaltung gekommen. Der Konsument muß billig kaufen können. Viele Bauern betrachten sich heute nicht mehr als Bauern, sondern als Manager.« Auch was den Akt der Vermehrung des Rindviehs anbelangt, hat sich einiges geändert. Trefflich erzählt dazu ein alter Bauernknecht: »Ich habe selbst noch die Kuh zum Stier getrieben. Heute kommt der Tierarzt mit dem Röhrl, um die Kuh zu schwängern.« Der Mensch hat sich hier roh eingeschaltet. Seiner beinahe teuflischen Erfindungsgabe entspricht, daß er auch die Fortpflanzung beim Vieh rationalisiert hat – durchaus im Sinne der Fleischproduktion. Die wahre Bindung an das Vieh ist verlorengegangen. Das Vieh wurde degradiert und wird weiterhin degradiert. Sogar das kleine göttliche Vergnügen des Zeugungsaktes ist dem Tier genommen.

In alten Zeiten benötigte es seine Zeit, die Kuh zum Stier zu bringen. Der Bauer mußte sich die Muße nehmen, vielleicht einen ganzen Nachmittag, um die Vermehrung des Rindviehs möglich zu machen. Er hatte dadurch eine Bindung an das Tier, sie wurde wohl noch fester auf dem Marsch zum Stier und zurück. Heute befruchtet der Tierarzt mit langweiligen Geräten aus Kunststoff die dazu ausersehene Kuh. Er macht damit sein Geschäft, und der Bauer ist sich sicher, wiederum auf verwertbares Fleisch warten zu können. Erst so ist Fleischproduktion möglich, wie sie der große europäische Markt verlangt.

Nicht nur Rindvieh, Schweine und Hühner werden vom Menschen heute niederträchtig behandelt. Besonders arm sind jene Tiere, die dem Menschen als Versuchstiere dienen. Mich berührte ein Aufsatz in einer Zeitung, in dem über Schimpansen berichtet wird, die in engen Käfigen gehalten und mit allen möglichen todbringenden Krankheiten infiziert werden, damit medizinische Firmen neue Heilmittel für den Menschen entwickeln können. Viele Tiere gehen einen traurigen Weg in einen jammervollen Tod, um der Menschheit ein Überleben zu ermöglichen.

Es ist eine Frage der Ethik, ob der Mensch das Tier derart niederträchtig behandeln darf. Es gibt gottlob Organisationen, die sich hier einschalten, aber viel richten sie auch nicht aus, denn ganze Industrien leben von der niederträchtigen Tötung von Tieren. So auch die Pelzindustrie, für die kleine Pelztiere auf engstem Raum gezüchtet werden. Wie niederträchtig der Mensch mit Tieren umgeht, zeigt sich auch bei der brutalen Tötung junger Robben durch Männer, die mit Holzstöcken auf diese bedauernswerten Geschöpfe einschlagen. Es zeigt sich in vielem wahre Niedertracht des Menschen gegenüber dem Tier und überhaupt gegenüber der Natur. Aber einmal schlägt die Natur zurück. Dann Gnade dem Menschen.

24.

Strategien gegen die Niedertracht

Für den mit Niedertracht Belegten ist es nicht immer einfach, sich gegen die Gemeinheiten von Politikern, Journalisten, Freunden und anderem Volk zu wehren.

Humor, Stolz und Höflichkeit

Die mit Niedertracht Behandelten reagieren verschieden. Es gibt Leute, die die Erniedrigung still hinnehmen und sich zurückziehen, es gibt aber auch Leute, die sich Niedertracht nicht gefallen lassen. Zu ihnen gehört der aus einer jüdischen Familie stammende amerikanische Humorist Art Buchwald. Er erzählte dazu:
»Auf dem Spielplatz begrüßte mich ein katholischer Junge aus einer italienischen Familie jedesmal mit den Worten: ›Hallo, Jude!‹ Und dann hat er mir auf die Nase geschlagen. Überrascht hat es mich nicht, denn schon als kleiner Junge wurde mir wie allen jüdischen Kindern klargemacht: ›Mein Kleiner, stell dich darauf ein: Du bist Jude, und deshalb wird so manches auf dich zukommen.‹ So ist es den Juden 2000 Jahre lang gegangen, und daran wird sich wohl nichts ändern. Aber es hat auch Vorteile, wenn man verfolgt wird und es übersteht – man geht gestärkt daraus hervor. Zumindest mir ist es so ergangen.«

Art Buchwald wird zum Humoristen, um der Niedertracht, die er spürt, zu begegnen. Er fügt noch hinzu: »Wenn ich in einer glücklicheren Familie aufgewachsen wäre, mit Vater und Mutter, wäre ich heute wahrscheinlich nicht der, der ich bin. Zumindest würde ich keine Satiren für Zeitungen schreiben. (...) Ich bin das beste Beispiel dafür, daß eine unglückliche Kindheit zur Kreativität führt.« (Der Spiegel, 20/1994, S. 118)

BÖSEWICHTE

Humor und Lachen sind eine Möglichkeit, mit Niederträchtigkeiten fertigzuwerden. Man macht sich lustig über seine wenig angesehene Position. In diesem Sinn reagieren auch Pennbrüder, Leute, die als Ausgestoßene auf der Straße leben, wenn ihnen jemand vorwirft, sie wären »Schmarotzer« oder »Taugenichtse«. Sie machen sich daher einfach lustig über die Arbeit, das Heiligtum des guten Bürgers. So meinte ein Wiener Sandler (Pennbruder) zu mir, er würde jeden Tag auf das Arbeitsamt gehen, nicht um dort nach Arbeit zu suchen, sondern um mit Vergnügen zuzusehen, wie andere sich »um die Arbeit reißen«.

Da die Degradierten der Gesellschaft regelmäßig Probleme mit der Niedertracht von Beamten, vor allem von Polizisten, haben, haben sie auch Strategien gegen diese entwickelt. Dazu dient eine ausgesuchte Höflichkeit gegenüber Polizisten. Diese fühlen sich dadurch geschmeichelt. In diesem Sinn handelte auch ein alter Stadtstreicher, den Polizisten – die ich als teilnehmender Beobachter begleitete – in einem Abbruchhaus auffanden. Da er keine Dokumente bei sich hatte, wurde er barsch und niederträchtig aufgefordert, mit zum Streifenwagen zu kommen, wo man per Funk seine Angaben zur Person überprüfen wolle. Während des Marsches zum Auto nahm der ca. 65jährige Mann aus der Tasche seines dreckigen Mantels eine alte dreckige Krawatte und band sich diese über sein ebenso dreckiges Hemd. Der eine der beiden Polizisten fragte erstaunt, warum er dies tue. Der Mann antwortete, immer, wenn er auf ein Amt gehe, nehme er eine Krawatte. Die beiden Polizisten fühlten sich ob dieses ehrerbietigen Verhaltens des Mannes hochgeehrt, sprachen ein paar freundliche Worte zu ihm und ließen ihn auch sogleich in Ruhe. Von einem Hofrat oder Ministerialrat hätte der Polizist sicherlich kein derart ihn hochachtendes Benehmen erwarten können.

Eine andere Strategie, der Niedertracht zu begegnen, ist, den Makel, mit dem man behaftet und der Anlaß zur Niedertracht ist, mit Stolz zu tragen. Der Soziologe Wolfgang Lipp spricht hier von der »Selbststigmatisierung«. In diesem Sinn organisierten sich zum Beispiel Afrikas Albinos, also Schwarzafrikaner, deren Hautfarbe und

Strategien gegen die Niedertracht

Haare wegen des fehlenden Pigments Melanin weiß oder rötlich-weiß sind. Von ihrer Umwelt werden sie wegen ihres Aussehens seit jeher als Unheilbringer gesehen. Ein Sprichwort aus Mali sagt: »Spuck auf den Boden, wenn Du so ein unheilbringendes Wesen siehst.« Oft verweigern Schulen die Aufnahme von Albinos. Und in Südafrika geraten Mütter von Albinos in Verdacht, mit einem Weißen geschlafen zu haben. Albinos haben also unter der Niedertracht ihrer Umgebung zu leiden. Um dieser zu begegnen, organisieren sie sich, und einige treten vielumjubelt sogar als Protestsänger auf, wobei sie mit Würde ihre Hautfarbe präsentieren. Man geht also in die Öffentlichkeit, um so der Niedertracht ihre Spitze zu nehmen (vgl. Der Spiegel, 14/1993, S. 202ff.). Auch Mitglieder anderer Randkulturen, wie Homosexuelle und Angehörige ethnischer Minderheiten, gehen einen ähnlichen Weg, um der Niedertracht vorzubeugen.

Duell und Ehre – Der Soziologe Max Weber

Die klassische Form, einer Niedertracht zu begegnen, ist wohl das alte Duell. Die Möglichkeit, zum Zweikampf auf scharfe Säbel oder Pistolen gefordert zu werden, hielt wohl viele von der Niedertracht ab. Ein bedeutender Mann hat einmal gesagt: »Als Duelle noch üblich waren, waren Journalisten höflicher gewesen.« Damit hat er wohl recht. Aber es gibt sie noch, die Duelle, nur in etwas anderer Form. An die Allgegenwart des Duells in der Welt unserer Vorväter erinnert die Tatsache, daß der Begriff des Duells weiterhin in Zeitungen und im Gespräch verwendet wird: man spricht vom Tennisduell, einem Duell der Fußballgiganten, von Rededuellen im Parlament und vom Fernsehduell amerikanischer Präsidenten.

Von der Wortwurzel, also der Etymologie her, leitet sich das Wort »Duell« von »bellum«, das heißt Krieg, ab und nicht von »due« für zwei, wie man vielleicht meinen könnte.

Allgemein gesagt, ist es das Charakteristische des Duells, daß es mit kommentmäßigen Waffen rituell durchgeführt wird. Beim Duell handelt es sich also um keine wilde Schießerei oder einen wüsten Raufhandel, sondern um einen nach bestimmten Regeln ablaufenden Ehrenzweikampf. Das Duell hat mit Ehre zu tun, es bot und bietet Gelegenheit, auf rituelle Weise und mit gefährlichen Waffen Genugtuung für eine erfahrene Beleidigung zu erhalten.

Es ist bemerkenswert, daß einer der größten Soziologen Deutschlands, nämlich Max Weber, ohne den die moderne Soziologie nicht denkbar ist, ein überzeugter Duellanhänger war. Eine Narbe an seiner Wange, die wegen seines Bartes allerdings nicht zu sehen war, geht auf eine Mensur zurück, die er als Heidelberger Burschenschafter gefochten hat. Wenn man die von seiner Frau Marianne Weber herausgegebene Biographie Max Webers liest, wird einem auffallen, daß er, wenn er über irgend jemanden verärgert war, diesen als einen »Hundsfott« bezeichnete, ein Wort, das auf die Sprache der mittelalterlichen Studenten zurückgeht und das eigentlich einen Grund für ein Duell bot. So beschimpfte Max Weber nach dem Ersten Weltkrieg die deutschen farbentragenden Studenten: »Ein Hundsfott, der Couleur trägt, solange Deutschland am Boden liegt.«

Weber war ein überzeugter Gegner jeden Regimes, das Menschen erniedrigt; daher diese Beschimpfung, denn er erhoffte sich gerade von den deutschen Studenten ein Tun in Richtung Menschenwürde. In diesem Sinn ist auch dieser Satz von Max Weber zu verstehen: »Zur Wiederaufrichtung Deutschlands in seiner alten Herrlichkeit würde ich mich gewiß mit jeder Macht der Erde und auch mit dem leibhaftigen Teufel verbünden, nur nicht mit der Macht der Dummheit. Solange aber von rechts nach links Irrsinnige in der Politik ihr Wesen treiben, halte ich mich fern von ihr.« (Marianne Weber 1989, S. 685)

Diesem Ehrbegriff Max Webers entspricht, daß er tatsächlich auch jemanden (auf Säbel) duellieren wollte: einen Heidelberger Dozenten, der seine Frau Marianne im Jahr 1910 als Aktivistin der Frauenbewegung verhöhnt hatte (vgl. Frevert 1991, S. 13). Theoretisch reflektierte Weber ein solches Verhalten als Ausdruck einer »spezifisch

Die Ehre des Duells

gearteten Lebensführung«, die eng mit Ehre verknüpft ist, nämlich mit der »ständischen Ehre«. (Max Weber 1922, S. 635)

Übrigens hat sich auch der große Anthropologe Franz Boas duelliert, folgt man seinem Biographen Abraham Kardiner. Boas habe einige Schmisse im Gesicht gehabt. Er selbst soll den Studenten scherzhaft erzählt haben, diese Narben hätte er durch Prankenhiebe der Bären erhalten, denen er auf Baffinland begegnet sei. Kardiner schreibt: »Tatsächlich hatte er sie (die Narben; R. G.) bei Duellen (!) erhalten, die er auf Grund der Feindschaft zwischen den Korporationen an der Universität führte (um 1880) ... er war nicht gewillt, die oftmals antisemitischen Beschimpfungen der Korpsstudenten hinzunehmen.« (Kardiner und Preble 1974, S. 138)

Der Mann von noblem Stand hatte also seine Ehre zu wahren und sich für diese auch einzusetzen. Mich beschäftigt »Ehre« schon lange. In meinem Buch »Die feinen Leute« – dies sei in aller Bescheidenheit eingefügt – bezeichne ich den Menschen als ein »animal ambitiosum«, nämlich als ein Wesen, das nach Beifall heischt und das bereit ist, für seine »Ehre« zumindest symbolisch seine ganze Existenz einzusetzen (dazu näher bei Girtler 1989). Der Mensch will hofiert werden und er reagiert ärgerlich, wenn er jene Ehrerbietung nicht erhält, von der er meint, er würde sie sich verdienen. Und er lehnt es ab, bloß als ein befürsorgtes, behütetes und bemitleidetes Wesen gesehen zu werden. In diesem Sinn meint wohl Friedrich Nietzsche, daß Mitleid den Menschen beleidige.

Beim Duell geht es um die Ehre. Der Begriff Ehre ist schwer oder gar nicht zu definieren. Vielleicht ist für die Diskussion um Ehre von Interesse, was Shakespeare in »König Richard III.« Norfolk sagen läßt: »Ehre ist des Lebens einziger Gewinn. Nehmt Ehre weg, so ist mein Leben hin!«

Ein Fahrradduell

Das Duell hätte auch heute noch seine Bedeutung, allerdings ohne die Gefahr der traditionellen Pistolen und Säbel, in einer zeitgemäßen Form:

So habe ich einmal einen mir unbekannten Studenten zu einem »Duell« auf Tourenfahrrädern gefordert, und zwar zu einer Art Wettfahrt auf den Kahlenberg bei Wien.

Dieser Mann hatte mich in einer Studentenzeitschrift in übler Weise anonym beschimpft, anstatt mir persönlich seine Meinung zu sagen – denn da hätte ich mich wehren können. Seine Niedertracht bestand also darin, daß er mir die Chance nahm, seinem Angriff gegen mich etwas zu erwidern. In seinem »hinterhältigen« Artikel kritisierte er nicht nur meine großzügige, politische Grenzen überspringende Einstellung, sondern stellte gleich auch die wissenschaftliche Qualität meiner Arbeiten in Frage – eine ganz typisch niederträchtige Strategie. Um mit diesem Kontrahenten in Kontakt zu kommen, verfaßte ich einen Zettel mit der Duellforderung, den ich an der Universität aushängte. Auf diesem hieß es unter anderem:

Strategien gegen die Niedertracht

»Da nicht nur noble Vagabunden, freundliche Ganoven und andere feine Leute so etwas wie Ehre haben ... Ich fordere als Beleidigter den wenig freundlichen Autor zu einem Fahrrad-Duell auf den Kahlenberg, wobei der Start in Weidling am Beginn der Höhenstraße sich befinden wird.« Als Termin setzte ich den 15. März 1997 15 Uhr fest. Ich erwähnte noch, daß die Fahrt in frischer Luft dem Schreiber des ehrenrührigen Artikels gut tun werde. Und nach dem Duell, egal wer gewinnt, würde ich meinen Kontrahenten zu einem Bier einladen und mit ihm über seine Niederträchtigkeit mir gegenüber sprechen. Dies werde mir eine Ehre sein, fügte ich noch hinzu. Ich erschien zu dem angegebenen Zeitpunkt. Auch zwanzig Studenten erschienen, nicht jedoch derjenige, der mich beleidigt hatte. So radelte ich nur mit meinem Sekundanten, einem Studenten namens Justinus Pieper, auf den Kahlenberg.

Dort lud ich im dortigen Restaurant die erschienenen Studentinnen und Studenten auf ein Bier ein. Ein paar Tage später verfaßte ich einen Aushang, der am Institut zu lesen war. Darauf stand, daß ich vergeblich auf den Beleidiger gewartet habe. Und:

»Ich fuhr, da der Herr Kontrahent nicht erschienen war, mit Herrn Justinus Pieper, der die wichtige Rolle des Sekundanten gehabt hätte, auf unseren Fahrrädern zügig auf den Kahlenberg hinauf. (...) Es wäre schön gewesen, wenn auch mein Kontrahent erschienen wäre und mit mir über seine Schmähungen gesprochen hätte. Inzwischen habe ich auch den Namen des anonymen Schreibers des gegen mich gerichteten Aufsatzes erfahren. Es ist ein gewisser Herr Zündel, dem es anscheinend lieber ist, hinterhältig über mich zu berichten, als die direkte Konfrontation zu suchen. (...) Eine Kollegin meinte, wahrscheinlich ist es diesem Herrn Schreiber lieber zu zündeln als zu radeln.

Ich gehöre keiner politischen Partei an und möchte auch keiner angehören. Ich bemühe mich um einen weiten Horizont und Großmütigkeit. Insofern haben meine Verachtung seit jeher diejenigen Richtungen, die orthodox menschenverachtend und kleingeistig andere erniedrigen und entwürdigen, oder sie in ihrem Ruf schädigen.«

BÖSEWICHTE

Die Ehre des Offiziers

Um die Ehre ging es auch einem freundlichen Herrn, einem früheren Angehörigen des Bundesheers, der in einer Zeitung unter dem Titel »Soldat spielt Folterknecht« wüst beschimpft wurde. In dem Artikel heißt es unter anderem in niederträchtiger Weise:»... Soldaten wurden gefesselt, und einem sollen die Fußsohlen mit brennenden Zigaretten angesengt worden sein ... In D. lief bis Samstag eine Waffenübung. Dabei wurden auch Soldaten als ›Feinddarsteller‹ eingesetzt. Wie's beim Kriegspielen vorkommt, gerieten sie in Gefangenschaft ... Im Anschluß an das Verhör seien vier Soldaten geknebelt, gefesselt und mit verbundenen Augen auf einen Lkw verfrachtet worden und danach auf Befehl eines Oberleutnants barfuß mitten in einem dornigen Waldstück ausgesetzt worden. Im österreichischen Strafrecht heißen diese Delikte Freiheitsberaubung und Mißhandlung ...«. (Kronen Zeitung, 8.9.1985, S. 10)

Das Militärkommando Steiermark wurde mit diesem Vorwurf konfrontiert. Dieses antwortete, der betreffende Oberleutnant werde »wahrscheinlich belangt werden«.

Der Herr Oberleutnant, sein Name ist Dr. Rudolf Moser, sah sich durch die Niedertracht dieses Zeitungsartikels in seiner Ehre gekränkt, denn die Angelegenheit sah in Wahrheit vollkommen anders aus. Der Reporter hatte, so der Oberleutnant, »völlig unrecherchiert und unter Berufung auf ein anonymes Telefonat« ihn und seine Soldaten beschuldigt, die Delikte der Freiheitsberaubung und Mißhandlung begangen zu haben. Da der Oberleutnant seine Ehre nicht in der traditionellen Weise durch ein Duell wiederherstellen konnte, brachte er gegen den Journalisten eine Klage mit Duellcharakter wegen übler Nachrede ein. Mit dieser Klage unternahm es der Offizier, seine Ehre, aber auch die des Offiziersstandes zu verteidigen. Da er im Recht war und der Journalist seine Behauptungen nicht beweisen konnte, wurde letzterer zu einer Geldstrafe von neunzig Tagsätzen oder 45 Tage Ersatzfreiheitsstrafe verurteilt. Und die Zeitung mußte eine entsprechende Entgegnung veröffentlichen.

Strategien gegen die Niedertracht

Dem Herrn Oberleutnant war es wichtig, für seine Ehre gegen die Niedertracht zu kämpfen. Schließlich meinte er in einem Brief an mich: »Bereits Heinrich Böll verwies in seinem Buch ›Die verlorene Ehre der Katharina Blum‹ auf die Methoden der skrupellos schreibenden niederträchtigen Journalistenbösewichte ... Meine Offizierskameraden bewunderten mein Zivilcourage und den Mut, ein Duell mit dem Mediengiganten X-Zeitung zu wagen.«

Verbergen und Täuschen

Um der Niedertracht zu begegnen, entwickeln Menschen oft sehr kluge Strategien: ein Beispiel dafür sind protestantische Bauern. Während der Gegenreformation zur Zeit Maria Theresias kontrollierte und verfolgte man Leute, die unter den Verdacht geraten waren, Protestanten zu sein. Fand man heraus, daß diese ein Buch lasen, das von Martin Luther stammte, so war die betreffende Person bereits mit der Verbannung bedroht. Um die Häscher der Maria Theresia, die eine besondere Glaubenseiferin war und die Protestanten bitter verfolgte, irrezuführen, versteckten die protestantischen Bauern im steirischen Ramsau ihre Lutherbibeln z. B. im Stall unter dem Heu oder in Dachsparren. Fanden Häscher einmal eines dieser Bücher, so war einer Verhaftung dadurch vorgebeugt, daß die Titelseite des Buches herausgerissen war, auf der der Name Luther stand, in der berechtigten Hoffnung, daß diese Kontrollore lediglich das Wort Luther lesen konnten.

Frechheit

Eine andere Strategie ist, der Niedertracht direkt durch Frechheit zu begegnen, wobei man im Berufsleben allerdings riskiert, entlassen oder frühzeitig pensioniert zu werden.
Letzteres widerfuhr dem Vater des großen österreichischen Schrift-

stellers Fritz von Herzmanovsky-Orlando, Emil Ritter von Herzmanovsky-Orlando, k.k. Ministerialrat im Ackerbauministerium, dem offensichtlich »Arschkriecherei« und Heuchelei zuwider waren. Als er den damals neu ernannten Ministerpräsidenten Baron Gautsch, einen Mitschüler von einst, vor versammelter Beamtenschaft mit »Du« ansprach, soll dieser die kollegiale Anrede mit einem näselnden »Sie« beantwortet haben. Darauf sagte Herzmanovsky-Orlando etwas, das seine sofortige Pensionierung bewirkte, nämlich: »Noch einmal gestatte mir das trauliche brüderliche Du: Du kannst mich am Arsch lecken!« (Frankfurter Allgemeine Zeitung, 27.9.1996)
Der k.k. Ministerialrat hatte also von den üblichen Formen beamteter heuchlerischer Höflichkeit Abstand genommen. Die Reaktion des Herrn Baron störte ihn nicht besonders, da er ohnehin pensioniert werden wollte.

Vor allem Beamte haben bisweilen unter der Niedertracht ihrer Vorgesetzten zu leiden. Für gewöhnlich werden Gemeinheiten hingenommen, um keine Probleme am Arbeitsplatz zu haben. Aber es gibt auch freche Strategien, sich zu wehren. Eine Strategie ist zum Beispiel, durch genaue Befolgung der Regeln des Amtes, im Sinne eines »Dienstes nach Vorschrift«, betont langsam zu arbeiten. Eine andere ist, Informationen nicht zum Chef weiterzuleiten. »Man läßt ihn«, wie es auf wienerisch heißt, »blöd sterben«.

Die Strategie des »kleinen Beamten«

Vor allem Polizisten leiden oft unter der Niedertracht von Personen, die meinen, durch ihre politischen Kontakte Macht auf sie ausüben und sie gängeln zu können. Das ärgert sie und fordert ihr Selbstbewußtsein heraus. Folgender Witz ist in dieser Richtung zu verstehen. Ein Polizist hält ein Auto an, das mit überhöhter Geschwindigkeit unterwegs war, er informiert den Lenker dahingehend und beginnt damit, ein Strafmandat auszustellen. Der Autofahrer meint nun zum Polizisten, er solle sich das Schreiben des Strafzettels ersparen, denn er

Strategien gegen die Niedertracht

kenne höchstpersönlich den Bezirkshauptmann des 1. Wiener Gemeindebezirkes. Der Polizist reagiert darauf nicht und schreibt weiter. Darauf wird der Autolenker ärgerlich und erwähnt, er kenne den Herrn Ministerialrat X. im Innenministerium, der könne ihm, dem Polizisten, Schwierigkeiten bereiten, wenn er ihm davon erzähle. Der Polizist schreibt ungerührt weiter. Nun wird der Lenker noch ärgerlicher und fährt den Polizisten an, er kenne sogar den Minister, mit diesem würde er über ihn sprechen. Nun blickt der Polizist auf, schaut den Verkehrssünder an und sagt: »Es nützt Ihnen nichts, wenn Sie alle diese Leute kennen. Nützen würde es Ihnen nur, wenn Sie den Herrn Papauschek persönlich kennen. Dann hätten Sie Chancen, ohne Strafmandat wegfahren zu können. Dieser Papauschek bin nämlich ich.«

Dieser Witz verdeutlicht das Problem des Polizisten, aber auch anderer »kleiner Beamter«, die ständig damit konfrontiert werden, daß hochgestellte oder angeblich hochgestellte Persönlichkeiten sie abfällig behandeln. Besonders ungeschickt verhalten sich dabei übrigens Studenten und ähnliches Volk, die es offensichtlich nicht ertragen können, daß Polizisten, denen sie sich überlegen fühlen, sie abstrafen. Es gibt hiebei die wildesten Szenen, bei denen es bis zum körperlichen Widerstand gegen die Staatsgewalt kommen kann.

Niedertracht findet sich also auf beiden Seiten, jeder versucht, den anderen auf irgendeine Weise hineinzulegen, entweder um sich in der eigenen Heiligkeit zu sonnen oder um den anderen zu demütigen. Strategien und Gegenstrategien sind vielfältig.

Die Strategien gegen Niedertracht haben stets auch etwas mit Würde zu tun. Und um diese zu wahren, entwickelt der Mensch spannende, aber auch heitere Fertigkeiten und Listen.

Nachwort

Die Welt ist also voll der Niedertracht – damit soll nicht behauptet werden, daß es nicht auch liebenswürdige und freundliche Menschen gibt. Sie gibt es sehr wohl, aber es gibt auch die niederträchtigen Leute, die ihre Freude daran haben, andere zu Bösewichten zu stempeln.

Niedertracht hat etwas mit Macht zu tun, daher erfreuen sich auch viele Menschen an der Niedertracht. In diesem Sinn meinte Altmeister Goethe in seinem »West-Östlichen Diwan«:

Übers Niederträchtige
Niemand sich beklage;
Denn es ist das Mächtige,
Was man dir auch sage.

Im wesentlichen handelte darüber dieses Buch, das somit auch ein Lehrbuch der Niedertracht ist.

Niedertracht, und dies mag vielleicht ein Schluß aus der Fülle meiner Beschreibungen und Überlegungen sein, ist erst möglich, wenn Menschen es ablehnen, auf andere einzugehen und mit anderen zu reden, und wenn sie auf ihren oft kleinlichen Vorurteilen beharren. Das gemeinsame Reden verbindet die Menschen und beugt der Niedertracht vor. Daher sehe ich es als ein wichtiges Gebot jeder Forschung an, vor allem nicht über jene Menschen abfällig zu reden, mit denen man Bier, Wein, Tee oder sonst etwas getrunken hat (siehe dazu meine »10 Gebote der Feldforschung«, u. a. in Girtler 1998a, S. 143–152).

Literatur

Andreski, S., 1977, Die Hexenmeister der Sozialwissenschaften, München.
Augstein, R., Karl May und die Deutschen. In: Der Spiegel, 1.5.1995.
Barta, H. u. a. (Hg.) 1994, Wissenschaft und Verantwortlichkeit, Innsbruck.
Beckers, Ch./Mertz, H. (Hg.), 1995, Mobbingopfer sind nicht wehrlos, Freiburg.
Bergmann, J. R., 1987, Klatsch, Berlin.
Bergmann, J. R., 1993, Alarmiertes Verstehen: Kommunikation an Feuerwehrnotrufen. In: Jung, Th./S. Müller-Dohm (Hg.), 1993.
Biegger, K., 1995, Paracelsus, Salzburg.
Boccaccio, G., 1966, Das Dekameron, München.
Blumenthal, N., Ängste und Erwartungen. In: Heruth 1993, S. 3.
Buhl, H., 1957, Achttausend – drunter und drüber, Wien.
Cain, H., 1987, Tuiaviis Papalagi. In: Duerr, H. P. (Hg.) 1987.
Castaneda C., 1973, Die Lehren des Don Juan. Ein Yaqui-Weg des Wissens, Frankfurt/M.
De Crescenzo, L., 1988, Geschichte der griechischen Philosophie – von Sokrates bis Plotin, Zürich.
Duerr, H. P. (Hg.), 1987, Authentizität und Betrug in der Ethnologie, Frankfurt/M.
Elias, N., Scotson, J. L., 1990, Etablierte und Außenseiter, München.
Ernst, H. 1977, Der Fall Cyrill Burt. In: Psychologie heute, April 1977.
Frevert, U., 1991, Ehrenmänner – Das Duell in der bürgerlichen Gesellschaft, München.
Fröhlich, G., o. J., Optimale Informationsvorenthaltung als Strategem wissenschaftlicher Kommunikation (nicht veröffentlicht).
Fröhlich, G., 1996, Betrug und Täuschung in den Wissenschaften. Vortrag bei den Oberösterreichischen Kulturvermerken 1996. Erschienen in: kursiv 3 (3), 1996.
Girtler, R., 1980, Vagabunden der Großstadt – Teilnehmende Beobachtung bei den Sandlern Wiens, Stuttgart.
Girtler, R., 1982, Polizei-Alltag, Wiesbaden.
Girtler, R., 1983, Der Adler und die drei Punkte – Die gescheiterte kriminelle Karriere des ehemaligen Ganoven Pepi Taschner, Wien.

Girtler, R., 1987, Aschenlauge – Der Wandel der bergbäuerlichen Kultur, Linz.
Girtler, R., 1989, Die feinen Leute, Frankfurt/M.
Girtler, R., 1992a (2. Aufl.), Methoden der qualitativen Sozialforschung, Wien.
Girtler, R., 1992b, Verbannt und vergessen, Linz.
Girtler, R., 1992c, Schmuggler – Von Grenzen und ihren Überwindern, Linz.
Girtler, R., 1995a, Randkulturen – Theorie der Unanständigkeit, Wien.
Girtler, R., 1995b, (3. Aufl.) Der Strich – Erotik der Straße, Wien.
Girtler R., 1996, Sommergetreide – Vom Untergang der bäuerlichen Kultur, Wien.
Girtler, R., (Hg.) 1997a, Die Letzten der Verbannten – Die untergehende Kultur der altösterreichischen Landler in Siebenbürgen, Wien.
Girtler, R., 1997b, Landärzte – Als Krankenbesuche noch Abenteuer waren, Wien.
Girtler, R., 1998a, Rotwelsch – Die alte Sprache der Gauner, Dirnen und Vagabunden, Wien.
Girtler, R., 1998b, Wilderer – Rebellen in den Bergen, Wien.
Girtler, R., Okladek, F., 1994, Eine Wiener Jüdin im Chor der Deutschen Wehrmacht, Wien.
GÖD, 1999, Mobbing im öffentlichen Dienst (Mitgliedermagazin der Gewerkschaft öffentlicher Dienst – 1/ 1999.
Granier, C., o. J. (um 1903), Das verbrecherische Weib, Berlin.
Grathoff, R./B. Waldenfels (Hg.), 1983, Sozialität und Intersubjektivität.
Grimm, J. u. W., 1889, Deutsches Wörterbuch, Leipzig.
Jules-Rosette, B., 1976, Verbale und visuelle Darstellungen einer rituellen Situation. In: Weingarten E./F. Sack/J. Schenkein (Hg.), 1976.
Jung, Th./S. Müller-Doohm (Hg.), 1993, ›Wirklichkeit‹ im Deutungsprozeß, Frankfurt/M.
Kardiner, A. E./E. Preble, 1974, Wegbereiter der modernen Anthropologie, Frankfurt/Main.
Kisch, Egon Erwin, 1983, Der rasende Reporter, Berlin.
Kisch, E. Heinrich, 1928, Die sexuelle Untreue der Frau, (2 Bd.) Bonn.
Kluge, F., 1960 (18. Aufl.), Etymologisches Wörterbuch, Berlin.
Knigge, A. F. v., 1984 (1790), Über den Umgang mit Menschen, München.

Literaturverzeichnis

Kühn, W., 1989, Hooligans, unveröffentlichte Diplomarbeit, Wien.

König, R., 1973, Nachruf auf Werner Ziegenfuß, in: Kölner Zeitschrift für Soziologie und Sozialpsychologie, S. 187f.

Lévi-Strauss, C., 1972, Rasse und Geschichte, Frankfurt/M.

Liessmann, K. P., 1996 (2. Aufl.), Der gute Mensch von Österreich. Essays von 1980–1995, Wien.

Lindner, R., 1990, Die Entdeckung der Stadtkultur, Frankfurt/Main.

Lischka, M., 1999, o. T., In: Drahtesel. Das Journal für RadfahrerInnen. Dezember 1998/Jänner 1999, Wien.

Lombroso, C., 1894a, Der Verbrecher in anthropologischer, ärztlicher und juristischer Beziehung (3 Bd.), Hamburg.

Lombroso, C., 1894b, Das Weib als Verbrecherin und Prostituierte, Hamburg

Mayntz R. (Hg.), 1968, Bürokratische Organisation, Köln.

Mehan H./H. Wood, 1976, Fünf Merkmale der Realität. In: Weingarten E./F. Sack/J. Schenkein (Hg.), 1976.

Musto, S. A., 1984, Soll man heute Soziologie studieren? In: Soziologie 1/1984.

Nipperdey, T., 1976, Gesellschaft, Kultur, Theorie, Göttingen.

Nipperdey, T., 1986, Nachdenken über die deutsche Geschichte, München.

Noelle-Neumann, E., Political Correctness – was ist das?, In: Frankfurter Allgemeine Zeitung, 16. Oktober 1996, S. 5.

Oevermann, U., 1993, Die objektive Hermeneutik als unverzichtbare methodologische Grundlage für die Analyse von Subjektivität. Zugleich eine Kritik der Tiefenhermeneutik. In: Jung, Th./S. Müller-Doohm (Hg.), 1993.

o. V., 1995, Primarius Dr. Bruno Streitmann (7.12.1910–15.8.1994) – ein Nachruf. In: Österreichische Alpenzeitung, März/April 1995.

o. V., 1998, Der Starr-Report – Das einzigartige Zeitdokument über den Skandal im Weißen Haus, Bergisch-Gladbach.

Pasolini, P. P., 1975, Freibeuterschriften, Berlin.

Popper, K. R., 1990, Auf der Suche nach einer besseren Welt, München.

Rueb, F., 1993, Ich bin die neue Medizin, in: Die Welt, 16.10.1993

Rueb, F., 1995, Mythos Paracelsus, München.

Sebald, H., 1987, Die Märchenwelt des Carlos Castaneda. In: Duerr, H. P. (Hg.), 1987.

Simmel, G., 1968, Das individuelle Gesetz, Frankfurt/M.

Thoma, L., 1966, Josef Filsers Briefwechsel. In: Ders., Ausgewählte Werke, München.
Thompson, V. A., 1968, Hierarchie, Spezialisierung und bürokratische Organisation. In: Mayntz R. (Hg.), 1968.
Veblen, Th., 1986 (1899), Theorie der feinen Leute, Frankfurt/Main.
Walser, M., 1993, Ohne einander, Frankfurt/M.
Weber, Marianne, 1986, Max Weber – Ein Lebensbild, München.
Weber Max, 1922, Wirtschaft und Gesellschaft, Frankfurt/Main.
Weiler, I., 1994, Ethnozentrismus und Fremdenangst aus althistorischer Sicht (II), in: Barta H. u. a. (Hg.), 1994.
Weingarten E./F. Sack/J. Schenkein (Hg.), 1976, Ethnomethodologie – Beiträge zu einer Soziologie des Alltagshandelns, Frankfurt/M.
Zapf W./Knorz, K., 1995, Statistik. In: Beckers Ch./H. Merz (Hg.), 1995.

böhlau Wien neu

Roland Girtler
Rotwelsch
Die alte Sprache der Gauner, Dirnen und Vagabunden
1998. 255 S. 19 SW-Abb. Geb.
ISBN 3-205-98902-3
Die Gaunersprache, das Rotwelsch (rot: mittelhochdeutsch für „listig" und welsch: „falsch reden"), auf den Straßen, in Gasthäusern und in Gefängnissen weitergegeben, schöpft aus langen sprachlichen Traditionen: Neben mittelhochdeutschen Wörtern finden sich darin alte jiddische Ausdrücke ebenso wie Begriffe aus romanischen und spanischen Sprachen.
Bereits seit dem Mittelalter versuchten diverse Vögte und Kriminalisten den Gaunern und dem fahrenden Volk auf die Schliche zu kommen, weshalb schon sehr früh von amtlichen Stellen Vokabularien der Gaunersprache verfaßt wurden. Ein wichtiges Beispiel ist der „Liber Vagatorum" (Das Buch der Vaganten) aus der Zeit um 1520, in dem sich Wörter finden, die heute noch von Wiener „Sandlern" (Vagabunden der Großstadt) und Dirnen verwendet werden.
Der Soziologe Roland Girtler befaßt sich in seinem neuesten Buch vor allem mit der Wiener bzw. österreichischen Gaunersprache und stellt sie in Beziehung zum gesamten deutschsprachigen Raum.

Erhältlich in Ihrer Buchhandlung!

böhlauWien neu

Methoden der qualitativen Sozialforschung
Anleitung zur Feldarbeit
Studien zur qualitativen Sozialforschung, Band 1,
3. Auflage 1992. 178 S. Br.
ISBN 3-205-05142-4
Die „unstrukturierte teilnehmende Beobachtung" und das „narrative Interview" zählen zu den wichtigsten Methoden der qualitativen Sozialforschung. In diesem Band unternimmt der Autor den Versuch, neben wissenschaftstheoretischen Überlegungen konkret-praktische Anleitungen zu diesen Methoden zu geben. Das Ergebnis stellt ein an der Praxis orientiertes Handbuch voller hilfreicher Hinweise für angehende, aber auch bereits in der Forschung stehende Sozial- und Kulturwissenschafter dar.

böhlauWien

Erhältlich in Ihrer Buchhandlung!

böhlau Wien neu

Roland Girtler
Randkulturen
Theorie der Unanständigkeit
2. Auflage, 1996. 279 S. Br.
ISBN 3-205-98559-1

„... Es ist dieser Drang nach Würde, der dem menschlichen Leben und dem Handeln der Menschen wesentlich zugrunde liegt und der gerade in Randkulturen offensichtlich wird. Ich habe daher den Menschen als „animal ambitiosum" bezeichnet, nämlich als ein Wesen, das „Beifall" erheischt. Es hängt auch mit diesem Drang nach Würde zusammen, daß Randkulturen oft von einer faszinierenden Buntheit sind. Randkulturen sind seit Urzeiten Bestandteile menschlicher Gesellschaften. Ihre Bühnen waren und sind die Landstraßen, die Städte, die Dörfer und das Felsgebirge. Fast alle haben eine lange und oft geheimnisvolle Geschichte, die von Not, Elend, Ärger, Verfolgung und Mühen kündet, die aber auch ihre Schönheiten hat und von Mut und Würde erzählt."

„Die Gefahren dürften da und dort, im Busch in Indien und in der Stehbierhalle am Wiener Westbahnhof, dieselben sein. Ein Abenteuer, als Feldforscher unter Menschen zu gehen, ist es allemal." (Roland Girtler)

böhlau Wien

Erhältlich in Ihrer Buchhandlung!

böhlau Wien neu

Roland Girtler (Hg.)
Die Letzten der Verbannten
Der Untergang der altösterreichischen Landler
in Siebenbürgen/Rumänien
1997. 224 S. 13 Farb.- 4 SW-Abb. Br.
ISBN 3-205-98679-2

Es handelt sich hier um die altösterreichische Kultur der Landler in Siebenbürgen, deren Vorfahren um 1750 unter Maria Theresia wegen ihres Glaubens aus Österreich verbannt worden waren. In drei Dörfern bei Hermannstadt leben die Landler in Symbiose mit den Sachsen. Das Landlerdorf Großpold ist Gegenstand der im Buch vereinigten Forschungsberichte, die auf in den Jahren 1992 bis 1995 durchgeführten Feldforschungen beruhen. Immer mehr junge Landler zogen es in den letzten Jahren vor, ihrer alten Heimat den Rücken zu kehren und nach Deutschland und Österreich auszuwandern. Zurück blieben nur wenige junge Leute und viele alte Menschen, die versuchen, ihre Kultur aufrechtzuerhalten. Die damit zusammenhängende Problematik wurde ebenso untersucht wie der heutige Landler-Alltag und die Beziehungen zu Rumänen und Roma. Neu und einmalig ist an den Studien, daß sie den Wandel eines Dorfes nach dem Öffnen der Grenzen von 1989 wiedergeben. Der Leser erfährt am Beispiel eines kleinen Dorfes viel über den Wandel einer ganzen Kultur, nämlich einer altösterreichischen Tradition, die es bald nicht mehr geben wird.

Erhältlich in Ihrer Buchhandlung!